사임당 평전

스스로 빛났던 예술가

유정은 지음

리베르

예술가 신사임당을 만나다

지난 2007년 11월 5일 한국은행은 새 화폐인 오만 원권의 초상 인물로 신사임당을 선정하였다. 선정 전부터 신사임당을 화폐 초상 인물로 선정하는 문제로 갑론을박이 끊이지 않았고, 신사임당은 갑자기 화제의 인물로 부각되었다. 당시 한국은행은 신사임당을 화폐 인물로 선정하며 "우리 사회의 양성평등 의식 제고와 여성의 사회참여에 긍정적으로 기여하고, 문화 중시의 시대정신을 반영하며, 자녀의 재능을 살린 교육적 성취를 통해 교육과 가정의 중요성을 환기하는 효과가 기대된다."고 밝혔다.

그러나 세부적으로 발표한 사임당의 업적 부문은 "남편을 내조하여 벼슬의 길로 나아가게 하여 아내의 소임을 다하고, 사랑과 엄격한 교육으로 네 아들과 세 딸을 모두 훌륭하게 길러 냈는데 이이를 조선의 대학자로, 매창을 예술가로 성장시켜 영재교육에 남다른 성과를 보여 주었다."는 내용이었다. 업적 부문에서는 선정 이유로 내세운 '양성평등 의식'이나 '여성의 사회참여' 등과는 연관성이 없는 남편에 대한 내조와 자식의 영재교육 등을 근거로 하고 있다. 이른바 '현모양처'의 덕목만이 강조된 것이다.

실제로 여성계 일부에서는 '현모양처 이데올로기에 의해 지지되고 있는 신사임당의 화폐 인물 선정을 반대'하는 온라인 서명 운동을 벌이기도 했다. 한국여성단체연합의 정책국장 김금옥은 "여성이 최초로 화폐 도안 인물로 선정된 것은 바람직한 일이고 신사임당이라는 인물 자체를 반대하는 것은 아니다. 하지만 선정 이유가 현모양처의 이미지에서 비롯된 것이라면 주체적으로 사회에 참여하는 현대 여성의 역할 모델로서는 바람직하지 않다고 생각한다."[2]고 지적하기도 했다.

당시 여성단체에서는 반대 입장을 펴면서 「여성단체 공동성명서」를 발표하기도 했다. 그 내용은 한국은행이 발표한 새 화폐 인물로 십만 원권에는 김구, 오만 원권에는 신사임당을 선정하여 발표하였는데, 이때 발표된 공식 문서에 '김구는 애국심을 고취할 수 있는 인물로, 신사임당은 교육과 가정의 중요성을 환기할 수 있는 인물'로 그 선정 이유가 설명되어 있음을 지적하고 있다. 이는 남성은 국가와 사회의 주체로, 여성은 교육과 가정의 주체로 성을 통해 다른 역할을 강요하는 전형적인 성차별적 구도라고 주장하고 있다. 따라서 남녀 차별적 인물 선정 구도를 즉각 철회하고, 신사임당을 근대적 현모양처로 각색하여 역사적 인물에 흠집을 내는 일을 즉각 중단할 것을 촉구하고 나섰다.

「여성단체 공동성명서」 내용에서 살펴볼 수 있듯이 신사임당이 화폐 인물로 적절하지 않다고 주장하며 내세운 가장 강력한 반대 이유는 가부장제 사회에서 탄생한 현모양처(賢母良妻) 이미지를 지녔기 때문이다. 가부장적 이데올로기에 의해서 추앙되고 있는 봉건적 이미지의 현모양처를 시대를 대표하는 화폐 인물로 선정할 수 없다고 비판하고 나선 것이다.

사실 신사임당 하면 국민의 대다수는 현모양처를 먼저 떠올린다. 그렇다면 신사임당은 과연 현모양처였을까. 그녀가 진정 우리가 막연히 알고 있는 '어진 어머니이면서 착한 아내'인 현모양처의 전형이었을까. 그러나 정작 조선 시대에는 현모양처라는 말은 존재하지 않았다. 절개가 굳은 여자를 일컫는 열녀(烈女)와 시부모에게 지극한 정성으로 효행을 실천하는 효부(孝婦)만이 있었을 뿐이다. 그럼에도 사임당을 '열녀효부'도 아닌 '현모양처'의 대표적인 인물로 여기고 있으니 참으로 안타까운 일이다.

'현모양처'는 18세기경 서구에서 자본주의화에 의한 근대 가족이 형성되면서 생겨난 말이다. 조선과 일본에는 19세기 말에 개항과 더불어 서구 사상이 유입되면서 들어왔고, 일본에서는 '양처현모'로, 한국에서는 '현모양처'로, 그 뜻은 같지만 강조하는 방향에 따라 이름만 달리 불리고 있다. 이는 동아시아 유교권 국가의 지배 이념과 서양의 근대 식민 · 제국주의의 이념이 밀접하게 연관되면서 여성의 역할을 아내와 어머니의 역할로만 규정짓고 그 역할을 통해서 국가의 근대화에 공헌하도록 만든 시대적 이데올로기였다. 특히 우리나라에서는 1900년대에 들어서면서 유교의 전통적 이념 하에서 부덕(婦德)의 교육만을 중시하던 풍토에 반해 여성을 계몽하고 교육해야 그 아들을 낳아 잘 기를 수 있다고 생각하는 개화파 지식인들에 의해 '현모'의 위치가 강조되면서 '현모양처' 이념이 자리 잡게 된다.

하지만 이런 현모양처 개념은 어진 어머니가 되기 위한 교육보다는 일본이 취한 근대화 과정에서 침략 전쟁을 뒷받침하는 치밀한 전략 중 하나로 변질되었다. 일본은 1940년대 초 자신들의 침략 전쟁을 위해 식민지 조선에도 지원병을 모집하고 징병제를 실시하면서 조선 여성들에게 일본의 국가주의적 양처현모 이념을 선동하기 시작했다. 반세기에 걸쳐 침략 전쟁을 이어 온 일본은 여성을 전쟁에 끌어들이기 위해 어머니는 군인을 공급하는 존재로서, 아들을 낳아 잘 길러 천황의 자식으로 바치는 것이 여성의 가장 중요한 임무라고 선전하였다. 자식을 일본 천황의 자식으로 간주하는 일본 '군국의 어머니' 이념을 조선의 여성들, 즉 조선의 어머니들에게 강요하기 시작한 것이다.

'군국의 어머니'는 일본의 침략 전쟁 총동원 체제의 일환으로 실행되어 강력한 힘을 발휘한 담론으로, 나라를 위해 자식을 전쟁터에 내보내고 군인 유가족으로 꿋꿋하게 살아가는 강인함, 물자 절약 및 헌납, 때로는 여성 스스로 무기를 들고 군인이 되는 경우까지를 포함한 침략 전쟁 시기의 무시무시한 담론이었다. 조선의 자식들까지 황국신민(皇國臣民)이라는 이름으로 충(忠)을 강조하는 황민화 이데올로기를 심었는데, 그 중심에 조선의 어머니 현모양처를 수단으로 내세운 것이다. 그때 역사 속 인물에서 끄집어낸 인물이 바로 신사임당이다. 이렇게 일본이 심어 놓은 황민화 이데올로기 속의 신사임당을 우리는 현모양처의 상징으로 여태까지 그렇게 믿어온 것이다. 여전히 현모양처 운운하고 있는 현실은 광복 70년이 지났음에도 일제의 잔재를 털어 버리지 못한 부끄러운 우리의 자화상일 뿐이다.

더욱이 우리가 신사임당의 삶을 제대로 알게 되고 그 진면목을 깨닫는다면, 지금까지 이어져 온 사임당의 현모양처 이미지를 반드시 벗겨 내고 그러한 고정관념에서 탈피해야 한다고 느끼게 될 것이다. 사임당은 결코 자식들에게 자신의 인생을 바치고 무조건 헌신하는 현모의 삶을 살지 않았을 뿐만 아니라, 남성에게 순종하는 것만이 미덕이라고 믿는 양처의 삶을 살지 않았다. 남편의 잘못된 생각이나 올바르지 못한 판단은 바로 간언하였던 여성이었으며, 자신의 독자적인 예술 세계를 추구하면서 아이들을 가르쳤던 현명한 여성이었다.

우리 역사상 여성 예술가는 흔하지 않다. 아니 손에 꼽을 만큼 희귀하다고 하는 편이 맞겠다. 특히 남성 중심 사회였던 조선 시대에 여성은 자신의 학문적, 예술적 재능을 드러낼 수도 없었다. 그러나 이러한 사회적 배경 속에서도 사임당은 남달랐다. 당시 조선 사회의 여성으로서는 드물게 유교 경전 및 학문에 능했음은 물론이고, 그 수준도 사대부가 남성들과 견주어도 손색이 없을 정도로 높았다. 거기에다 백행의 근거이며, 만덕의 근본이라 여겼던 효를 실천함에도 내 부모, 시부모를 가리지 않고 지극히 실천했다.

또한 사임당은 시를 짓고, 글을 쓰고, 그림을 그리는 일까지 자신의 재능을 갈고닦는 데에도 어느 것 하나 소홀함이 없었다. 그리하였기에 그 재능도 어느 것 하나 능하지 않음이 없이 모두 절묘한 경지에 이른 예술가였다. 사임당이 시·서·예에 두루 밝은 인물이었다는 사실은 일반에 널리 알려진 편이지만 그런 인식도 그저 피상적인 상식의 수준에 머물러 있을 뿐이고 정작 사임당이 어떤 글을 쓰고, 어떤 그림을 그렸으며, 그 작품들 속에 어떤 의미를 담았는지, 또 그 평가가 어떻게 이루어져 왔는지에 대해서는 제대로 연구되거나 잘 알려지지 않았다. 신사임당이란 인물을 한 사람의 여인과 예술가로서 바라보는 것이 아니라 '율곡의 어머니'와 '현모양처'라는 이미지 속에 가두어 두고 판단해 왔기 때문이다.

정말 안타까운 사실은 새 화폐의 초상 인물로 선정되어 우리 곁에서 함께한 지가 여러 해이지만 사임당은 여전히 시대가 낳은 부정적인 아이콘의 대표 격인 현모양처로 살고 있다는 점이다. 그동안 많은 이들이 양성평등, 여권신장을 열심히 부르짖고 있음에도 그녀는 아직까지도 남성 중심의 조선 사회가 낳은 '타자'로서만 존재하고 있는 것이다. 그녀에 대한 사회적 평가는 여전히 제자리걸음이고, 예술가로서의 위상을 회복하는 일도 아직 더디기만 하다. 여성의 사회참여가 극도로 어려웠던 시대, 여성의 재주와 능력이 인정받지 못했던 시대를 살면서도 지금까지 그 작품과 이름을 오롯이 남긴 예술가 신사임당을 현모양처라는 어머니와 아내의 굴레 속에 가두어 두는 것은 너무나 큰 오점이다.

그렇다면 신사임당은 실제로 어떤 사람이었는지 정말로 현모양처라는 전형적인 틀에 박혀 살았던 인물인지, 아니면 조선이라는 시대적 한계를 뛰어넘어 선구자적인 삶을 살아간 여성이었는지, 그 본래 모습을 찾아 주는 것이 지금 우리의 역할일 것이다. 이에 지은이는 조선이라는 남성 중심 사회에서 사임당은 어떻게 살아갔는지 그녀의 삶을 되짚어 보면서 진정한 '인간 사임당'을 만나 보고자 한다. 그 여정 속에서도 그녀가 살았던 16세기, 당대에 이미 '화가 신씨'로 이름을 날렸고 재능과 열정으로 찬란하게 빛났던 사임당의 예술 세계를 상세히 재조명해 보고자 한다. 신사임당이 남긴 예술 작품들을 풍부한 문헌 자료를 통해 심도 있게 분석, 고찰하는 과정에서 독자들은 예술가 신사임당의 진면목 또한 만나 볼 수 있을 것이다.

차 례

머리말 - 예술가 신사임당을 만나다 2

1 규방에서 탄생한 군자

남자가 '장가를 드는' 시대 17

부녀자에게서 글을 빼앗다 27

오죽헌의 정기를 품고 39

강직한 아버지, 현명한 어머니 45

평산 신씨에서 신사임당으로 57

일곱 살 아이의 화폭에 안견의 그림이 펼쳐지다 64

사임당의 재능을 사랑한 사람들 70

임종 직전 유기그릇이 붉게 물들다 75

2 사임당 다시 보기

신묘한 붓끝 따라 맑은 자취가 남고 | 덕을 갖춘 화가 89

성현을 낳으심이 당연하다 | 율곡의 어머니 92

나라에 충성할 아들을 말없이 기르다 | 군국의 어머니 97

여성들의 장래희망이 되다 | 남성의 타자로서의 현모양처 104

스승 같은 어머니, 간언하는 아내, 시 · 서 · 화에 능한 예술가 ——— 108

동서를 넘나든 역동적인 삶 ——— 115

● 백일홍과 함께한 20년 | 강릉 오죽헌에서의 삶 ——— 117

● 신이 점지한 영재를 잉태하다 | 봉평 판관대에서의 삶 ——— 121

● 소나무의 호위를 받으며 잠들다 | 파주 율곡리에서의 삶 ——— 125

3   진정한 현모의 교육

현모는 희생하지 않는다 | 스스로 모범을 보인 삶 ——— 133

출가한 몸으로 아버지의 삼년상을 치른 딸 ——— 139

형우제공(兄友弟恭)을 가르치다 ——— 147

먼저, 뜻을 세우라 ——— 153

작은 사임당 | 매창 ——— 159

사절(四節)로 불리다 | 옥산 ——— 172

퇴계와 쌍벽을 이룬 조선 최고의 학자 | 율곡 ——— 192

그 외 자녀들 ——— 200

4 사임당의 예술 세계

예술가 사임당의 드높은 위상 213

시로써 부모를 섬기다 | 시인 사임당 217

글씨에 녹아든 단아한 마음 | 서예가 사임당 232

● 오언절구, 6폭 병풍에 흐르다 240

● 활활 타는 불길에서 구해 낸 등꽃 246

● 저녁에 외는 경구(警句)를 쓰다 252

● 섬세한 붓 속에 철을 품다 258

생명의 힘을 그리다 | 화가 사임당 268

● 엷은 먹빛이 전하는 탐스런 풍취 | 묵포도도(墨葡萄圖) 276

● 줄기와 잎사귀가 마치 이슬을 머금은 듯 | 화초어죽(花草魚竹) 282

● 천지 만물이 제자리를 얻다 | 산수화(山水畵) 286

● 차가운 꽃술을 그리며 군자를 꿈꾸다 | 매화도(梅花圖) 298

● 소망을 담은 그림 | 할미새, 백로, 물소 308

● 가장 작은 자연을 사랑한 화가 315

● 미물의 생명에서 인간을 발견하다 | 초충도 소재의 상징적 의미 ----- 318

● 온화한 빛으로 풀벌레를 비추다 | 초충도에 깃든 색채 ----- 328

● 앞마당에 나가 볼까 ----- 333

● 닭이 종이를 쪼아 먹은 사연 ----- 348

● 이것 고이 간직하고 흔한 그림 대하듯이 예사로 보지 마오 ----- 360

● 따뜻한 마음 위에 고운 색을 입혔네 ----- 372

수틀 속의 조물주 | 자수 공예가 사임당 ----- 381

맺음말 ----- 393

사임당 연보 ----- 398

참고 문헌 ----- 404

출처 ----- 408

1

규방에서 탄생한 군자

조선 시대와의 숙명적 만남

남자가 '장가를 드는' 시대

조선은 1392년 이성계(李成桂, 1335~1408)를 중심으로 한 신흥사대부 계층에 의해 건국되었다. 새 왕조인 조선 왕조를 세운 이성계와 그를 뒷받침한 사대부들은 유교적인 이상 정치를 표방하며 고려와는 다른 숭유억불(崇儒抑佛) 정책을 취했다. 이는 정치, 경제, 사회, 문화 전반에 걸쳐 많은 영향을 끼쳤다. 이들의 사상적 경향은 고려 시대의 국교였던 불교를 비판하고 배격하면서 새로운 사상인 성리학(性理學)을 이념화하는 것이었다. 고려 말 안향(安珦, 1243~1306)에 의해서 전래된 성리학은 조선 사회에서 더욱 깊이 있게 발전하여 지배 이념으로 확고하게 자리 잡게 된다. 성리학은 국가의 모든 제도적 질서를 재편하는 근거를 제공하는 일에서부터 피지배층의 일상생활에 규범을 제공하는 일에 이르기까지 사회 구석구석을 새롭게 비추고 규율하는 원리였다.

이렇듯 성리학 사상을 국가의 이념으로 채택하면서 정치, 경제, 사회, 문화는 철저하게 성리학의 지배를 받았으며, 교육도 예외는 아니었다. 그러나 고려의 불교문화가 사회 전반을 이끌어 왔으므로, 유교 문화가 정착되는 데에는 꽤 오랜 시간이 요구되었다.

특히 성리학의 우주관에서는 우주의 모든 존재는 서로 조화로운 관계 속에서 일정한 위계질서를 지키며 각자의 위치를 차지하고 있다고 생각하였다. 이와 같은 우주관은 인간세계에까지 적용되었고, 한 사회 안에서 사람과 사람 간의 위계질서는 '삼강오륜(三綱伍倫)'이라는 유교의 이상으로 정의되었다.

삼강(三綱)은 한나라(漢)의 무제(武帝, 기원전 140∼기원전 87)가 유학을 국시로 삼은 후 동중서(董仲舒, 기원전 176?∼기원전 104)가 유학의 음양 이론을 받아들여 성립된 윤리 규범이다. 동중서는 『춘추번로(春秋繁露)』「기의(基義)」편에서 하늘(天)과 땅(地)을 임금과 신하에, 양(陽)과 음(陰)을 남편과 아내에, 봄(春)과 여름(夏)을 아버지와 아들에 각각 비유하면서 이를 왕도(王道)와 결부시켰다. 인간 사회의 기본적인 관계를 양존음비(陽尊陰卑) 사상에 따라 양은 남성을, 음은 여성을, 위와 아래의 존비(尊卑) 관계로 정하여 종속적인 면을 강조하였다.

이와 같은 윤리는 당시의 전제군주권, 가부장제적 부권, 남존여비에 입각한 남편의 절대적 권위 등을 반영하여 수직적인 인간관계를 형성하게 되었다. 삼강은 군신(君臣), 부자(父子) 그리고 부부(夫婦) 간의 관계를 이르는 말로, '임금은 신하의 모범이 되어야 한다'는 군위신강(君爲臣綱), '아버지는 자식의 모범이 되어야 한다'는 부위자강(父爲子綱), '남편은 아내의 모범이 되어야 한다'는 부위부강(夫爲婦綱)으로 다분히 일방적이고 종속적인 면이 강조되었다. 조선의 경우도 유교가 도입되고 그것이 국가의 통치 이념으로 자리 잡으면서 삼강의 수직적 윤리가 체제를 지탱하는 기틀이 되었다.

오륜(伍倫)은 다섯 가지 인간관계의 도리를 이르는 것으로, 오상(伍常) 또는 오전(伍典)이라고도 하며 『맹자』에 연원을 둔 말이다. 삼강에 장유(長幼) 즉 연장자와 어린 사람 사이의 관계, 그리고 붕우(朋友) 즉 친구 간의 관계를 더한 것이다. 임금과 신하 사이에는 의리가 있어야 한다는 군신유의(君臣有義), 아버지와 자식 사이에는 친함이 있어야 한다는 부자유친(父子有親), 남편과 아내 사이에는 분별이 있어야 한다는 부부유별(夫婦有別), 어른과 아이 사이에는 차례가 있어야 한다는 장유유서(長幼有序), 벗과 벗 사이에는 믿음이 있어야 한다는 붕우유신(朋友有信), 이 다섯이 바로 오륜이다.

삼강오륜 가운데 조선 여성들의 삶과 가장 관계가 깊은 덕목은 부위부강(夫爲婦綱)과 부부유별(夫婦有別)이다. 오륜의 부부유별에서 뜻하는 유별은 삼강의 부위부강처럼 수직적이고 종속적인 개념이 아니라, 남성과 여성의 역할상의 구분을 말한 수평적인 개념이었으나 삼강과 오륜이 합쳐지면서 부부유별은 부위부강처럼 수직적이고 종속적인 개념으로 바뀌어 조선 사회에 뿌리 내리게 되었다. 이 유별의 개념에는 종속적인 여러 가지가 포함되나 주로 여성이 거하는 주거 공간뿐만 아니라 여성이 하는 일도 철저히 구분되기 시작한 것이다.

이렇게 부부유별의 빗나간 가르침은 삼종지도와 칠거지악의 폐단을 낳았고, 후에 남자는 하늘이요 여자는 땅이라는 곡해된 개념으로 자리 잡게 된다. 삼종지도(三從之道)는 『의례(儀禮)』상복편에 나오는 말로, 여자가 따라야 할 세 가지 도리를 뜻한다. 세 가지 도리란 여자는 어려서는 어버이께 순종하고, 시집가서는 남편에게 순종하고, 남편이 죽은 후에는 아들을 따르라는 것이다. 여자에게는 '알게 할 것이 없고 다만 좇게 해야 한다'는 것이 유교적 이념이었으며, 이 삼종(三從)의 교훈은 실로 여성의 생애를 지배하는 근본 관념이었다. 또한 일단 출가하여 남의 아내가 되면 그 남편을 좇을 뿐 아니라 시부모를 섬기며 가사 잡무에 헌신하고, 때에 따라서 관혼상제의 예절을 다하는 것이 부녀자의 의무였고, 아들을 생산하는 일 또한 최상의 의무였다.

칠거지악(七去之惡)은 중국 고대로부터 발전한 유교적인 예교(禮敎)로, 아내를 내쫓을 수 있는 권리가 부여되는 일곱 가지 이유를 뜻한다. 시부모를 잘 섬기지 못하는 경우, 아들을 낳지 못하는 경우, 부정한 행위를 한 경우, 질투하는 경우, 좋지 않은 병이 있는 경우, 말이 많은 경우, 도둑질하는 경우가 이에 해당한다.

조선의 위정자(爲政者)들은 이러한 삼강오륜의 윤리를 백성들에게 널리 보급하기 위해 세종 16년(1434년) 『삼강행실도(三綱行實圖)』를 반포하였다. 『삼강행실도』는 세종의 명에 의해서 우리나라와 중국의 서적에서 군신, 부자, 부부의 삼강에 모범이 될 만한 충신, 효자, 열녀의 행실을 모아 만든 책이다. 모든 사람이 알기 쉽도록 매 편마다 그림을 넣어 내용을 한눈에 이해할 수 있게 하였다. 이 책은 백성들의 교육을 위한 조선 시대 윤리·도덕 교과서 중 제일 먼저 발간되었을 뿐 아니라 가장 많이 읽혀진 책이다. 충(忠), 효(孝), 정(貞)의 삼강이 조선 시대 사회 전반에 걸쳐 정신적 기반이 되었던 만큼 사회·문화사적으로 매우 중요한 의의를 지녔다.

그러나 『삼강행실도』는 반포된 후 백여 년 사이에 『열녀도(烈女圖)』, 『효자도(孝子圖)』와 함께 다섯 번 이상이나 빈번히 간행되었다는 기록이 있다. 이 제도를 정착시키기 위한 장려의 측면도 물론 있었겠지만, 반대로 그 당시 불교적 유습에 젖어 있었던 각 가정에서는 '삼강오륜'의 정신이 아직 철저하게 수용되지 못했음을 짐작할 수 있는 부분이기도 하다.[3] 조선의 새 통치 이념으로 성리학을 채택하여 삼강오륜을 교화의 수단으로 삼으려고 하였으나 고려 시대부터 내려온 오랜 풍습을 짧은 시간에 변화시키기는 어려웠던 것이다.

혼인 풍습이나 재산 상속, 제사봉사(祭祀奉祀) 등에서도 고려 시대 이후 16세기 후반까지 여성들의 삶의 형태는 고려 시대의 영향이 강하게 남아 있었다. 사임당이 살았던 16세기는 남성과 여성이 비교적 대등한 관계를 유지하던 시대였다. 우리가 흔히 떠올리는 남녀칠세부동석이니, 남자는 하늘이고 여자는 땅이니 하는 남존여비(男尊女卑) 사상은 임진왜란과 병자호란을 거친 17세기 중엽 이후에 정착된 것이다.

그 당시 대표적인 혼인 풍습으로는 남귀여가혼(男歸女家婚)이 시행되고 있었다. 남귀여가혼의 혼인 풍습은 고대부터 있어 온 우리의 일반적인 혼인 풍속으로 기록상으로는 그 기원이 고구려의 서옥제(婿屋制)에서 비롯된다. 서옥제란 여자 집에 서옥이라는 작은 집을 지어 혼인할 딸 내외를 살게 하는데, 그들이 자녀를 낳고 그 자녀가 어느 정도 성장한 다음에야 비로소 사위의 집으로 돌아가게 하는 제도였다. 여자가 시집을 가는 것이 아니라 남자가 장가를 드는 것이었다. 여기에서 우리가 흔히 사용하는 '장가가다'라는 말이 유래되었다. 사임당이 혼인 후에도 친정에서 20여 년 가까이 지낼 수 있었던 이유는 물론 사임당이 딸만 있는 가정에서 태어난 이유도 있겠지만, 이러한 남귀여가혼 풍습이 여전히 존재했기 때문에 가능한 일이었다.

조선 초기에 위정자들은 유교적인 덕화(德化)의 일환으로 남귀여가혼 대신 중국에서 행해지고 있던 친영제도(親迎制度)를 실시할 것을 권장하였다. 친영제도란 남귀여가혼과 반대로 신랑이 신부 집으로 가서 신부를 데리고 온 다음 신랑 집에서 혼례를 올리는 제도이다. 유교 이념을 국가의 기본 방침으로 채택한 정도전(鄭道傳, 1342~1398)[1]과 권근(權近, 1352~1409)[2] 등에 의해 적극적으로 지지되어 시행하려고 노력하였으나 무엇보다 새로운 제도를 주장한 양반 사대부들조차 냉담한 태도를 보여 사회 전반적으로는 보급되지 못하였다. 일반 백성들도 이를 따르지 않는 경우가 많았고, 결국 친영제도는 환영받지 못한 채 잊히게 되었다.

그 후 명종 때부터 반친영제도(半親迎制度)가 도입되었다. 반친영제도는 남귀여가혼과 친영제를 절충한 것으로 예식은 처가에서 거행하지만 처가에서의 체류기간을 줄여 3일 만에 친영례를 거행하는 제도로 조식(曺植, 1501~1572)[3]이 주자가례 원형대로 친영례를 실시하기 어려운 우리나라의 형편을 헤아려 만들었다. 이런 반(半)친영제도가 16세기 이후 점차 보급되면서 전국적으로 시행되기에 이르렀다. 이때부터 남귀여가혼의 풍습은 점차 사라지게 되었고, 남성들과 대등했던 여성들의 지위도 남귀여가혼의 풍습과 함께 사라지기 시작했다.

사임당이 살았던 16세기는 아직 성리학적인 사회질서가 확고히 정착되지 않았던 시대였다. 유교의 종법적인 가족제도가 정착되지 않아서 남자가 신부 집으로 장가를 가서 그곳에서 생활하는 처가살이가 일반적이었다. 사임당의 외조부 이사온도, 아버지 신

---

[1] 정도전의 본관은 봉화(奉化), 자는 종지(宗之), 호는 삼봉(三峰)이다. 조선 개국의 핵심 주역으로 고려 말기의 사회 모순을 해결하기 위하여 새로운 왕조를 개창했다. 각종 제도의 개혁과 정비를 통해 조선왕조 500년의 기틀을 다져 놓았다.

[2] 권근의 호는 양촌(陽村), 시호는 문충(文忠)이다. 정도전과 함께 조선 개국의 핵심 주역이다. 문장과 학문이 뛰어나 건국 후 외교문서를 작성하고 문물제도를 정비하는 등 중대한 업적을 남겼다. 또한 사병 폐지를 주장하여 왕권 확립에 큰 공을 세웠다.

[3] 조식의 호는 남명(南冥), 시호는 문정(文貞)이다. 조선 중기의 학자로 철저한 절제로 일관하여 불의와 타협하지 않았다. 당대의 사회 현실과 정치적 모순에 대해서 적극적으로 비판하는 자세를 견지하였다. 단계적이고 실천적인 학문 방법을 주장한 그의 사상은 제자들에게 그대로 이어져 특징적인 학풍을 이루었다.

명화도 당시의 일반적인 풍습에 따라 처가살이를 하였던 것이다. 사위가 가계를 잇고 제사를 받드는 것도 이상할 것이 없었다. 아들이 없다고 반드시 양자를 들였던 것도 아니어서 후손이 없어 가계가 단절되는 경우도 허다하였다 한다. 조선 후기 '칠거지악' 중 하나인 '아들을 낳지 못해 쫓겨나는 경우'는 생각할 수도 없는 일이었다. 이처럼 사임당이 살았던 16세기는 성리학을 기본 이념으로 삼은 유교적 제도보다도 고려 시대부터 내려온 전통적인 관습이 생활문화에 끼친 영향이 더 컸던 시기였다.

재산 상속에서도 아들과 딸은 차별받지 않았다. 남녀, 형제 구분 없이 균등하게 배분되었음도 16세기 조선 사회의 특징이다. 하물며 출가한 여성도 똑같이 상속을 받을 수 있었다. 즉 적장자차등상속(嫡長子差等相續)이 아닌 자녀균분상속(子女均分相續)이었다. 이와 관련하여 여성의 경제적 지위와 관련된 문제에서도 남자 형제와 똑같이 상속받은 여성의 재산은 그가 혼인한 후 남편 혹은 시가(媤家)의 재산으로 흡수되지 않고 부인의 재산으로 존속되었다. 또한 그 부인이 자녀가 없이 죽게 되면 부인의 재산은 시가(媤家)의 재산으로 상속되는 것이 아니라 다시 친정 재산으로 환원되었다. 따라서 재산을 쥐고 있던 여성들은 절대 홀대 받지 않았다.

또한 제사를 모시는 방법에는 아들, 딸이 돌아가며 부모의 제사를 모시는 윤회봉사(輪回奉祀)가 일반적이었다. 이는 고려 시대부터 내려오는 우리의 오랜 풍습이었다. 자녀들이 돌아가며 제사를 지내니 딸과 사위가 제사에 참여함은 물론이고, 그의 자식들인 외손도 제사에 참여하였다. 그러면서 외손봉사(外孫奉祀)도 자연스럽게 이루어졌다.

외손봉사란 유교적 종법제도에 의한 친손봉사가 확립되기 이전까지 행해지던 제사 잇기의 한 방식으로, 직계비속의 대가 끊겨 더 이상 친손으로 하여금 제사를 잇게 하지 못할 경우, 딸의 남편이나 자손에게 재산을 상속해 주고 제사를 지내게 한 풍습이다. 자녀균분상속으로 친손과 외손의 차별이 없었던 때, 대개가 처가 쪽으로 옮겨 가서 한마을에서 사는 경우가 많았고, 이에 따라 외손이 외조부모와 동거하는 기간이 길었기 때문에 생겨난 자연스러운 풍습이었다. 외손봉사 또한 모계 중심에서 부계 중심 사회로의 변화과정 중 나타난 우리 고유의 풍습 중 하나이다.

사임당의 가문도 외손봉사의 사례를 잘 보여 준다. 오죽헌(烏竹軒)은 연산군 때 대사헌과 형조참판을 지냈던 최응현(崔應賢, 1428~1507)의 집이라 전해진다. 강릉 조산에 살던 최응현이 북평촌으로 이거하면서 지었을 것으로 추정된다. 최응현의 북평촌 집(오죽헌)은 둘째 사위인 이사온에게 상속되었다가 이사온의 외동딸 용인 이씨에게로 이어졌다. 그 후 용인 이씨의 외손인 권처균에게 상속되어 지금에 전하고 있는 것이다.

사임당의 어머니 이씨 부인이 다섯 명의 딸에게 재산을 나누어 주면서 남긴 「이씨분재기(李氏分財記)」를 보면 그 사실을 알 수 있다. 제사를 받들라는 조건으로 외손자 율곡에게 서울 수진방 기

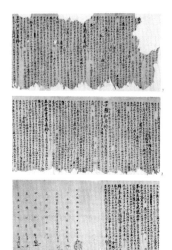

「이씨분재기(李氏分財記)」, 용인 이씨 | 39.5
×228.4cm, 강릉시오죽헌 · 시립박물관 소장

와집 한 채와 노비 전답을 주었고, 또 다른 외손자 권처균에게 묘소를 보살피라는 조건으로 강릉 북평촌 기와집 한 채와 노비 전답을 주었다고 기록되어 있다. 이를 보면 외손자가 제사를 받들고 묘소를 살피는 일은 이상할 것이 없는 우리의 오랜 풍습이었음을 알 수 있다.

우리가 흔히 알고 있는 아들이 없을 때 양자를 두어 제사를 지내도록 한 제도는 17세기 이후에 일반화되었고, 사임당이 살았던 16세기에는 매우 드문 일이었다. 17세기 중엽 이후 성리학적 사회질서가 강화되기 시작하면서 장자, 즉 큰아들이 제사를 모시는 장자봉사(長子奉祀)가 정착되었던 것이다. 장자봉사의 정착과 함께 재산 상속권에 있어 처음에는 딸들이 제외되었고, 그 다음엔 장자 이외의 아들들이 제외되었다. 조선 후기에는 장자봉사와 장자상속권이 굳건히 확립되어 그 전통이 근래에까지 이어져 오고 있다.

부녀자에게서 글을 빼앗다

이러한 제도들의 변화를 불러일으키기 시작한 것은 유교적인 가치의 규범이 확대되면서 『주자가례(朱子家禮)』와 『소학(小學)』 등이 보급되면서부터이다.

『주자가례』는 중국 송나라 주자(朱子, 1130~1200)가 가정에서 지켜야 할 예의범절에 관해 저술한 책으로, 특히 관혼상제(冠婚喪祭)에 관해서 자세히 수록되어 있다. 궁궐에서부터 일반 서민에 이르기까지 지켜야 할 덕목을 잘 정리해 놓았다. 16세기 사림들은 예학(禮學)을 강조하면서 이 책을 매우 중요시하였다. 적장자 중심의 가계 계승 의식은 고려 말 성리학과 『주자가례』가 수용되면서 형성되기 시작한 것이다. 『주자가례』의 보급은 특히 조선 사회의 관혼상제에 큰 변화를 가져왔고, 이러한 변화는 종법을 바탕으로 한 강력한 가부장적 가족제도를 확립시켰다. 이에 따라 혼인 풍습과 제사상속, 재산 상속도 변화하기 시작하였다.

제사상속은 아들딸 구별 없이 행해졌던 윤회봉사가 『주자가례』의 제사승계 원칙이 적용되면서 적장자단독봉사로 변화하였다.

이러한 적장자 제사승계 원칙은 적장자의 후사(後嗣)가 없을 때 누구를 제사 승계자로 지명할 것인지를 놓고 갈등을 일으키게 되었다. 재산 상속도 조선 초기까지는 자녀균분상속이 이루어졌으나 적장자 중심의 제사상속과 가계 계승이 정착됨에 따라 적장자 차등상속으로 변화하기 시작하였다. 또한 혼인 풍습도 남귀여가혼에서 반친영제로 바뀜에 따라 멀리 사는 딸들이 늘어나게 되고, 사위들도 처가와의 관계가 멀어지면서 제사를 기피하는 현상이 나타났다. 결국『주자가례』의 보급에 따른 적장자 중심의 가계 계승은 자녀균분상속이 제사균분상속으로 바뀌게 되었고, 17세기 후반 이후에는 적장자에 의한 제사승계가 정착되면서 재산 분배도 적장자 위주로 이루어지게 되었다.

당시의 신진사대부들은 성리학적인 기반 위에서 사회를 개혁하고자 성리학을 근거로 고대의 예절을 재정리한『주자가례』를 적극적으로 시행하였으나 이는 결국 고려 때부터 이어져 내려오던 우리의 전통문화를 송두리째 바꾸는 결과를 초래하였다. 그 결과 여성의 사회적 지위는 남성 중심의 사회를 유지하기 위한 보조적 역할로 전락해 버리고 말았다. 조선이 세계의 근대화 물결에 적극 동참할 수 없었던 이유 중의 하나도『주자가례』의 영향이 크지 않았나 생각해 본다.

『주자가례』와 함께 널리 보급되었던『소학』은 8세 안팎의 아동들에게 유학을 가르치기 위하여 만든 수신서로서 일상생활의 예의범절, 수양을 위한 격언, 충신·효자의 사적 등을 모아 놓은 책이다. 송나라 유자징(劉子澄)이 스승 주자의 지시에 따라 편찬한 것으로, 내편(內篇)과 외편(外篇) 총 여섯 권으로 구성되어 있다. 주자에 의하면 『소학』은 집을 지을 때 터를 닦고 재목을 준비하는 것이며, 『대학』은 그 터에 재목으로 집을 짓는 것과 같다고 비유하여, 소학이 인간 교육의 바탕이 됨을 강조하였다.

『소학』은 유교 사회의 도덕규범 중 기본적이고 필수적인 내용을 가려 뽑아서 유학 교육의 입문서와 같은 구실을 하였다. 어릴 때부터 유교 윤리관을 체득하도록 하기 위하여 아동의 수신서로서 장려되었고, 사학(四學)⁴, 향교, 서원, 서당 등 당시의 모든 유학 교육기관에서는 이를 필수 교과목으로 다루었다. 특히 성균관에 입학하고자 하는 자에게는 소학의 능통 여부를 알아본 다음에 시험에 응할 수 있게 하였다고 한다. 민간에까지 널리 읽혀져 조선 시대 전반에 걸쳐 충효사상을 중심으로 한 유교 윤리관을 일으키는 데 크게 기여하였다.

이렇듯 『주자가례』와 『소학』이 보급되고 성리학이 지배이념으로 확고히 자리 잡기 시작하면서 그 변화와 더불어 여성들 사이에 자유로이 행해졌던 전통적 풍습들이 많은 규제를 받게 되었다. 이런 현상은 교육에 있어서도 확연히 드러나게 되는데 유교 사상 하

---

4 사학(四學)은 조선 시대에 나라에서 인재를 기르기 위하여 서울의 네 곳에 세운 교육기관이다. 위치에 따라 중학(中學), 동학(東學), 남학(南學), 서학(西學)이 있었는데, 태종 11년(1411)에 설립하여 운영하다가 고종 31년(1894)에 없앴다.

에서 여성의 교육은 인정하지 않았다는 점이다. 간혹 여성이 문자를 배울 수 있는 경우에도 가정 내에서 배우는 수준에 그쳤고, 이 또한 양반 계층의 여성에 한정된 일이었다. 글을 읽고 시를 짓는 일은 남성의 일이지 여성의 일은 아닌 것으로 간주되었다.

공자가 『논어』 「양화(陽貨)」편에서 "여자(女子)와 소인(小人)은 가르치기가 어렵다."[4]라고 하였던 것만 보아도 유교 사회에서의 여성의 지위가 어떠했는지 알 수 있다. 성리학이 조선 사회의 지배이념으로 자리 잡으면서 여성 교육에 관한 조선에서의 상황은 더 심각하게 전개되었다.

그 대표적인 예로 세종대왕이 경연(經筵) 자리에서 『詩經(시경)』을 강독하다가 부녀자와 내시의 내정간섭을 걱정한 글이 전한다.

중국에는 부녀도 문자를 알았던 까닭에 혹 정사에 참예하였다. 환자(내시)가 정권을 멋대로 하여 나라를 그르친 자도 또한 있었다. 우리 동방은 부녀들이 문자를 깨치지 못한 까닭에 부인이 정사에 참예하지 못한 것은 진실로 의심할 바 없으나, 환자(내시)가 정사를 어지럽히는 것은 두려워할 일이다. 또 부인이 비록 정사에는 참예하지 못하나, 임금의 마음을 미혹시키기는 한다. 그런즉 임금이 그 말을 듣고 나라를 그르치게 되는 것도 또한 염려스럽다.[5]

세종대왕하면 가장 먼저 떠오르는 업적이 한글 창제일 것이다.

한글은 백성들이 문자를 알지 못하는 것을 안타깝게 여긴 세종대왕의 가장 큰 유산임에도 불구하고, 조선 제일의 성군이라 칭송받고 있는 세종대왕조차도 우리나라의 여성들이 문자를 알지 못해 정사에 참여하지 않음을 다행으로 여기고 있음을 볼 수 있다. 이런 사회적 배경 하에서 그저 여성의 주된 소임은 몸과 마음의 전부를 바쳐서 남편을 극진히 섬기는 일과 아들을 낳아서 시댁 가문의 대를 계승하도록 하는 일이었다. 또한 시부모를 정성껏 섬기고 그들이 죽은 뒤에도 예를 따라서 제사를 모시는 일, 남편의 일가나 친지들이 찾아오면 융숭하게 대접하는 일 등이 아내가 수행해야 할 주요 임무였다.

이처럼 성리학 사상이 팽배해져 가면서 당시 여성들이 접할 수 있었던 중국의 서책으로는 『열녀전(烈女傳)』, 『여교서(女敎書)』, 『여훈(女訓)』, 『여론화(女論話)』 등이 있었으며, 우리나라의 서책으로는 소혜왕후 한씨(昭惠王后 韓氏, 1437~1504)가 부녀자의 무지함을 걱정하여 지은 『내훈(內訓)』정도가 고작이었다.

『내훈』은 궁중 비빈(妃嬪)과 부녀자들을 훈육하기 위하여 조선조 성종 6년(1475년)에 펴낸 책이다. 『열녀(烈女)』, 『여교(女敎)』, 『소학(小學)』, 『명감(明鑑)』 등에서 부녀자의 교육에 중요하고 적당한 내용을 뽑아 일곱 장으로 엮은 책이다. 체제나 내용이 다양해 종합적인 여성 훈육서로서의 가치를 지닌다. 무엇보다도 이 책을 내놓게 된 동기가 여성 교육에 대한 인식이 별로 없었던 당시에 교육의 필요성을 절감하고 우리나라 여성들을 교육하기 위한

데 목적을 두었다는 점이 의의가 있다. 또한 조선 500여 년 여성상의 밑그림을 그렸다는 평도 받고 있다. 『내훈』의 서문(序文)을 살펴보면 소혜왕후가 여성 교육을 얼마나 중시했는지를 짐작해 볼 수 있다.

> … 주나라 문왕의 교화는 태사(太姒)의 밝음 때문에 더욱 빛이 났고, 초나라 장왕이 패도(覇道)를 이룬 것은 번희(樊姬)의 힘이 컸다. 그러니 임금을 섬기고 남편을 섬기는 데에 누가 이들보다 낫다고 할 것인가. 내가 글을 읽다가 달기(妲己)의 미소와 포사(褒姒)의 총애와 여희(驪姬)의 눈물과 비연(飛燕)의 참소에 이르러서는 일찍이 책을 덮고 한심해 하지 않을 수 없었다. 이것으로 볼 때 한 나라의 치란과 흥망은 임금의 어질고 우매함에만 관계되는 것이 아니라 부인의 선악에도 매여 있는 것이니 어찌 가르치지 않을 수 있겠는가. … 그런 까닭에 『소학』, 『열녀』, 『여교』, 『명감』 같은 책들이 지극히 간결하고 분명했지만 권수가 자못 많아서 쉽게 알기가 어려우므로, 그들 사서 중에서 중요한 말을 뽑아 일곱 장으로 저술하여 너희들에게 주노라. 아아, 한 몸에 대한 가르침이 모두 여기에 있으니 한 번 그 도리를 잃으면 아무리 후회해도 어찌 좋을 수 있으랴? 너희들은 이를 마음에 새기고 뼈에 새겨서 날마다 성인이 되기를 기약하라. 밝은 거울은 더욱 뚜렷이 비치는 것이니, 어찌 경계하지 않으랴.[6]

서문의 내용처럼 소혜왕후는 한 나라 정치의 치란과 흥망은 남자 대장부의 어질고 우매함에 달려 있다고는 하지만 부인의 선악에도 달려 있다고 판단한 것이다. 그렇기에 부녀자의 선(善)을 위해서『내훈』의 일곱 장을 마음에 새기고 뼈에 새겨 날마다 성인의 경지에 이르기를 강조하였다.

『내훈』의 구체적인 내용은 부녀자의 언행 규범을 가르치고[言行], 효친에 대한 인식을 깊게 하여 부모 섬김을 가르치고[孝親], 혼인의 중요성[婚禮]과 부부의 도리를 강조하고[夫婦], 어머니의 자식 가르치는 자세를 환기하고 있으며[母儀], 형제와 친척의 화목을 역설하고[敦睦], 청렴과 근검을 실천하여 욕심 없이 사는 삶[廉儉]을 보여 주는 일곱 장으로 내용이 구성되어 있다.

특히 소혜왕후는 여성이 갖추고 실행해야 할 네 가지 도리인 부덕(婦德), 부언(婦言), 부용(婦容), 부공(婦功)의 여유사행(女有四行)을 강조하였다. 부덕은 재질이나 총명함보다는 밝고 조용하며, 자기 스스로의 몸가짐에 좋고 부끄러움을 가릴 줄 알아 행실의 움직임과 멈춤에 있어 법도가 있는 덕행을 말한 것이다. 부언은 말을 잘하는 것보다는 그 말함을 가려서 하여, 나쁜 말과 남이 싫어하는 말을 입 밖에 내지 않음으로써 특히 부모나 남편에게 불쾌감을 주지 않는 것을 뜻한다. 부녀자의 몸가짐을 말하는 부용은 얼굴의 꾸밈이 좋고, 옷차림에 때가 묻지 않도록 항상 깨끗한 상태를 유지하는 것을 뜻하고, 부공은 길쌈에 힘쓰고 바느질하는 부녀자의 공덕으로, 술과 음식을 정갈하게 만들어 집에 오시는 손님을 정성껏 대접하는 것도 그중 중요한 임무였다. 여성 교육을 주장한 소혜왕후 역시 교육의 목표를 학문의 습득이나 자기 계발에 두지 않고, 다른 사람의 관계 속에서 행하여야 할 종속적인 예절만을 강조한 것이다.

당시 유교적 규범 속에서 살았던 사임당과 부녀자들에게 『내훈』은 가장 큰 생활 규범이었을 것이다. 이를 닦고 실천하기 위하여 실로 많은 여성들이 말할 수 없는 노력을 기울였을 것이고, 여성은 『내훈』의 내용처럼 근검과 절약, 겸손함, 남편과 시부모에 대한 복종과 섬김, 자녀 돌보기, 침묵과 인내가 여성의 숙명인양 그렇게 살아왔을 것이다. 소혜왕후가 진정으로 바라던 여성 성인(聖人)의 모습이 과연 이런 모습이었을까 의문을 가져 본다. 여성 교육을 위해 만들어진 『내훈』이 혹 여성의 삶의 방향을 고정화시킨 건 아닌지 생각해 볼 문제다.

이 밖에 집안에 따라서는 그 집안 부녀자들의 교육을 위하여 지은 책들도 있는데, 퇴계 이황(退溪 李滉, 1501~1570)의 『규중요람(閨中要覽)』[5], 우암 송시열의 『계녀서(戒女書)』, 이덕무의 『사소절(士小節)』 등이 대표적이다. 퇴계 이황의 『규중요람』에는 다음과

---

[5] 『규중요람』은 1544년 퇴계 이황이 지은 것으로, 국립중앙도서관에 소장되어 있다. 지금 전하는 것은 후대에 필사된 것으로 전체 25장으로 되어 있다. 이 책은 『소학』 『시경』 『논어』 『춘추』 등에 실린 중국 고사를 인용하여 사대부가 부녀자들의 행실 규범을 서술한 것이다. 여성의 행실을 부의(婦儀), 수신(修身), 치가(治家), 규범(閨範), 효친(孝親)으로 나누어 그 가르침을 담고 있다.

같은 내용이 있다.

> 부인 여자들도 마땅히 시서(詩書)와 사기(史記)와 소학(小學)과 내
> 칙(內則)을 읽어 역대의 나라 이름과 선대 조상의 이름자를 알아야
> 한다. 그러나 붓끝의 공교함과 문장의 찬란함은 오히려 창기(娼妓)
> 들이나 하는 것이다. 시문과 글을 짓는 것은 부녀자가 행할 바가 아
> 닌 것이니라.[7]

『규중요람』은 사대부 집안의 여성으로서 갖추어야 할 윤리도덕
은 물론 언어, 행동거지, 동기간이나 친척과의 화목, 환자 돌보기,
손님 대하는 법 등 일상생활의 예의범절과 집안 설거지, 음식의
간을 맞추는 일에 이르기까지 아주 상세히 언급하여 여성들 스스
로 자신의 행실을 돌아보고 삼갈 수 있도록 만들어진 책이다.

설거지에 음식의 간 맞추는 법까지 교육하고자 했던 이황은 여
성에 대한 믿음이 전혀 없었던 것은 아닐까. 규범록의 내용처럼
여성 스스로의 인격을 존중하기 보다는 행실을 제대로 배우지 못
하고 남의 집에 시집가서 실수하게 되면 제 부모와 남자 형제를
욕먹이는 일이니 혼인 전에 욕먹지 않도록, 아니 친정 가문을 욕
보이지 않도록 행실을 배우고, 말을 삼가야 함만을 강조하고 교육
하고 있으니 말이다. 시대를 넘어 우리나라의 대표적인 학자였던
이황조차도 여성 스스로의 인격을 존중하기 보다는 혼인 후에 가
문과 문중을 욕보이지 않는 것이 집안 여성의 가장 큰 임무로 생

각한 것이다. 상황이 이러하다 보니 부녀자들은 이름자 정도의 학문만을 익히기 원하였고, 그 이상은 오히려 창기의 일이라고, 부녀자가 행할 바가 아니라고 못을 박고 있는 것이다. 더 많이 알아 아는 체를 한다면 그것은 가문의 수치인 동시에 시댁의 가풍까지도 위협한다고 생각했음이 틀림없다.

과연 이황은 이 시대의 여성이 어떤 모습으로 살아가기를 원했을까. 그 당시에 글을 읽고, 시문을 지었던 사임당은 아마도 사대부가의 부녀자가 창기들이나 하는 일을 행한다고 이황에게 호되게 야단을 맞지는 않았을까.

우암 송시열의 『계녀서』는 송시열의 장녀가 출가할 때 부녀자가 행할 수신(修身)과 제가(齊家)의 도리를 상세하게 적은 훈계서다. 부모 섬기는 도리, 남편 받드는 도리, 형제간을 화목하게 하는 도리 등 시집간 여자가 지켜야 할 덕목을 20가지 항목에 걸쳐 자상하게 기록한 책이다. 조선 시대 대가족제도 하에서 부녀자의 교육은 개인보다 가족을 우선시했기에, 부녀자가 행할 도리도 대부분 가족 안에서의 의무만이 강조된 것이었다. 그중에서도 효제(孝悌) 실천과 부덕(婦德) 실천은 가장 기본이 되는 덕목이었다. 이 『계녀서』는 다른 책에 비해 여러 종류의 필사본이 널리 퍼져 전하고 있는 것으로 보아 조선 시대의 대표적인 여성 교육서였음을 알 수 있다. 그러나 아버지의 딸에 대한 사랑으로 만들어진 이 책 또한 조선 사회에서 여성을 가정이라는 울타리 안에 가둬 놓고 남성의 타자로 살아가도록 만든 또 하나의 굴레가 되었다.

이덕무가 지은 『사소절(士小節)』[6]의 「부의(婦儀)」편에 나오는
한 소절을 보자.

> 부인은 마땅히 『경서(書)』, 『사기(史)』, 『논어』, 『모시(毛詩)』, 『소학』,
> 『여사서(女四書)』를 대강 읽어서 그 뜻을 통하고, 여러 집안의 성
> (姓)과 조상의 계보와 역대 나라 이름과 성현의 이름자 등을 알면 그
> 만이다. 허랑하게 시나 가사를 지어 외부에 퍼뜨려서는 안 된다.[8]

이덕무의 생각도 이황의 생각과 다르지 않았다. 이덕무는 『사소
절』에서 완전한 여성상을 묘사하고 있다. "혐의 받을 일을 멀리하
고, 삼가는 마음을 지키고, 부지런하고 검소하며, 정숙하고 화순하
며, 말을 간결하게 하고, 얼굴빛을 즐겁게 나타내는 여인은 집에
있어서는 효성스러운 딸이 되고, 남에게 시집가서는 공손한 며느
리와 정숙한 아내가 되고, 자식을 낳으면 어진 어머니가 된다."[9]고
하며 현재 우리가 흔히 전통적인 여성상이라 말하는 현모양처의

---

6 『사소절』은 이덕무가 저술한 수신서로, 선비·부녀자·아동 교육 등 일상생활에 있어
서의 예절과 수신에 관한 교훈을 예를 들어가면서 당시의 풍속에 맞추어 설명하고 있
는 책이다. 『서경』, 『상서』, 『논어』, 『소학』 등에서 공통적으로 제시한 "소절(小節)을 닦
아야 대절(大節)을 보고 대의를 실천할 수 있다."는 말을 바탕으로 하여 이 책을 쓰게
되었는데, 위에 나열된 책들이 쓰여질 때와는 시대가 바뀌어서 풍속이나 습관이 널리
변하여 몸과 마음에 맞지 않는 것이 있어, 조심스럽게 검토하여 백성이 본받을 수 있
는 소절이라 생각되는 것을 책에 실었다고 서문에 밝히고 있다.

전형적인 모습을 이야기하고 있다.

조선 시대 남성 교육이 '수신제가치국평천하(修身齊家治國平天下)'에 목표를 두고 군자(君子)가 되는 것이었다면, 여성 교육은 가문이라는 시댁의 위상에 누가 되지 않는 여성이 되기 위한, 아니 잘못해서 친정 가문에 욕을 보이게 하거나 쫓겨나는 치욕을 당하지 않기 위한 교육으로 보인다. 그러기 위해서 시부모에게는 순종만이 살 길이었고, 가문을 이어 나가기 위해서는 누가 뭐라 해도 아들을 낳아야 했고, 남편의 행실이 어떠하든 인내와 침묵만이 살 길이었다. 교육으로 말미암아 여성이 스스로 판단하는 힘이 생기고, 자신의 생각을 말한다면 이는 남성 중심의 조선 사회에서 우환(憂患)의 시작으로 간주하였던 것이다.

이러한 여성에 대한 그릇된 인식으로 인해 조선 후기에 이르러서는 여성은 바깥출입을 자유로이 할 수도 없었고, 한다 한들 장옷에 가려 외부 세계와 단절된 사회 속에서 살아야만 했다. 여성의 눈과 귀를 모두 막고서, 조선의 사대부 남성들은 무엇을 얻고자 했음일까.

오죽헌의 정기를 품고

사임당은 조선 연산군 10년(1504년) 외가인 강원도 강릉 북평촌에서 음력 10월 29일 새벽에 태어났다. 아버지 신명화(申命和, 1476~1522)와 어머니 용인 이씨(龍仁 李氏, 1480~1569) 사이의 다섯 딸 가운데 둘째가 바로 사임당이다.

사임당이 태어난 강원도 강릉 땅은 옛날 예국(藝國)[7]의 수도였던 이래 오랜 역사를 통하여 빛나는 문화와 전통을 간직한 곳이다. 서쪽에는 태백준령의 대관령이 병풍처럼 둘러 있고, 동쪽에는 푸르른 동해가 끝없이 펼쳐져 있다. 산수 자연이 그림 같이 아름답고 인심이 순후하여 일찍이 조선 후기의 실학자 이중환(李重煥, 1690~1756)[8]은 『택리지(擇里志)』[9]에서 "경치가 나라 안에서 실상

---

[7] 예국은 삼한 시대 강원도 명주 지방에 있었던 부족 국가의 이름을 지칭한다. 그 시대 명주는 지금의 강릉으로, 신라 시대에는 9주 5소경 중 9주의 하나인 하슬라주(何瑟羅州)였다. 강릉의 진산인 대관령이 병풍처럼 둘러 있고 바다가 길게 삶의 터전으로 자리하여 선사시대부터 사람들의 세거지지(世居之地)로 사랑받은 지역이다.

[8] 이중환은 조선 후기의 실학자로, 우리 국토를 두루 답사하면서 팔도의 자연과 환경, 인물을 세밀하게 정리하여 250여 년 전 조선의 산천을 생생히 복원할 수 있게 한 학자이다.

제일이다"10고 말하고 있다. 또한 강릉은 학문과 예절을 숭상하는 문향(文鄉)의 고장이었다고 전한다.

특히 이중환은 사람이 살 만한 곳을 가려서 정하는 조건으로 "첫째, 지리가 좋아야 하고, 다음 생리(生利, 그 땅에서 생산되는 이익)가 좋아야 하며, 다음 인심이 좋아야 하고, 또 다음은 아름다운 산과 물이 있어야 한다. 이 네 가지에서 하나라도 모자라면 살기 좋은 땅이 아니다."11라고 했는데, 강릉 땅이 바로 그러한 곳이었다.

강릉의 아름다운 풍경에 매료되어 시 한 수 읊었을 선인들의 풍류가 느껴지는 이곳에서 사임당은 태어났다. 이런 문향의 고장에 천혜의 자연환경까지 갖춘 오죽헌은, 사임당의 가슴 가득 자연을 품도록 하기에 모자람이 없었다. 어린 시절 사임당이 뛰어놀았을 경포호의 아름다움까지 더해서 사임당은 자연과 하나가 되었다. 이렇듯 사임당과 하나가 된 자연은 후에 사임당에 의해 종이와 비단 속에서 살아 움직이는 자연으로 되살아난 것이다.

사임당의 고향 강릉이 이런 천혜의 자연환경을 사임당에게 선물로 주었다면, 사임당이 태어난 해인 1504년은 사임당뿐만 아니라 우리 민족에게 아픔을 준 해였다. 바로 갑자사화(甲子士禍)가

---

9 『택리지』는 조선 숙종 때 이중환이 지은 우리나라의 지리서로 산천(山川)·지리(地理)·도서(島嶼)·촌락(村落)·사찰(寺刹)·명승(名勝)·포항(浦港)·성시(城市)·인물(人物)·성시(姓氏)를 풀이한 책이다.『팔역지(八域志)』라고도 한다.

일어나 무오사화(戊吾士禍)에 이어 또 한 번의 피바람이 몰아친 해이기 때문이다. 조선이라는 나라가 세워진 지 100여 년의 세월이 흐른 뒤라 성리학의 근간에 따라 어느 정도 국가의 틀은 완성된 후였지만, 『주자가례』의 보급에도 불구하고 왕실에서나 민가에서는 남귀여가혼과 자녀균분상속, 외손봉사 등 고려의 오랜 풍습이 더디게 변화하고 있는 때였다.

정치적으로 연산군에서 선조에 이르는 이 시기는 권문세가들의 사화와 당파싸움이 본격화되는 시기로 실로 격동의 세월 한가운데였다. 조선을 세우는 데 혁혁한 공을 세운 훈구공신들은 새로운 세도가로 급부상하였고 그들에 대한 특혜가 또 다른 사회 병폐로 이어지게 되었다. 이러한 병폐는 훈구파의 권력과 경제력 확장에 반대, 이상 정치인 도학(道學)을 주장하며 등장한 사림파의 갈등으로 이어져 수많은 선비들을 죽음으로 몰아넣는 사화(士禍)가 발생하게 되었다.

1498년(연산군 4년)의 무오사화와 1504년(연산군 10년)의 갑자사화가 그것이다. 알려진 대로 무오사화는 『성종실록』 편찬 때 김일손(金馹孫, 1464~1498)이 사초 중에 김종직(金宗直, 1431~1492)의 '조의제문(弔義帝文)'을 올림으로써 이에 관련되었던 사림학자들이 참화를 당하였던 사건이다.

조의제문은 항우에게 살해당하여 물에 던져진 의제(義帝)의 죽음을 슬퍼한다는 제문으로, 단종을 항우에게 죽임당한 의제에 비유하여 그 죽음을 슬퍼하고 세조의 왕위 찬탈을 비난하는 내용이었다. 그 결과 훈구 세력이 연산군을 꾀어 김일손 등 사림파를 숙청하고, 김종직을 부관참시(剖棺斬屍)[10] 한 사건이다.

갑자사화는 연산군이 자신의 어머니인 윤씨의 폐비를 문제 삼아 당시의 두 숙의(淑儀) 엄씨와 조씨를 타살하고, 할머니인 인수대비도 구타, 결국엔 죽음에 이르게 한 사화다. 또한 어머니 윤씨를 성종의 묘소에 함께 모시려 하였는데, 권달수(權達手, 1469~1504)와 이행(李荇, 1478~1534) 등이 반대하자 권달수는 참형하고 이행은 귀양을 보냈다.

또한 성종이 윤씨를 폐출하고자 할 때 이에 찬성한 윤필상(尹弼商, 1427~1504), 권주(權柱, 1457~1505), 김굉필(金宏弼, 1454~1504), 이주(李胄, 1468~1504) 등을 사형에 처하고, 이미 고인이 된 한명회(韓明澮, 1415~1487), 정창손(鄭昌孫, 1402~1487), 정여창(鄭汝昌, 1450~1504), 남효온(南孝溫, 1454~1492) 등의 이름난 신하와 존경받는 유학자들을 모조리 부관참시한 엄청난 피의 역사를 자행한 사건이다.

연산군의 이러한 악정은 여기에 그치지 않고, 각 도에 채홍사(採紅使), 채청사(採靑使)[11]등을 파견하여 미녀와 좋은 말(馬)들

---

10 부관참시란 죽은 뒤에 큰 죄가 드러난 사람에게 극형을 시행한 일로, 무덤을 파고 관을 꺼내어 시체를 베거나 목을 잘라 거리에 내걸었던 형벌이다.

11 채홍사는 연산군 때에 창기 중 고운 계집을 뽑으려고 전국에 보내던 벼슬아치를 말하고, 채청사는 연산군 때에 아름다운 처녀를 구하려고 전국에 보낸 벼슬아치를 이른다.

을 구해 바치게 하였고, 성균관 유생들을 몰아내고 그곳을 놀이터로 삼는 등 성리학의 근간을 뒤흔드는 일들을 연이어 자행한다. 왕과 학자들 간의 의사소통 경로인 경연(經筵)을 없애 학문을 마다하였고, 쓴소리를 극도로 싫어한 나머지 사간원(司諫院)까지 폐지해 버리고 말았다.

결국 연산군은 1506년(중종 1년) 성희안(成希顔, 1461~1513), 박원종(朴元宗, 1467~1510) 등을 중심으로 일어난 중종반정(中宗反正)에 의해 왕의 자리에서조차 쫓겨나는 치욕을 당하게 되고, 강화도 교동으로 강제 유배되어 간 후 연산군으로 강봉되어 그해에 병으로 죽는다.

그러나 중종반정 역시 방탕한 생활로 국고를 탕진한 연산군이 바닥난 국고를 메우기 위해 훈구파들의 토지를 빼앗으려 하자 일으킨 반정으로, 나라나 백성을 위한 결단으로 일으킨 것이 아니라 자신들의 기득권을 지키기 위해 일으킨 반정이었다.

이에 중종은 훈구파들의 등쌀을 견제하기 위해 사림파를 업고 왕권 강화를 시도하려 했다. 이런 와중에 등장한 이가 바로 정암 조광조(靜庵 趙光祖, 1482~1519)다. 조광조는 유교적 도학 정치를 현실에서 구현하려는 다양한 개혁을 시도하였고 소기의 성과를 거두기도 했지만, 그 방법이 과격하고 급진적이어서 결국 훈구파의 반격을 두려워한 중종으로부터 버림을 받는다. 이른바 1519년(중종 14년) 기묘사화(己卯士禍)의 희생양이 되고 말았다.

그 후 기묘사화로 그동안 조정에 진출해 있던 많은 사림들이 또

화를 당하게 되고, 결국 사림파 개혁의 분위기는 한층 주춤해졌다. 그리고 이어서 명종 즉위년(1545년)에 왕실의 외척인 윤임(尹任, 1487~1545) 세력의 대윤(大尹)과 윤원형(尹元衡, ?~1565) 세력인 소윤(小尹)의 권력다툼 과정에서 발생한 을사사화(乙巳士禍)로 소윤이 대윤을 숙청하면서 다시 한 번 사림들이 화를 당하게 되었다.

강직한 아버지, 현명한 어머니

사임당이 조선 사회를 살아간 시대(1504~1551)는 그야말로 네 번의 사화가 일어난 기간(1498~1545)과 거의 일치한다. 이와 같은 시대를 몸소 지켜보고 겪으며 그 소용돌이 속에서 살아간다는 것은 매우 감내하기 힘든 일이었을 것이다. 살아가는 내내 사화의 소용돌이를 직간접으로 몸소 겪어야 했기 때문이다. 아버지 신명화 또한 연산군의 폭정이 계속되던 시대에 벼슬에 나아가 사화의 희생양이 되기보다 학문을 하며 초야에 묻혀 살았던 것만 보아도 그 시기는 누구에게나 감내하기 어려운 시기였음을 알 수 있다.

이 어려웠던 시대를 사임당이 누구보다 현명하게 살아갈 수 있었던 바탕은 무엇이었을까. 유교적 예법의 굴레에 얽매여 여성은 자기를 내세우지 못하고 그 자리가 점점 좁아져만 가는 시대적 환경 속에서도 사임당이 그 시대의 질곡을 현명하게 살아갈 수 있었던 이유는 물론 사임당의 타고난 능력도 있었겠지만 바로 그녀의 아버지와 어머니의 현명한 교육과 외가의 영향이 크다.

앞서 살펴보았듯이 16세기는 여성이 혼인하여 친정살이를 하는 것이 일상적인 모습이었다. 하지만 사임당은 조금 더 특별했다. 사임당의 외할머니 최씨도, 사임당의 어머니 이씨도, 그리고 사임당까지 3대가 오죽헌에서 친정살이를 했기 때문이다. 사임당은 이와 같은 성장 배경 아래, 학문이 깊은 외조부 이사온(李思溫)과 아버지의 특별한 총애를 받으며 깊은 성리학적 소양을 쌓을 수 있었고, 외조모와 어머니로부터는 올바른 부덕의 행함과 현모의 모습을 보고 배울 수 있었다.

또한 출가한 뒤에도 부모와 함께 오랜 기간 친정에서 살았기 때문에 일반 여성들이 겪는 시가(媤家)에서의 정신적 고통이나 육체적 분주함은 적었을 것이다. 따라서 비교적 자유롭게 일상생활과 자녀 교육을 행할 수 있었을 것으로 생각된다. 자식을 일곱 명이나 낳고도 자신의 예술적 능력을 모두 발휘할 수 있었던 것도 바로 이런 친가 생활에 기인한 것으로 보인다.

『사임당의 생애와 예술』의 저자 이은상도 "외조부 이사온의 학문과 어머니 이씨의 덕행, 아버지 신명화의 엄격한 훈계 밑에서 여자의 갖추어야 할 근본 교양과 자품을 길러 장차 현부인이 될 기초를 마련했던 것을 더 높이 평가하지 않으면 안 될 것이다."[12]라고 적고 있다. 그만큼 한 인간의 삶에 가정교육이 차지하는 비중이 얼마나 중요한지를 알 수 있는 부분이기도 하다. 이처럼 사임당은 조선 사회의 다른 여성과 비교해 본다면 남다른 혜택을 입은 여성이었다.

그렇다면 사임당의 학문적 스승이었던 아버지 신명화(申命和, 1476~1522)는 어떤 사람이었을까. 사임당의 아버지 신명화는 평산 신씨(平山 申氏)로 고려 태조 때의 건국 공신이던 장절공 신숭겸(壯絶公 申崇謙, ?~927)의 18대 손이며, 영월군수 신숙권(申叔權)의 아들로 조선 성종 7년(1476년)에 태어났으며 자(字)는 계흠(季欽), 호는 송정(松亭)이다.[13]

신명화는 한양에서 태어났으며, 천성이 순박하고 강직하여 선비로서의 기개(氣槪)와 지조(志操)가 남달리 뛰어났다. 어려서부터 성현의 글을 읽되 선악(善惡)으로써 자신의 언행을 징계하는 자료로 삼았고, 자라면서는 학문에 더욱 힘써 높은 학문적 소양과 뛰어난 인품으로 동문수학한 동료들 사이에서도 지조 굳은 인물로 정평이 나 있었다고 전한다. 또한 예(禮)가 아니면 행동하지 않았고, 신의(信義)를 중시했다고 한다. 그 예로 아래에 소개된 장인과의 일화가 전한다.

> 어느 날 신명화의 장인이 어떤 친구와 만나기로 약속을 하였는데 갑자기 일이 생겨 약속을 지킬 수 없게 되었다. 그리하여 장인은 신명화를 불러 자신이 아파서 약속을 지킬 수 없게 되었다는 편지를 쓰도록 부탁했다. 그러나 신명화는 정색하며 "세상을 살아가는 데 있어서 말과 행동이 정직한 것은 가장 가치 있는 높은 덕이라고 봅니다."하여 그 청을 거절하였다.[14]

일화에서도 볼 수 있듯이 신명화는 말과 행동이 정직한, 가장 가치 있고 높은 덕(德)을 실현한 이라 할 수 있다. 또 다른 일화로는 신사임당을 출가시킬 무렵, 마침 서울서 내려온 어떤 이가 "대궐에서 널리 처녀들을 뽑아 올린다."는 헛소문을 퍼뜨려 민심이 흉흉해져서 딸 가진 집에서는 모두들 중신아비도 없이 사위 맞기에 급급했다. 하물며 양반의 집에서도 예식을 다 갖추지 못하고 마구 서두르는 경향이 있었다.

그러나 신명화는 홀로 조금도 흔들리지 아니하고 예절을 지킬 대로 다 지켜서 유유히 결혼식을 치렀다고 한다. 결코 지나가는 일화만이 아니라 그 성격의 고집스러움과 정돈된 인격의 한 단면을 보여 주는 좋은 예라 하겠다.[15] 이처럼 신명화는 매사에 신중하였으며, 그 성품 또한 매우 강직했음을 알 수 있다.

또한 신명화는 사화의 소용돌이 속에서 벼슬에는 뜻이 없어 과거에 응하지 않다가 41세 때인 중종 11년(1516년)에 비로소 진사에 올랐다. 당시 조정의 재상인 윤은보(尹殷輔, 1468~1544)와 형조판서 남효의(南孝義, ?~?) 등이 조정에 높이 천거하였으나 스스로 사양하고 학문에만 전념하였다. 그렇게 신진 개혁파인 사림과 뜻을 같이했지만 입신양명보다는 학문에만 힘썼으므로 기묘사화의 회오리를 피할 수 있었다. 귀향한 후에도 끝까지 벼슬길에 오르지 않고 권세와 위복을 좇아 붕당을 지어 대립하는 관료 계급과의 마찰을 피하며 세월을 보냈다. 그리고 '수신제가치국평천하'의 근본을 가정 내에서 먼저 실천하였다. 스스로의 삶이 그러하니 사임당에게 어떤 가르침을 주었을지 충분히 짐작할 수 있다.

신명화는 또한 효성도 지극하였다 전한다. 그는 연산군 시절 아버지 상(喪)을 당하게 되는데, 단상(短喪)하라는 연산군의 폭정에도 굴하지 않고 고스란히 삼년상(三年喪)을 모시면서 그 슬픔을 극진히 다하였다고 한다.

당시 연산군은 스스로 인수대비(소혜왕후)의 단상을 시행하는 등 삼년상을 금하는 데 적극적이었다. 언제 어떠한 일로 피바람이 몰아칠지 모르는 어지러운 폭정의 시대에 중앙 정계에 있는 정치가들조차도 그 위세에 눌려 삼년상을 제대로 치르지 못하였을 때 홀로 삼년상을 치렀다 함은 신명화가 효성은 물론이고 지조 또한 높았음을 알 수 있다. 신명화의 이러한 효심은 신사임당 효(孝) 사상의 밑거름이 되었을 것으로 보인다.

이렇게 신명화가 벼슬에 뜻을 두지 않고 오로지 학문을 연구하는 데만 전념했기 때문에, 그의 학문이 사임당에게 큰 영향을 미쳤을 것으로 사료된다. 강직하고 올곧은 아버지 슬하에서 사임당은 일찍부터 엄격한 훈계 아래 학문에 더욱 매진할 수 있었고, 이런 아버지로 부터의 교육이 있었기 때문에 이미 출가 전에 학문과 예술이 상당한 수준까지 도달할 수 있었을 것이다.

신명화는 그렇게 아끼던 둘째 딸 사임당을 이원수에게 출가시킨 몇 달 후인 1522년 11월 7일 향년 47세로 세상을 떠났다. 앞서 살펴본 바처럼 신명화는 생전에 공정하고 엄격한 성품을 가졌던 것으로 전하며, 그 공정함과 엄격함이 둘째 딸 신사임당에게 그대로 이어져 전하였다. 어찌 신사임당에게만 전해졌을까. 그의 외손자 율곡에게 끼친 영향도 매우 컸음을 율곡 이이가 남긴 글을 보면 알 수 있다. 율곡 이이는 『율곡전서(栗谷全書)』 「외조고진사신공명화행장(外祖考進士申公命和行狀)」에 외할아버지 신명화에 대해서 다음과 같이 평하고 있다.

> 진사 신 공의 휘는 명화, 자는 계흠(季欽)이다. 천성이 순박하고 지조가 굳세어 어려서 글을 읽을 때부터 벌써 선악(善惡)으로써 자기의 권계(勸戒)를 삼았다. 장성하자 학행이 독실하였고 예가 아니면 행동하지 않았다. 연산조 때에 아버지의 상(喪)을 당했는데, 이때에 단상(短喪)하라는 법령이 엄했지만 진사는 끝까지 예를 폐하지 않고 상복에 수질, 요질로 여묘살이를 하며 죽을 마시고 몹시 야위어 가면서 몸소 밥을 지어 상식을 드리고 3년 동안 슬픔을 극진히 다하였으므로 당시의 의론이 장하게 여겼다.[16]

예(禮)를 다른 그 무엇보다 중시한 조선 사회에서 예가 아니면 행동하지 않았던 외할아버지의 강직함을 생각하며 생전에 뵙지 못한 아쉬움을 율곡은 글로 전하고 있다.

다음으로 어머니 용인 이씨의 가르침에 대해 기록으로 전하는 것을 살펴보자. 가정교육만으로 일관했던 조선 시대의 여성 교육을 볼 때 가정 내에서 어머니의 역할은 그 누구보다도 크다고 할 수 있다. 사임당이 오늘날 어머니 상으로 추앙을 받게 된 데에는 그녀의 어머니 용인 이씨의 가르침이 절대적인 영향을 끼쳤다.

사임당의 어머니 이씨의 본관은 경기도 용인으로, 시조는 길권

(吉卷)이며 증조부는 삼수군수(三水郡守)를 지낸 유약(有若)이며, 조부는 전라도 병마우후(兵馬虞候)를 지낸 익달(益達)이며, 아버지는 생원으로 벼슬을 하지 않은 사온(思溫)이다. 이사온이 강릉 참판을 지낸 최응현(崔應賢, 1428~1507)의 딸 최씨와 결혼하여 얻은 무남독녀가 바로 이씨 부인이다.

최응현은 강릉의 12향현으로 떠받들어졌으며 성균관사성, 충청도 관찰사, 대사헌 등 중앙 정계 관직을 고루 거치며 학문과 경륜을 펼친 대학자였다. 최응현의 부친 최치운(崔致雲, 1390~1440) 또한 강릉의 12향현으로, 세종대왕의 총애를 받아 이조참판까지 올라 외교관, 무관, 학자로서 크게 문명을 떨친 강릉 최씨 문중의 걸출한 유학자이다.

이런 유학자 집안에서 무남독녀로 부모의 깊은 사랑을 받으면서 학문을 배운 이씨 부인은 학문의 깊이뿐 아니라 부녀가 꼭 행하여야 할 네 가지 덕목, 즉 부덕(婦德), 부언(婦言), 부용(婦容), 부공(婦功)까지 어느 하나 부족함이 없었다 한다. 어머니에서 어머니로, 또 그 어머니에서 사임당으로, 그렇게 오죽헌의 진한 먹 향기는 3대째 이어져 내려왔다.

율곡 이이는 『율곡전서(栗谷全書)』「이씨감천기」에서 외조모 이씨를 "말에는 서툴어도 행동에는 민첩했으며, 모든 것에 신중히 하되 착한 일에는 과단성이 있었다."[17]라고 적고 있다. 여자의 말이 서툴다 함은 말을 할 줄 몰라 더듬거린다는 뜻이 아니라 말을 많이 하지 않으며 부언(婦言)을 실천했다는 뜻이다. 과거에 우리나라는 말이 많은 사람을 경솔한 사람이라고 여겼다. 본받을 만한 말을 가려 말하며, 예에 어긋나는 말을 하지 않으며, 거친 말을 하지 않으며, 때에 알맞은 뒤에야 말해서 사람들이 그 말을 싫어하지 않게 하는 것이 부언의 실천이었다.

무남독녀였던 이씨 부인은 효행 또한 남다른 데가 있었다. 한양에서 시부모를 모시고 살고 있었는데 친정어머니가 병을 앓게 되자 시어머니 홍씨의 허락을 받고 친정으로 와서 병간호를 극진히 하였다. 「이씨감천기」에는 외조모 이씨가 약을 미리 맛보고 밤에도 취침하지 않으면서 지극정성으로 모친을 돌보았다고 기록하고 있다. 그 후 한양으로 가자고 한 남편 신명화의 말에 눈물을 흘리며 다음과 같이 말하며 청했다 한다.

> "여자란 삼종지도(三從之道)가 있으니 분부를 어길 수는 없습니다. 그러하오나 저의 부모는 이미 늙으셨고 저는 외동딸이오니 하루아침에 갑자기 제가 없게 되면 부모님은 누구를 의탁하시겠습니까. 더구나 훤당(萱堂)[12]께서 오랜 병환으로 탕약이 끊어지지 않고 있으니 어찌 차마 버리고 떠나겠습니까. 제가 애통하여 눈물 흘리며 우는 것은 오직 이 때문입니다. 이제 말씀 드려 허락받고자 하는 것은 당신

---

[12] 훤당은 남의 어머니를 높여 이르는 말이다. 훤당(萱堂)의 훤(萱)은 원추리를 뜻한다. 예전 어떤 효자가 집 뒤편에 별당을 지어 나이 드신 어머니를 모셨는데 마당에 어머니가 좋아하는 원추리를 가득 심은 데서 유래하였다. 원추리는 먹으면 근심을 잊는다 하여 망우초(忘憂草)라고도 불린다.

은 한양으로 가시고 저는 시골에 머물면서 각각 노친을 모시도록 하

자는 것인데 어떻게 생각하십니까?"하였다. 진사도 감동하여 눈물을

흘리며 드디어 그 말을 따랐다.[18]

용인 이씨의 이러한 물음에 남편 신명화가 그 말과 정성에 감동

하여 그대로 따랐을 정도로 신명화와 용인 이씨 모두 효의 중요성

을 진심으로 알고 실천했던 인물들이었음을 알 수 있다. 이런 까

닭에 신명화와 이씨 부인은 16년간이나 떨어져서 생활할 수밖에

없었다.

부모에 대한 효를 다하느라 비록 몸은 떨어져 살았지만 이씨 부

인의 남편에 대한 정성은 아무도 따르지 못할 정도로 지극했다 한

다. 율곡이 지은 「이씨감천기」의 기록에 따르면 이씨 부인이 42세

되던 해 친정어머니 최씨가 세상을 떠나자 서울에 있던 신명화가

장모의 상(喪)을 보러 강릉으로 오는 길에 큰 병을 얻었다고 한다.

그러나 병이 위중하여 7일 밤낮을 간병했으나 호전이 되지 않자,

이씨 부인은 남편의 병을 낫게 하고자 외증조부 최치운의 무덤 앞

에 나아가 작은 칼을 꺼내 왼손 중지 두 마디를 자르면서 "저의 정

성이 지극하지 못해서 이렇게까지 되었사옵니다. 몸뚱이나 머리

터럭가지라도 모두 다 부모에게서 받은 것이라 감히 훼상하지 못

한다 하옵지마는 내 하늘은 남편인데 하늘로 삼는 이가 무너진다

면 어찌 홀로 산다 하오리까. 원컨대 제 몸으로써 남편의 목숨을

대신하고 싶사오니 하늘이시어 하늘이시어! 저의 이 정성을 굽어

살피옵소서."**19**라며 절규했다고 전한다.

단지(斷指)까지 한 그 정성에 하늘이 감복해서일까. 단지 후 사임당은 아버지가 이제 일어나실 거라는 선몽을 꾸었고, 곧 신명화는 병을 털고 일어났다. 이러한 덕행은 후에 조정에까지 알려져 이씨 부인이 49세였던 중종 23년(1528년)에 열녀 정각이 세워졌다. 중종 21년(1526년) 7월, 강원도 관찰사였던 황효헌이 이씨의 단지(斷指)를 열녀의 한 사례로 보고했기 때문이다. 이 사실은 『중종실록』에 전하고 있다. 율곡 이이 또한 외조모인 이씨 부인의 덕행을 「이씨감천기」에 기록하였다. 그 행적의 일부가 강릉 지역의 역사와 문화, 지리에 관한 기록을 담은 역사서인 『임영지』 「열녀편」에도 기록되어 있다.

> 이씨부인은 나면서부터 천성이 깨끗하고 행동이 침착하였다. 남편 신명화의 병을 낫게 하고자 선조의 묘에 배향하고 손가락을 끊어 피를 흘려 넣는 단지(斷指)를 함으로써 하늘에 그 뜻을 전하니 남편의 병이 낫게 되었다.**20**

사임당 부덕(婦德)의 근본은 이런 어머니의 모습을 그대로 보고 자라고, 또 그 스스로도 그런 어머니의 모습을 마음에 새기며 성장해 온 덕분이 아닐까 싶다. 특히 이씨 부인의 영향을 많이 받았던 사람 중 한 사람이 바로 율곡이다. 어머니 사임당이 율곡의 나이 열여섯 살에 세상을 떠나고 난 후, 어머니의 빈자리를 채우며 격려해 주었던 사람이 바로 외조모 용인 이씨였기 때문이다. 그렇게 정이 특별히 돈독해서였을까. 율곡이 남긴 「이씨감천기」를 읽고 있노라면 용인 이씨를 향한 율곡의 가슴 절절함을 그대로 느낄 수 있다. 『율곡전서(栗谷全書)』에도 외조모 이씨를 칭송한 글이 전한다.

이씨는 나의 외조모이시다. 부자의 사이와 부부의 관계에 있어 행동할 때 인예(仁禮)로 하기에 힘썼으니, 참으로 이른바 부도(婦道)를 훌륭하게 실천하신 분으로서, 마땅히 규문(閨門)의 규범으로 삼아야 할 것이다. 부부의 정이 두텁지 않은 것이 아니었으나 어버이를 모시기 위하여 16여 년이나 떨어져 사시었고, 진사께서 질병이 나셨을 적에는 마침내 지성으로 빌어 하늘의 뜻을 감동시켰으니, 빼어난 사람의 행실과 옛사람을 초월하는 절의(節義)가 아니고서야 어찌 능히 이렇게 할 수 있겠는가. 만일 사군자(士君子)의 대열에 끼어 군부(君父)의 사이에 처하게 하였더라면 충효(忠孝)를 다 갖추고 국가를 바로 잡았을 것을 여기서 알 수 있다.[21]

'충효를 다 갖추고 국가를 바로 잡았을 것'이라는 율곡의 대단한 칭송에서 이씨 부인의 덕행이 얼마나 깊었는지를 미루어 짐작할 수 있고, 또한 외조모를 향한 율곡의 존경도 느낄 수 있다.

이렇게 어머니와 자식처럼 그 정이 남달리 깊었던 외조모 이씨가 돌아가셨을 때 율곡은 사임당이 돌아가셨을 때의 커다란 아픔을 다시금 느끼며 그 슬픔을 주체할 수 없었을 것이다. 율곡의 심정은 이씨 부인이 세상을 떠난 후 쓴 '제사 드리는 글'에 고스란히 담겨 있다.

> 제가 어렸을 때 외가에서 양육을 받았는데 어루만져 주시고 안아 주시며 잠시도 잊지 않고 보살펴 주시니, 그 은혜 산하(山河)보다 무겁습니다. 후사(後事)를 부탁하시어 저를 착한 아이로 보셨으니, 외조모와 외손자는 그 명칭뿐이오, 정분은 어머니와 아들의 사이였습니다. … 도중에서 부음을 만나게 되니 오장이 열이 나서 끊어지는 듯하였습니다. 저의 태어남이 때를 만나지 못하여 부모께서 일찍 돌아가시는 슬픔을 안았습니다. 오직 조모님 한 분만이 자나 깨나 가슴 속에 계셨는데, 이제 또 저를 버리시니 하늘은 어찌 그리 혹독하십니까. … 이승은 끝이 났으니 영원히 침통할 것입니다. 공손히 약간의 제수를 차려서 궤연(几筵)에 올리옵니다. 아! 슬픕니다."**22**

일찍 어머니를 여읜 율곡에게 외할머니 이씨는 어머니의 빈자리를 채워 준 존재였으며, 또한 커다란 스승이었다. 이처럼 이씨 부인은 규방의 여인을 넘어 사임당과 율곡의 정신적 지주가 되어 준 분이다.

평산 신씨에서 신사임당으로

조선 사회는 성리학적 이념을 바탕으로 하여 17세기에 들어서면서부터는 점차 가부장적 사회질서가 강요되는 사회로 변화하였다. 따라서 여성에 대해서는 독립된 주체적 존재로서가 아니라 가부장적 사회를 유지하기 위한 보조적 역할로 인식이 굳어지게 된다. 여성을 출산, 양육, 가사 노동에 전념시키기 위해 여러 가지 제한을 두기 시작하면서 성종 때부터는 『경국대전』에 정식으로 여성의 재혼을 금지시켰고, 남녀의 내외법(內外法), 칠거지악(七去之惡)과 같은 부녀의 도리라는 것을 만들었다. 그러면서 여성은 점차 권력에서 배제되었다. 남자만이 학문을 하여 관직에 나아갈 수 있었고, 여성은 과거를 볼 수 없어 관직에 진출할 길은 전혀 없었다. 물론 관직에도 내명부(內命婦)라 하여 남편의 지위에 따라 그 부인도 관품이 주어졌지만, 이는 여성의 지위가 가부장 체제에 완전히 종속되었음을 뜻하는 것이었다. 실권은 전혀 없고 오히려 여성들의 불만을 무마하기 위한 행위로 보인다. 여성을 주체적 인간이 아닌 남성에 의해 좌지우지되는 보조적 인간으로 낙인찍는 관품은 아니었을까.

조선 사회의 상황이 이러하다 보니 19세기 말 이 땅에 개화의 물결을 타고 처음으로 학교가 세워지기 전까지 여성을 위한 특별한 교육기관은 없었다. 그렇다 보니 사대부가의 여성들은 조상의 계보 정도만을 볼 수 있는 정도의 교육 수준에 머물러 있었고, 일반 서민 여성들은 그야말로 '낫 놓고 기역 자도 모르는' 문맹들이었다. 그저 여성들에게 행해졌던 교육은 길쌈이나 바느질, 수놓기가 고작이었다.

이러한 측면에서 사임당은 외조부와 아버지, 어머니의 남다른 훈육이 있었기 때문에 어찌 보면 조선 시대 여성 중 천운을 타고난 여성이었다고도 볼 수 있다. 일찍부터 유교 경전을 읽어서 높은 학문의 경지에 이를 수 있었고, 시를 짓고, 글씨를 쓰고, 그림을 그리며 군자의 면모까지 갖출 수 있었을 것이다. 그러나 아무리 학문이 높고 군자의 면모를 갖추었다 해도 그녀 또한 조선 사회에서 살아가는 여성이었다.

남자들이 제 이름을 가졌던 것과는 달리 우리의 옛 여성들은 대부분 자기 고유의 이름을 갖지 못했다. 사임당 역시 본래의 고유 이름이 아니라 따로 지어 불렀던 당호(堂號)이다. 이름을 인선(仁善)이라 밝힌 곳도 있으나 확실하지는 않다.

우리에게 알려진 사임당(師任堂)은 당호이며, 그 밖에 시임당(媤任堂), 임사재(妊思齋)라고도 하였다. '사(師)'는 '스승 사' 자이니 본받는다는 뜻이고 '임(任)'은 옛날 중국에 문왕(文王)이라는 뛰어난 임금의 어머니인 태임(太任)의 이름자에서 따온 것이다. 태임은 너무나 어질고 착하고 현숙한 부인이어서 당시 여성이라면 누구나 그를 본받고자 하였다. 사임당도 문왕의 어머니 '태임(太任)을 본받는다'는 뜻으로 자신의 호를 '사임(師任)'이라고 지어 부른 것이다. 어떤 책에는 사임의 한자를 '사임(師姙)', '사임(思任)', '사임(思姙)' 등으로 쓰기도 하지만, 모두 잘못된 것이며 율곡이 직접 쓴 「선비행장(先妣行狀)」에는 분명 '사임(師任)'이라고 기록되어 있다.[23]

특히 태임은 태교로 유명한데 동양에서 최초로 태교를 시행한 사람이라 전한다. 태임이 일찍이 문왕을 잉태했을 때, 눈으로는 좋지 못한 것을 보지 않고, 귀로는 음탕한 소리를 듣지 않고, 입으로는 못된 말을 하지 않았던 것처럼 태교에서부터 온 정성을 다해 문왕을 낳고 또 교육하여 성인군자로 길러 낸 사실을 본받고자 사임당(師任堂)이라는 당호를 쓴 것이다. 『시경(詩經)』「대명장(大明章)」에 태임에 관한 글이 다음과 같이 전한다.

지(摯)의 둘째 따님 임(任)씨께서는 저 은(殷)의 땅으로부터 우리 주(周)에 시집을 오셔서 주나라의 빈(嬪)이 되시니 이에 왕계(王季, 문왕의 아버지)를 받들어 덕을 닦고 베푸셨다. 거룩한 태임이 임신하시어 우리 문왕을 낳으셨도다. … 장하신 태임께서는 문왕의 어머님이시오. 주강(周姜, 왕계의 어머니)께 사랑을 받아 주나라의 착한 며느리가 되기에 걸맞고, 대사(大姒, 문왕의 비)는 태임의 그 아름다운 덕의 명성을 계승하여 많은 아들을 낳으셨도다. … 내전에 계실 적엔 온화하시고 종묘에 나가시어선 엄숙하시며 그윽한 곳에서도 보는

듯 삼가시며 싫은 내색 없이 언제나 도리를 지키셨도다.[24]

이 글은 문왕의 어머니 태임의 덕을 언급한 내용으로 그녀는 현(賢), 엄(嚴), 의(義), 자(慈)의 네 가지 모의(母儀)를 고루 겸비한 여성으로 추앙되고 있는 인물이었다. 태임이 양육한 아들 문왕 역시 덕망이 높아 많은 사람들로부터 칭송을 받았다. 이러한 태임의 이름을 따서 호를 짓고 본받으려 했던 것으로 보아 사임당의 정신적 성향과 자녀 훈육 방법을 미루어 짐작할 수 있다. 또한 그 당시의 조선 사회에서 태임을 최고의 여성상으로 꼽았음도 알 수 있다. 이처럼 사임당은 태임을 본받기 위하여 모든 행동에 어긋남이 없도록 아호(雅號)를 스스로 '사임당'이라고 정하였고, 그에 부족함이 없도록 확고한 인생관을 갖고 온 정성을 쏟았을 것이다. 그렇기에 나태해질 시간이 없었고, 어머니로서의 모습뿐만이 아니라 자기계발에도 한 치의 소홀함이 없었을 것이다.

훗날 강릉부사 윤종의(尹宗儀, 1805~1887)[13]가 사임당의 글씨에 붙여 쓴 발문을 통해서도 사임당이 태임의 부덕(婦德)을 본받아 어떻게 행하였는지를 엿볼 수 있다.

과연 이 필적에 이르러서는 정성 들여 그은 획이 그윽하고 고상하고

---

[13] 윤종의(尹宗儀)의 자는 사연(士淵), 호는 연재(淵齋)라 한다. 파평(坡平) 사람이고, 문학뿐 아니라 군사, 농업, 법률, 천문 등 온갖 학문에 정통하였고, 『예기사문록(禮記思問錄)』등 수십 종의 저서를 남겼다.

정결하고 고요하여 더욱 더 부인께서 저 옛날 문왕의 어머님 태임의

덕을 본뜬 것임을 우러러볼 수 있다.[25]

또한 윤종섭(尹鍾燮, 1791~1870)[14]의 「초서병풍」 글씨 판각에

쓴 발문을 통해서도 사임당의 당호에 대한 평을 확인할 수 있다.

선생의 받은 태교 어머님 마음 하나 당호조차 훌륭할사 지임(摯任)

을 배우나니 산의 정기 명주(溟州, 강릉)에다 크신 도(道)를 머물렀

고 하늘이 예국(藥國, 강릉)에다 좋은 전통 있게 했네.[26]

사임당의 서화(書畵)를 평한 사람들 중 오진영(鳴震泳, 1868~

1944)[15]이 쓴 매화 그림첩 발문에서도 당호에 대해 다음과 같이 기

술하고 있다.

이제 친구 박태선 군으로 인하여 그것을 얻어 보매 과연 '성긴 그림

---

14 윤종섭은 자를 양백(陽伯)이라 하고 호를 온유재(溫裕齋)라 하였다. 파평(坡平) 사람
으로 일찍이 노주(老洲) 오희상(鳴熙常), 매산(梅山) 홍직필(洪直弼)의 문하에서 수학
하였으며, 관직에 임명되었으나 응하지 않고 향리로 돌아가 그 배운 바를 후생에게 교
수하였다. 평소 온공한 성격을 가진 선비였고, 저서로는 『온유재집(溫裕齋集)』을 포함
한 문집 네 권이 전한다.

15 오진영(鳴震泳)의 호는 석농(石農)으로, 간재(艮齋) 전우(田愚)의 문인이었다. 조선
기의 학자이고, 저서로는 『석농집(石農集)』외 십여 권이 있다. 일제강점기에도 단발
(短髮)을 하지 않을 만큼 절개 있는 선비였다.

자가 가로 빗겼고 그윽한 향기가 떠서 움직인다(매화를 이름).'는 그대로라 이것이 실물인가 그림인가를 깨닫지 못할 만하니 참으로 절등한 작품이다. 과연 부인의 천재는 거의 '나면서부터 안다'는 그것에 가까이 간 분으로 무릇 세상에서 일컫는 문학, 예술 등에 대하여 모두 배우지 않고 능히 이루지 않은 것이 없으나 일찍이 남에게 나타내 보이지 않았으며 또 평생의 언행이 어디로 가든지 저 문왕의 어머니 태임과 같이 '단정하고 순일하고 진실하고 장중'하지 않은 적이 없었으매 그가 '태임을 본받는다'는 뜻으로 '사임당'이라고 호한 것이야말로 과연 자기 진면목을 이름이라 하겠다. 그러므로 그가 우리 율곡 선생을 낳고 안으로 가르쳐 만세에 도학(道學)의 근원을 밝히게 한 것이 과연 마땅한 일이니 어허! 어찌 그리 장하신고……[27]

위 발문의 내용은 태임을 본받아 문왕을 가르쳤던 태임보다 더 뛰어나게 율곡을 가르쳐 도학의 근원까지 밝힌 사임당의 품성이 당호에 잘 나타나 있음을 말하고 있다. 물론 사임당을 한 번도 보지 못한 조선 말의 학자가 사임당의 그림 한 점을 접하고 처음부터 실물인지 그림인지 모를 정도라는 칭찬 일색이라 과한 느낌마저 들지만, 이 또한 율곡의 어머니였기에 가능했던 평이라 생각한다. 그러나 만약 그림을 보고 전해지는 감동이 없었다면 이런 평을 남기기 쉽지 않았을 것이다. 예술 작품에는 그린 이의 마음이 담겨 있기 마련이다. 그 마음이 모든 사람을 은혜하는 마음으로 전해졌을 것이고, 작품에까지 그내로 전해졌음을 미루어 짐작할 수 있다.

　위에서 살펴본 세 개의 발문은 모두 사임당의 당호에 대한 평이 나온 발문을 모은 것이다. 사임당은 그녀가 살았던 16세기를 시작으로 근대에 이르기까지 그 시대를 주도한 남성들에 의해서 평가를 달리 받고 있다. 때로는 그림을 잘 그린 화가로, 때로는 대학자 율곡의 어머니로, 때로는 현모양처의 본보기로 시대를 달리 살고 있다.

　그러나 우리가 꼭 짚고 넘어가야 할 부분이 있다. 조선의 여성은 대부분 자기 이름을 갖지 못한 채 가문을 나타내는 본관에 성씨만을 붙여 그렇게 불렸다. 앞서 살펴본 소혜왕후도 이름 대신 소혜왕후 한씨로 성으로만 불린 것이다. 아마도 사임당 역시 스스로 당호를 짓지 않았다면 평산 신씨로 그렇게 불려졌을 것이다. 그렇기에 우리는 사임당이 옛 위인들의 모습을 본받고자 스스로 당호를 지으며 여성 군자에 이르기를 소망한 그 뜻을 꼭 다시 새겨보아야 할 것이다. 시대를 달리해도 변함이 없을 그 정신을 잊지 말아야겠다.

일곱 살 아이의 화폭에 안견의 그림이 펼쳐지다

예부터 유서 깊은 강릉 땅, 후덕한 인심까지 그 기운이 좋아서였는지, 친가와 외가 모두 뛰어난 가문이어서였는지, 아니면 어머니 용인 이씨가 태교를 잘 해서였는지 사임당은 나면서부터 출중했다 한다. 용모도 수려했을 뿐만 아니라 성정(性情)도 비단결 같아 부모의 특별한 사랑을 받았고, 하나를 알려 주면 열을 알 정도로 익히는 재주도 특별했다 한다. 여성이 익혀야 할 바느질이나 자수는 물론이고, 글과 글씨, 그림과 학문에 이르기까지 어느 것 하나 부족함이 없었다고 전하는 걸 보면 사임당은 팔방미인임에 틀림없었던 모양이다. 사임당의 어린 시절에 관해서 전해 오는 기록은 별로 없으나 7세 때부터 스승 없이 그림 배우기를 시작했음을 율곡의 「선비행장」을 통해 알 수 있다. 세종 때 이름 높던 화가 현동자 안견(玄洞子 安堅, ?~?)[16]의 「몽유도원도」, 「적벽도」, 「청산백운도」 등의 산수화를 모방하는 화법(畵法)을 익히는 등 그림 공부에 열중했다고 전한다. 안견의 산수화를 교과서 삼아 그녀의 예술 세계가 시작된 것이다.

평소에 그림 솜씨가 비범하여 일곱 살 때부터 안견(安堅)의 그림을

모방하여 드디어 산수화를 그렸으며, 또한 포도를 그렸으니 모두 세

상에서 견줄 만한 이가 없었다. 그분이 그린 병풍과 족자가 세상에

널리 전해졌다. **28**

　율곡이 「선비행장」에서 말하고 있는 것처럼 사임당은 붓놀림이
남달랐으며 포도와 풀벌레를 그리는 데 절묘한 솜씨를 보였다. 특
히 포도는 세상에서 모방해 그릴 사람이 아무도 없었다고 할 정도
로 절묘한 솜씨였다고 전해진다.
　또한 사임당과는 동시대 인물이며, 율곡의 스승이기도 했던 중
국어 역관(譯官) 어숙권(魚叔權, ?~?)[17]의 『패관잡기(稗官雜記)』[18]

---

16 안견의 본관은 지곡(池谷), 자는 가도(可度)·득수(得守), 호는 현동자(玄洞子)·주
　　경(朱耕)이다. 화원 출신으로 도화원 정4품 벼슬인 호군(護軍, 조선 시대 오위 소속의
　　정4품 관직)까지 지냈다. 안평대군을 가까이 섬겼으며, 1447년 「몽유도원도」를 그리
　　고 이듬해 「대소가의장도(大小駕儀仗圖)」를 그렸다. 북송 때의 화가 곽희의 화풍을
　　바탕으로 여러 화가의 장점을 절충하였으며 많은 명작을 남겼다. 특히 산수화에 뛰어
　　났고 초상화, 사군자, 의장도 등에도 능했으며, 그의 화풍은 일본의 수묵산수화 발전
　　에도 많은 영향을 끼쳤다.

17 어숙권의 생몰년은 알려지지 않았으나 1541년에 한이과 초시에 합격한 것으로 보아
　　그의 활동연대를 16세기 중반으로 볼 수 있다. 중국어에 뛰어나 외교에 많은 이바지를
　　했으며, 박학하고 문장에 뛰어나 시정·시론에 일가를 이루어 율곡 이이를 가르칠 정
　　도였다고 한다.

18 『패관잡기』는 조선 중기 때의 학자 어숙권이 지은 책으로, 그 당시의 정치·인물·풍
　　속·일화·문물·제도 등을 적어 놓은 책이다. 패관문학의 대표작이라 할 수 있으며,
　　조선 전기의 사실(史實)을 이해하는 데 요긴한 자료가 되고, 풍부한 설화적 소재와 간
　　결하고도 진솔한 서술은 문학작품으로서도 평가받고 있다.

에는 다음과 같은 기록이 있다.

> 동양(東陽, 평산(平山)의 옛 이름)의 신씨가 어렸을 때부터 그림을
> 잘 그렸으니 그가 그린 포도화와 산수화는 더욱 뛰어나서 평하는 자
> 들이 안견에 버금간다고 하였다. 아! 어찌 부인의 그림이라고 하여
> 소홀히 여길 수 있겠는가. 또 어찌 부인이 할 바가 아니라고 하여 책
> 잡을 수 있겠는가.[29]

안견으로부터 백여 년이 지난 이때 사임당이 특히 안견의 산수
화를 선택하여 사숙(私淑)[19]했던 것은 사임당의 그림에서 이미 안
견의 독특한 화풍을 발견할 수 있었을 것이고, 「몽유도원도」를 그
리며 안견이 느꼈을 무릉도원의 이상세계를 자신의 그림에 담아
내고 있었을 것이다. 그러면 당대 안견은 어떤 화가로 평가받고
있었을까.

조선 시대 회화는 국초부터 도화원(후에 '도화서'로 개칭)[20]이 설

---

19 사숙은 직접 가르침을 받지는 않았으나 마음속으로 그 사람을 본받아서 도(道)나 학문
을 닦는 일을 뜻한다.

20 도화원은 조선 시대에 그림 그리는 일을 관장하기 위하여 예조 산하에 설치된 국가기
관을 말한다. 『삼국사기(三國史記)』에는 전채서(典彩署), 『고려사(高麗史)』에는 한림
도화원(翰林圖畵院), 화국(畵局) 등의 명칭으로 기록되었다. 조선 초기에는 고려의 전
통을 이어 '도화원(圖畵院)'으로 부르다가 1471년경 도화서(圖畵署)로 이름을 바꾸었
다. 이는 회원의 격을 낮추어 조정한 결과로 추정된다.

치되어 이를 통하여 배출된 유능한 화원들과 사대부 화가들에 의해 주도되었다. 그중 화원은 조선의 독특한 제도로 정부가 채용한 최고의 화가들이었다. 중인 출신이었던 이들 직업 화가들은 조선 회화를 풍성하게 만드는 역할을 수행하였고, 그 대표적인 인물로 우리가 흔히 알고 있는 김홍도(金弘道, 1745~1806?), 신윤복(申潤福, 1758~?), 장승업(張承業, 1843~1897) 등이 있다. 그러나 그보다 앞선 당대 최고의 화원은 안견이었다.

조선 초기 산수화에 가장 강력한 영향력을 끼쳤던 안견은 명성에 걸맞게 그를 추종하는 화가들에 의해 '안견파 화풍'을 형성했을 만큼 대단했다. 안견은 세종의 셋째 아들이며 명필로 이름난 안평대군(安平大君, 1418~1453)의 절대적인 지지를 받으며 당대 문화계의 거장으로 자리할 수 있었다. 안견과 안평대군의 관계에서 태어난 유명한 그림이 바로 「몽유도원도」이다.

「몽유도원도」는 1447년 4월 20일 안평대군이 도원에서 노닌 황홀한 꿈을 안견에게 말해 그려진 작품으로, 안평대군의 설명을 들은 안견은 사흘 만에 그림을 완성했다 한다. 그림에는 안평대군의 제서(題書)와 발문, 그리고 당시 20여 명의 학자들의 찬문(讚文)이 함께 있다. 현재 일본의 덴리대학 중앙도서관에 보관되어 있다. 「몽유도원도」는 조선 초기 시·서·화의 정수를 결집한 작품으로 평가되며 한국화의 원형으로 조선 시대 회화 전반에 영향을 미쳤다.

이처럼 안견은 당대에 가장 뛰어난 화가로 인정받았을 뿐만 아니라 죽어서도 그를 따르는 화가들이 많아서 조선 후기까지 그 영향을 미쳤다. 그가 세종 때 도화원 종6품인 선화(善畵)에서 체아직(遞兒職)인 정4품 호군(護軍)으로 파격 승진한 것만 보더라도 그의 재능이 얼마나 뛰어났고, 또 세종이 그를 얼마나 총애하였는지 알 수 있다. 이는 조선 초기 화원으로서는 오를 수 없었던 종6품의 제한을 깨고 승진한 최초의 예이다.

당시의 화풍이 안견의 화풍을 중심으로 형성되었기에 당시 산수화 그림을 그리기 위해서는 안견의 그림이 교과서 격이었을 것이다. 그러니 그렇게 대단한 안견의 그림을 쉽게 구하기는 어려웠을 것으로 보인다. 더구나 강원도 강릉 땅에서 그 그림을 그것도 일곱 살 난 여자아이가 손에 넣기는 만만치 않았을 것이다. 그럼에도 안견의 그림을 놓고 그림 공부를 했다는 것은 외조부모와 부모가 얼마나 많은 관심과 애정을 기울였는가를 알 수 있고, 특히 아버지 신명화가 서울과 강릉을 오가면서 그림을 구해다 준 것으로 추정된다.

후에 그린 신사임당의 수묵 산수화 작품들 중에 '달 아래 외로운 배(월하고주도)' 그림은 안견화풍의 가늘고 뾰족한 붓이 끌듯이 이어 가는 필묵법을 그 바탕에서 느낄 수 있다고 평가받고 있다. 또한 단순히 안견의 화풍에 머문 것이 아니라 거기에 여성의 감성까지 더해져 한 단계 더 진일보한 사임당 특유의 미술 세계를 보여 주고 있다는 생각이 든다.

유학의 경직된 전통 윤리로 인해 여자는 다만 바느질과 집안일을 잘하는 것만을 최고의 사명으로 삼았고 또 여자 자신도 그렇게 하는 것이 미덕(美德)인 것으로 알고 살았다. 혹시 문학이나 예술에 소질이 있다 하더라도 그 재예를 드러내고 익히기 쉽지 않았을 시절이었다. 하지만 그 어려움을 당당히 이겨내고 글을 쓰고 그림을 그려 후세에 전함은 사임당의 쉼 없는 노력 때문이었을 것이다. 꿈도 많았고, 재능도 많았던 사임당은 그렇게 500여 년을 우리와 함께 지금도 열심히 살아가고 있다.

사임당의 재능을 사랑한 사람들

사임당은 19세가 되는 1522년 꽃가마를 탄다. 열아홉 살 아리
따운 사임당을 아내로 맞게 된 이는 세 살 위인 이원수(李元秀,
1504~1561)였다. 이원수의 본관은 덕수(德水)로 고려 중랑장 이
돈수(李敦守)로부터 12대손이며 천(薦)의 아들이다. 고려 시대에
는 무관으로 이름을 떨친 집안이며, 조선 시대 이르러서는 문관
으로 이름을 떨친 이들이 많은 집안이었다. 충무공 이순신(忠武
公 李舜臣, 1545~1598)도 같은 조상인 덕수 이씨로 실제 18촌 동
행간이다. 이원수의 어릴 적 이름은 난수(蘭秀)였으나 뒤에 원수
로 고쳤고 자는 덕형(德亨)이라 불렀다. 이원수의 아버지 천(薦,
1483~1506)은 성종 14년(1483년)에 출생하여 연산군 12년(1506
년) 24세 때 세상을 떠났기에 이원수는 6세 때 아버지를 잃고 독
자로 자랐다. 따라서 일찍 아버지를 여의고 홀어머니 슬하에서 어
렵게 성장한 관계로 학문이 그다지 깊지 못했던 것으로 전해진다.
오히려 사임당과 혼인 후 사임당에게서 듣고 배워 깨달음이 많았
다 전하고 있다.

사임당의 아버지 신명화가 넉수 이씨 이기(李芑, 1476~1552),

이행(李荇, 1478~1534) 형제의 조카인 이원수를 사위로 정할 때 주변에서는 사윗감을 볼 줄 모른다며 이상하게 봤다고 한다. 두 당숙이 영의정과 좌의정 등을 역임한 고관이었지만, 그에 비해 이원수는 학문이 깊지도 않았고, 그러니 이렇다 할 관직도 없었다. 거기에다 집안 형편까지 좋지 않았기 때문이다. 아마도 이러한 이유로 주변 사람의 입에 오르내리기까지 한 것으로 보인다.

그러나 신명화가 사임당의 사위를 고를 때 제일 먼저 생각한 것은 가문이나 재력이 아니라 딸의 서화 활동을 도와주고 지지해 줄 수 있는 사윗감을 찾았을 것으로 추측할 수 있다. 타고난 재능으로 이미 상당한 수준에 이른 자신의 딸을 혼인이라는 이유로 그 재능을 가둬 둘 수 없었을 것이다. 그렇기에 예술가로서의 길을 최대한 보장해 줄 수 있는 사윗감이 누구일까 하는 점이 아버지 신명화의 최대 관심사였을 것이다.

율곡이 지은 「선비행장」에 의하면 사임당의 아버지 신명화가 사위 이원수에게 "내가 딸이 많은데 다른 딸은 시집을 가도 서운하질 않더니 그대의 처만은 내 곁을 떠나보내고 싶지 않네."[30]라고 말한 기록이 전하고 있다. 여러모로 재능이 출중한 딸을 보내기 싫었던 친정아버지 신명화는 둘째 사위에게 처가살이를 제안했고, 이원수는 장인의 제안을 받아들인다. 언급했듯이 남귀여가혼의 풍습이 여전히 남아 있어 이원수의 처가살이는 이상할 것이 없었다. 사임당의 학문과 예술을 사랑했던 아버지의 지극한 사랑으로 사임당은 결혼 후에도 친정에 머무르며 학문과 예술 세계를 더 깊게 할 수 있었다.

　그러나 이것이 아버지 신명화의 마지막 선물이었을까. 신명화
는 사임당이 혼인한 지 몇 달도 채 지나지 않은 11월 7일, 47세의
나이로 세상을 떠나버리고 말았다. 항상 자신의 든든한 후원자였
던 아버지를 잃은 사임당은 강릉에서 여자의 몸으로, 그것도 혼인
한 여자의 몸으로 삼년상을 치른다. 아직 신혼례도 드리지 못한
새색시가 친정아버지의 삼년상을 치른다는 것은 고려 시대의 유
습이 남아 있다 하더라도 조선 사회에서 그리 흔한 일은 아니었을
것이다.

　이런 까닭에 사임당이 서울에 계신 시어머니 홍씨 부인에게 신
혼례를 드린 것은 결혼 후 3년 만의 일이었다. 사임당은 시어머니
홍씨 부인에게 친정에서 배워서 익힌 그대로 진정으로 효를 다하
였다. 율곡의 「선비행장」의 기록에 따르면 다음과 같이 전한다.

　신혼을 치른 지 얼마 안 되어 진사가 작고하니 상을 마친 뒤에 신부
　의 예로서 시어머니 홍씨를 서울에서 뵈었는데, 몸가짐을 함부로 하
　지 않고 말을 함부로 하지 않았다. … 아버지께서는 성품이 자상하
　지 않아 집안 살림에 대해 잘 모르셨다. 가정 형편이 매우 어려웠는
　데 자당이 절약하여 윗분을 공양하고 아랫사람을 길렀는데 모든 일
　을 맘대로 한 적이 없고 반드시 시어머니에게 고하였다. 그리고 홍씨
　의 앞에서는 희첩(姬妾: 시중드는 여종을 모두 희첩이라 했음)도 꾸
　짖는 일이 없고 말씀은 언제나 따뜻하고 안색은 언제나 온화했다.[31]

항상 사소한 일에도 예에 어긋남이 없이 효행을 실천한 어머니 사임당의 모습이 어린 율곡의 마음에 깊이 새겨져 있었음을 알 수 있는 부분이다.

  이같이 신사임당이 신명화의 삼년상을 벗은 21세에 서울 시댁으로 올라오긴 했으나 그대로 서울에만 머문 것은 아니다. 서울에서 서쪽으로 50킬로미터쯤 떨어진 파주 율곡리에서도 살게 된다. 이곳은 이원수의 선조 때로부터 내려오는 오랜 터전이며 세거지지(世居之地)였기 때문에 뒷날 율곡도 늘 이곳에서 기거하였고, 그래서 별호조차 '율곡(栗谷)'이라고 부르게 된 것이다. 이러한 이유로 사임당은 시댁으로부터 상대적으로 자유로웠던 것으로 보인다. 서울 시댁에 들어가 산 것도 아니고, 파주 율곡리에서 별도로 기거했을 뿐만 아니라 강릉 친정에도 자주 내려가 기거했기 때문이다.

  또한 봉평 판관대에서도 수년을 살았다는 기록도 전하는데, 이곳은 신사임당의 남편 이원수의 벼슬이 수운판관이었고, 이원수와 사임당이 살았던 집터라고 해서 판관대라 불리고 있다. 사임당이 33세를 전후해서 수년간 살았던 곳으로 알려지고 있다. 그렇게 사임당은 약 20년간 시집살이를 하지 않았다. 신명화의 바람대로 사임당은 혼인 후에도 학문과 예술 활동에 비교적 자유롭게 전념할 수 있었던 것으로 보인다.

  이렇게 사임당이 혼인 후에도 비교적 자유로울 수 있었던 이유는 시어머니 홍씨 부인의 배려도 있었고, 친정살이의 풍습이 남아 있기는 했지만 남편 이원수의 배려도 한몫했다고 볼 수 있다. 남편 이원수는 유교 사회에서 전형적인 남성 우위의 권위를 부리는 그런 사람은 아니었던 것으로 판단된다. 남성의 권위를 내세우고 여성의 의무만을 강요하는 사람이었더라면 사임당의 예술적 재능은 아마도 '한(恨)'이라는 단어에 묻혔을 것이다. 그리고 무엇보다 사임당의 재능을 인정해 주었음은 분명하다.

그 일화로 사임당의 산수화에 전하는 송시열의 발문을 보면, "일찍 듣건대 부인이 강릉에서 서울로 신행 오던 날 참찬공(부군 이원수)이 손님들에게 부인의 재예를 보이려고 그림 한 장을 그리라고 청했을 때 부인은 처음엔 못내 난색을 보이다가 사람을 보내어 재촉함에 미쳐서야 계집종을 시켜 유기 쟁반을 가져오게 하고 거기다 간략히 조그마한 물건 하나를 그려 바쳤더라 하는데 대개 그 뜻인즉 만일 종이에나 비단에다 그린다면 반드시 남들이 그것을 가지고 갈 것이기 때문에 그렇게 한 것일 테니……."[32]라는 내용으로 보아 사임당의 재능을 널리 자랑하고 싶을 만큼 인정했음은 틀림없다.

임종 직전 유기그릇이 붉게 물들다

이원수가 성격이 우유부단하고 결단력이 부족하여 사임당의 애를 많이 태웠음을 엿볼 수 있는 일화도 있다. 신사임당은 남편의 학문 공부를 건의하며 10년 별거를 약속한다. 그러나 명산을 찾아 학문에 정진키 위해 떠난 이원수는 아내가 보고 싶어 다시 돌아오고, 또 돌아오기를 반복하였다. 타일러 보내기도 하고, 결단력 없는 남편을 나무라기도 하였다. 그럼에도 의지가 약한 남편은 학문에 크게 뜻을 두지 않아 마침내 사임당은 가위를 꺼내 들고 남편의 학업이 제대로 이루어지지 않으면 머리카락을 자르고 비구니가 되겠다고 말하기도 하였다 한다. 이후 이원수는 학문 공부를 위해 떠났고, 학문에 정진할 수 있었다. 그러나 약속했던 10년 공부는 3년 만에 접고 만다. 결국 과거 시험에는 합격하지 못하고 음서(蔭敍)로 늦은 나이에 관직에 진출하게 되니 의지가 약한 남편을 바라보는 사임당의 마음이 어떠했을지 충분히 헤아릴 수 있을 듯하다.

이원수에 대한 기록은 율곡의 「선비행장」과 『견첩록(見睫錄)』,

그리고 조선 후기 문신 정래주(鄭來周, 1680~1745)의『동계만록(桐溪漫錄)』에도 전한다. 그 당시 사임당의 가정 풍경이 어떠했는지 그려 볼 수 있는 좋은 사료다. 조선 시대 부인은 남편에게 순종하는 것을 가장 큰 미덕으로 내세웠다. 남편의 말이 옳든 그르든 그것은 그 다음 문제였다. 하지만 사임당은 달랐다.

먼저 조선 시대의 문물과 사회제도, 풍속 따위를 수록한『견첩록(見睫錄)』의 일화를 살펴보자. 남편 이원수는 한때 덕수 이씨 문중에 있는 5촌 당숙 이기(李芑, 1476~1552)와 가까이 지냈다. 이원수가 이기의 문하에 드나드는 것을 알게 된 사임당은 "저 영의정이 어진 선비들을 모해하고 권세를 탐하니 어찌 그 영광이 오래갈 리가 있겠소. 당신은 그 집에 발을 들여놓지 마시오."라고 하면서 세도가의 힘을 빌려 벼슬을 얻고자 하는 이원수에 대해 사임당은 이기의 집에 출입하지 말 것을 강하게 요구하였다.

이기는 윤원형의 심복으로 명종 즉위년에 윤원형과 함께 을사사화를 일으킨 뒤 영의정의 자리에까지 오른 인물이다. 을사사화는 표면적으로 소윤 윤원형 일파가 대윤 윤임 일파를 몰아낸 사건이었지만 그로 인해 사림 100여 명이 숙청당하는 큰 화를 입었다. 이후 사림이 집권하자 이기는 사화의 원흉으로 지목되어 지탄의 대상이 되었다. 선조 초에는 훈작이 추삭(追削)되고 묘비도 제거되었다. 이원수가 만약 사임당의 간청을 받아들이지 않고, 계속 이기의 집에 드나들었다면 아마 그 화가 율곡에게까지 미쳐 지금의 대학자로 이름을 남기지 못하였을지도 모른다.

규방의 부녀자였지만 사임당은 당시 정계의 흐름을 정확하게 파악하고 있었을 뿐만 아니라 불의와 타협하지 않는 정의로움과 단호함이 있었음을 알 수 있다. 또한 세상의 악은 오래가지 못한다는 이치도 분명히 파악하고 있었다. 지위고하를 막론하고 의롭지 못한 행위에 대한 사임당의 확고한 성정을 알 수 있는 일화이다. 『효경(孝經)』「간쟁장(諫爭章)」에는 다음과 같은 구절이 있다.

> 옛날에 천자는 간쟁하는 신하 일곱을 두면 비록 자신이 무도(無道)하다 하더라도 그 천하를 잃지 않았고, 제후는 간쟁하는 신하 다섯만 두면 비록 자신이 무도하다 하더라도 그 나라를 잃지 않았으며, 대부는 간쟁하는 신하 셋만 두면 비록 자신이 무도하다 하더라도 그 가정을 잃지 않았다. 선비에게 간쟁하는 벗이 있으면 그 몸에서 명성이 떠나지 않을 것이며, 아버지에게 간쟁하는 자식이 있다면 그 몸이 불의에 빠지지 않을 것이니라.[33]

이원수에게는 진정으로 간쟁하는 아내 사임당이 있었기에 불의에 빠지지 않을 수 있었던 것은 아닐까. 그러나 간언을 할 때는 그 방법이 문제다. 잘못했다간 상대방 심기를 건드려 거꾸로 화를 부를 수도 있기 때문이다. 그 사람을 진정으로 위하는 마음에서 조심스럽게 간언한다면 상대편 마음도 움직일 수 있을 것이다. 사임당의 진정한 간언이 이원수의 마음을 움직였음이다.

또 다른 책 『동계만록(東溪漫錄)』에는 자신의 사후(死後)의 일까지 당당하게 간청하는 사임당과 이원수의 이야기가 실려 있다.

[사임당] 제가 죽은 뒤에 당신은 다시 장가들지 마세요. 우리가 이미 자녀를 7남매나 두었는데 또 무슨 자식을 더 낳아서 『예기(禮記)』에 가르친 훈계를 어기기까지 하겠는지요.

[이원수] 그럼 공자께서 자신의 아내를 쫓아낸 일은 무슨 예법에 합당한 일이란 말이오?

[사임당] 공자가 노(魯)나라 소공(昭公) 때 난리를 만나 제(齊)나라 이계(尼溪)라는 곳으로 피난을 갔었는데 그 부인이 따라가지 않고 바로 송(宋)나라로 갔기 때문에 내친 것이지요.

그러나 공자가 부인과 다시 동거하지 않았을 뿐이지 아주 내쫓았다는 기록은 없습니다.

[이원수] 그럼 증자(曾子)가 부인을 내쫓은 것은 무슨 까닭이오?

[사임당] 증자의 부친이 찐 배(蒸梨)를 좋아했는데 그 부인이 배를 잘못 쪄 부모 봉양하는 도리에 소홀하였기 때문에 부득이 내쫓은 것입니다. 그러나 증자도 한 번 혼인한 예를 존중하여 다시 새장가를 들지는 아니한 것이지요.

[이원수] 주자(朱子)의 집안 예법에도 이 같은 일이 있는가요?

[사임당] 주자가 47세에 부인 유씨가 죽고 맏아들 숙(塾)은 아직 장가들지 않아 살림할 사람이 없었지만 주자는 다시 장가들지 않았습니다.

위의 대화 내용은 부부 사이에 오가는 일상의 대화라기보다는 사임당의 유언이라고 평가되는 글이다. 사임당이 이원수에게 "내가 죽더라도 새장가는 들지 말아 달라."고 간곡히 청한 것을 보면 아마도 자신의 사후에는 이원수가 재혼할 것을 이미 짐작하고 있었기 때문일 것이다.

신사임당은 예법과 자녀 교육을 들어 남편의 재혼이나 외도를 강력히 거부하고 있지만, 결국 현실은 그녀의 뜻대로 되지 않았다. 이원수는 나이가 어린 주막집 여인 권씨를 만나 딴살림을 차렸고, 사임당 사후에는 그녀를 곧바로 아내로 맞아들였다. 자유분방했고 술주정까지 심했다고 전하는 권씨를 알고 있었기에 사임당의 속앓이는 심하지 않았을까 미루어 짐작해 본다. 아무리 조선 시대의 사대부가 첩을 들이는 일이 법에 어긋나는 행위는 아니었을지라도, 나이 어린 권씨에게 마음을 뺏긴 남편을 바라보는 사임당의 아픈 심정은 충분히 이해할 수 있는 부분이다. 아마도 사임당에게 혼인 후 가장 힘들었던 점이 무어냐 묻는다면 남편 이원수라 답하지 않았을까 싶다.

앞의 두 일화에서 보듯이 사임당은 남편에게 자신의 생각을 당당하게 말할 수 있는 여성이었다. 조선 시대가 여성의 순종만을 강요하는 가부장제 사회였을지라도 사임당은 달랐다. 남편이 실수를 하면 반드시 잘못을 지적했다고 한다. 율곡의 「선비행장」 기록을 살펴보자.

아버지는 성품이 호탕하여 세간에 관심이 없었으므로 가정 형편이 매우 어려웠는데 자당이 절약하여 윗분을 공양하고 아랫사람을 길렀는데 모든 일을 맘대로 한 적이 없고 반드시 시어머니에게 고하였다. … 아버지께서 어쩌다가 실수가 있으면 반드시 간하고 …**34**

「선비행장」의 기록만 보면, 율곡은 아버지에 대한 좋은 기억보다는 무능한 아버지가 어머니를 고생시킨 아픈 기억이 대부분인 것 같다. 아버지의 타고난 성품이 우유부단하고 놀기를 좋아하고, 놀기를 좋아하니 술도 즐겼을 것이고, 그러니 집안 살림에는 도통 관심도 없었을 것이니, 학문이 깊고 이치에 밝은 아들 율곡이 보기에 아버지의 행실은 그저 안타까운 마음이 컸을 것이다.

율곡은 어머니 사임당의 행장, 외조모 이씨 부인의 행장, 외조부 신명화의 행장은 모두 기록했는데, 아버지 이원수에 대한 행장은 기록하지 않았다. 그 이유는 무엇일까. 아버지에 대한 안타까움이 너무 커서일까, 아니면 미움과 원망이 너무 커서일까. 여하튼 아버지에 대한 율곡의 인식이 어떠했는지를 짐작해 볼 수 있는 일이다.

혹자는 이원수가 아내의 말을 잘 들어주고 대화에도 인색하지 않은 도량 넓은 남편이었다고 말하기도 하지만, 가정 상황은 돌보지도 않고 밖으로 돌며 첩까지 둔 것을 미루어 생각한다면, 남편을 대화의 장으로 이끈 이는 사임당일 것이다. 밖으로 도는 남편을 이끌어 집안일을 함께 의논하여 가장의 위신을 세워 주고, 자신보다 항상 남편을 앞세우고, 실수하는 일이 있어도 간곡히 청하여 바르게 결정할 수 있도록 항상 보이지 않는 조언을 했을 것이다. 그리하는 것이 조선 사회를 살아가는 여성의 부덕(婦德)임을 사임당은 너무나 잘 알고 있었기에 그 어머니가 그리하였던 것처럼, 또 그 어머니의 어머니가 그리하였던 것처럼 실천으로 보여준 가르침은 대를 이어 빛나고 있었다. 근대의 역사학자이며 민속학자인 이능화(李能和, 1869~1943)의 『조선여속고(朝鮮女俗考)』[21] 「조선부녀의 지식계급편」에 의하면 "이공의 학업이 허술하면 신씨가 이를 보태어 그 잘못을 깨달은 곳을 바로 잡았으니 참으로 어진 아내였다."라는 기록도 보인다.

이원수는 50세 늦은 나이에 황해도 해주 수운판관이 된다. 그리고 그다음 해 51세 되던 해 여름에 큰아들 선(璿)과 셋째 아들 율곡과 함께 관서 지방으로 내려갔다가 배에서 세곡을 싣고 5월 17일에 서울 서강(西江)에 와 닿자, 바로 그날 새벽에 삼청동 자택에서 사임당 신씨가 별세하였다는 소식을 듣고 부자가 모두 같이 애통해 하였다.

사임당이 별세한 뒤 이원수는 10년을 더 생존해 있었는데 그동

---

[21] 『조선여속고』는 상고시대(上古時代)부터 조선 말까지 왕실과 서민의 구별 없이 여성 전체를 대상으로 한국 여성의 지위와 활동 등을 살핀 최초의 여성서라고 할 수 있다. 인용된 문헌과 견문이 비록 단편적이라고는 하지만, 여속에 대한 방대한 자료를 정리, 체계화하였다는 점에서 여성의 생활을 종합적으로 구명하고자 하였던 선구적인 연구였다.

안에 벼슬은 내섬사 종부사(內贍寺 宗簿寺) 등의 주부(主簿)도 지 냈고 또 사헌부 감찰(司憲府 監察)도 역임하였다. 명종 16년(1561 년) 5월 14일에 세상을 마치니 바로 61세 회갑 되던 해였다. 그해 9월에 파주 두문리 자운산 기슭에 먼저 돌아가 묻힌 부인 신사임 당의 무덤에 같이 합장하였다.

그래도 이원수는 아내가 남편에 대해 의무만 지녔고 권리는 주 장할 수 없었던 조선 시대에 아내 사임당의 생각과 재능까지 모 두 존중한 후덕함은 지니고 있었던 듯하다. 또한 일찍이 학문에 는 그다지 조예가 깊지 않았다고는 하나 천성이 진솔하고 세상 물 욕이 없었다. 이원수의 묘비명을 지은 청송 성수침(聽松 成守琛, 1493~1564)은 "자못 옛 어른의 풍도가 있었다."라고 찬양했으며, 또 뒷날 백여 년 뒤에 우암 송시열(尤庵 宋時烈, 1607~1689)도 "신 사임당 같은 어진 부인을 만나 율곡 선생 같은 큰 현인을 낳은 것 은 그야말로 '좋은 술은 질그릇에 담지 않는다'는 말 그대로라."고 하며 이원수의 숨은 덕(德)이 능히 저 어진 부인과 짝할 수 있었다 고 칭송하고 있다.[35] 하지만 송시열은 율곡의 위상을 높여서 서인 의 결속력을 다지려는 의도를 가지고 있던 인물이라 이원수에 대 한 과한 칭송은 대학자 율곡의 아버지이기 때문이었을 것으로 판 단된다.

사임당이 38세가 되던 해에 시어머니 홍씨가 늙어 더 이상 가 사 일을 돌보지 못하게 되었을 때 사임당은 친정의 생활을 정리 하고 서울 시댁 수진방(현재의 수송동과 청진동)으로 옮겨 와 살게 된다. 이곳에서 10여 년간 살게 되고, 그 후 다시 삼청동으로 이사를 하게 된다. 서울로 올라와 시댁 살림을 맡은 지 꼭 10년이 되던 명종 6년(1551년) 5월 17일 남편이 수운판관이 되어 아들 선과 율곡이 함께 평안도에 갔을 때 갑자기 세상을 떠났다. 이때 사임당의 나이 48세였다. 이 내용은 율곡의 「선비행장」을 통해 기록되어 있다.

경술년(1550년) 여름에 가군(이원수)이 수운판관에 임명되었고, 신해년(1551년) 봄에는 삼청동 우사(寓舍)로 이사를 했다. 이 해에 가군이 조운(漕運)의 일로 관서에 가셨는데 이때 아들 선과 이가 모시고 갔다. 이때에 자당은 수점(水店)으로 편지를 보내시면서 꼭 눈물을 흘리며 편지를 썼는데 사람들은 그 뜻을 몰랐다. 5월에 조운이 끝나 가군께서 배를 타고 서울로 향하였는데, 당도하기 전에 자당께서 병환이 나서 겨우 2, 3일 지났을 때 모든 자식들에게 이르기를, "내가 살지 못하겠다." 하셨다. 밤중이 되자 평소와 같이 편히 주무시므로 자식들은 모두 병환이 나을 줄로 알았는데 17일(갑진) 새벽에 갑자기 작고하시니 향년이 48세였다. 그날 가군께서 서강(西江)에 이르렀는데 행장 속에 든 유기그릇이 모두 빨갛게 되었으므로 사람들이 모두 괴이한 일이라고 했는데 조금 있다가 돌아가셨다는 기별이 들려왔다.[36]

눈물을 흘리며 편지를 쓸 때 이미 사임당은 자신의 생명이 얼마 남지 않았음을 알고 있었던 듯하다. 과연 어떤 사람이 죽음 앞에 태연할 수 있을까. 그래도 사임당은 행복했을 것이다. 어려서부터 잠시 잠깐도 게을리 살지 않아서 스스로가 대견했을 것이고, 그렇게 게을리 살지 않았기에 자신의 능력도 실현해 보이고 갈 수 있었을 것이다. 그리고 그러한 어머니를 보며 일곱 남매가 너무나 잘 성장해 주었기에 사임당은 마지막 편지에 행복의 눈물을 담지 않았을까 짐작한다.

사임당은 후에 아들 율곡으로 인하여 정경부인(貞敬夫人)에 증직되었다. 사임당의 유적으로는 탄생지인 오죽헌과 그녀가 우거(寓居)했던 봉평의 판관대, 파주의 율곡리, 그리고 묘소가 있는 자운서원이 있다.

2

사임당 다시 보기

사임당에 대한 불편한 진실

신묘한 붓끝 따라 맑은 자취가 남고

덕을 갖춘 화가 ●

16세기 사임당에 대한 칭송의 글은 여러 문헌에 전한다. 아들 율곡의 기록에서부터 시작하여, 율곡을 가르쳤던 스승과 율곡의 제자들까지, 또한 동시대에 사임당의 그림을 접했던 문인들까지 간략한 기록이나마 사임당의 당시 모습을 파악할 수 있는 귀중한 자료로 전하고 있다. 율곡의 제자들에 의한 기록은 스승의 어머니를 기록한 부분이기에 내용이 대동소이한 한계점을 지니고 있다. 먼저 율곡의 「선비행장」 기록을 살펴보자.

> 어려서 경전에 통했으며 글도 잘 짓고 글씨도 잘 썼다. 또 바느질도 잘하고 수놓기까지 정묘하지 않은 것이 없었다. 게다가 천성도 온화하고 얌전했으며 지조가 정결하고 거동이 조용했다. 일처리에 있어 편안하고 자상했으며 말이 적고 행실을 삼가며 또 겸손하였다.[37]

아들 율곡에게 있어 사임당은 어머니이면서 스승 같은 존재였다. 어머니의 행실 하나하나 어머니의 가르침 하나하나 마음에 새겨 표현한 「선비행장」은 그래서 더욱 중요한 가치를 지닌다. 또한 율곡의 수제자인 김장생(金長生, 1548~1631)[22]이 지은 「율곡행장 (栗谷行狀)」에 보면 사임당에 대하여, "신씨는 기묘명현 명화의 따 님으로, 자품(資品)이 매우 특출하여 예에 익숙하고 시에 밝아서 옛 여범(女範)에 대하여 모르는 것이 없었다."[38]라고 기록하고 있 다. 김장생의 아들인 김집(金集, 1574~1656) 또한 김장생의 내용 과 거의 유사하게 사임당의 빼어남을 율곡의 묘지명에 적고 있다. 당시 영의정을 지낸 이항복(李恒福, 1556~1618)이 지은 율곡의 「신도비명(神道碑銘)」에도 "진사 신명화가 딸 하나를 특히 사랑하 였는데, 총명이 뛰어나고 고금(古今)의 서적에 통달하며, 글을 잘 짓고 그림을 잘 그렸다."[39]라고 칭송의 글을 기록하고 있다.

앞에서 살펴본 것처럼 사임당과 동시대를 살았던 어숙권은 사 임당은 포도화와 산수화를 잘 그려 이미 세상에 그 이름이 높았 고, 그래서 안견에 버금가는 평가를 받고 있음을 『패관잡기』를 통 해 전하고 있다.

동시대의 유명한 시인으로 뛰어난 문장을 자랑하던 소세양도 사임당의 산수 그림 족자에 붙인 시 말미에 "꽃다운 그 마음은 신 과 함께 어울렸나니, 묘한 생각 맑은 자취 따라잡기 어려워라."라

---

22 김장생(1548~1631)은 조선 중기의 학자로 호는 사계(沙溪), 학문적으로 송익필, 이 이, 성혼 등의 영향을 고루 받았다. 이이와 성혼을 위해 서원을 세우고 1만 8천여 자에 달하는 이이의 행장을 짓기도 하였다. 스승 이이가 시작한 『소학집주』를 1601년에 완 성시켜 발문을 붙였다.

고 썼고, 또 다른 산수 그림에서는 "알괘라 신묘한 붓 하늘 조화 뺏었구나."라고 칭송하고 있다. 여기에서 꽃다운 그 마음이나 묘한 생각, 맑은 자취는 사임당의 덕을 칭송했음이고, 신묘한 붓은 사임당의 그림 솜씨에 대한 칭송이다. 예술적 소양을 이미 갖추어 신(神)과 함께 어울리고 하늘의 조화를 빼앗았다고 표현한 것을 보면, 사임당의 산수화 경지가 어느 정도였는지를 미루어 짐작할 수 있다. 조선 시대 사대부가의 남성이 사대부가의 부인에게 쓸 수 있는 모든 칭송을 다 사용한 것 같다. 특히 소세양의 칭송은 율곡의 제자들이 남긴 몇몇 인사치레의 글이나 발문이 아니고 그 자신의 예술적 소양에 견주어 평가한 것으로 그 가치가 더욱 높다고 할 수 있겠다.

또한 김장생의 문인이었던 백헌 이경석도 사임당의 산수 그림에 대해서 "털끝을 가려내도록 섬세하여 모두 붓 밖의 뜻이 있어 그 그윽하고 조용하고 단단하고 깊은 덕이 역시 저절로 그 사이에 나타나 있으매 이것이 어찌 배워 가지고 될 수 있는 일이겠느냐. 거의 하늘이 주어 얻은 것이리라."라고 적고 있다. 그림 솜씨는 물론 그녀의 덕까지 하늘이 내린 것으로 평가하고 있다. 조선 시대가 여성의 예술적 재능은 잡기(雜技)로 취급했던 때임을 감안한다면 사임당은 그녀가 살았던 시대에 이미 그림 솜씨는 물론 그림의 진정한 바탕이 되었던 덕까지 갖춘 여성이었다.

성현을 낳으심이 당연하다

율곡의 어머니 ●

사임당이 살았던 당대 16세기에는 묵포도도와 산수화를 잘 그
린 여성 화가로 유명했던 사임당이 깊은 모성과 사대부가의 부덕
을 실천한 유교적인 여성으로 유명세를 타게 된 것은 사후 백여
년이 지난 17세기 중엽부터이다. 조선 성리학을 보수화로 이끌었
다고 평가받는 인물인 송시열이 사임당의 난초 그림과 산수 그림
에 붙인 발문으로부터 시작된 것으로 보인다.

사람의 손으로 그렸다고는 믿을 수 없을 정도로 매우 자연스럽고 인
력(人力)이 범할 수 없는 것이다. 이와 같을진대 오행(伍行)의 정수
(精髓)를 얻고 원기(元氣)의 융화(融和)를 모아 이로써 참다운 조화
(造化)를 이룸에야! 마땅히 그가 율곡 선생을 낳으심이 당연하다.[40]

생각해 보건대 저 신부인의 어진 덕이 큰 명현을 낳으신 것이 저 중
국 송나라 때 후(侯)부인이 정명도(程明道), 정이천(程伊川) 두 분을
낳은 것에 비길 만합니다.[41]

송시열이 사임당의 그림에 대한 칭송과 동시에 강조하고자 한 것은 율곡의 어머니라는 점이다. 천지의 기운이 응축된 힘으로 율곡 이이를 낳았고, 그를 키운 어진 덕을 조선 성리학의 근간이라고 볼 수 있는 송나라의 정명도(정호), 정이천(정이)의 어머니 후 부인에 견주면서 사임당에 대한 재평가가 시작되었다.

   정명도, 정이천의 어머니 후 부인에 대한 평을 소혜왕후가 지은 『내훈』의 내용에서 살펴보면, "정태중(정호, 정이 형제의 아버지)의 부인 후씨는 시부모를 섬김에 그 효성과 삼가는 태도로 칭송을 받았으며, 태중과 더불어 마치 손님처럼 서로를 대하였다. 태중은 그 내조에 힘입어 예의와 공경이 더욱 지극하였고, 부인은 겸손과 순종으로 스스로를 다스려 비록 사소한 일이라도 자기 마음대로 한 적이 없고 반드시 여쭈어 본 후에야 행하였다. 이 부인이 바로 두 정 선생의 어머니이다."[42]라고 적고 있다. 사임당을 후 부인에 견주어 평가한 것은 화가로서의 주체적인 모습이 아니라 율곡 이이를 낳은 어머니로 칭송하기 위한 하나의 장치였던 것이다.

   네 차례의 사화로 많은 인재를 잃은 사림은 1567년 선조의 즉위와 함께 훈구파를 몰아내고 정권을 잡는다. 이후 1575년 사림은 동인과 서인으로 나뉘었는데 동인은 퇴계 이황을, 서인은 율곡 이이를 근간으로 삼았다. 선조 집권 후기에는 동인이 다시 낙동강 동쪽의 이황을 따르는 남인과 낙동강 서쪽의 조식을 따르는 북인으로 당색을 달리하면서 나뉘게 된다. 이후는 서인과 남인, 북인이 서로를 비판, 견제하는 정국이 형성되었고, 그 후 인조반정(仁祖

反正)으로 광해군이 폐위되면서 북인은 몰락하고, 서인과 남인의 정국이 형성된다. 특히 서인 세력은 반정의 주역으로서 정국을 주도하며 왕권을 제약하기도 하였다.

그러나 숙종이 즉위하면서는 환국 정치(換局 政治)가 시작되는데, 숙종은 세 번의 환국을 통해 당색을 달리하면서 왕권을 더욱 강화해 나갔다. 1680년 숙종 5년 남인인 영의정 허적(許積, 1610~1680)의 잔치에 궁궐에서 쓰는 천막을 왕의 허락도 받지 않고 가져가고, 궁궐의 악공을 동원한 일이 발생하며 일어난 경신환국(庚申換局)으로 남인은 몰락하고 서인이 집권하게 된다. 또한 1689년 일어난 기사환국(己巳換局)은 숙종이 장옥정을 희빈으로 삼고, 장옥정의 아들을 원자로 책봉하려 했을 때 서인이 반대하자 인현왕후를 폐위하고, 숙종의 뜻을 지지하던 남인들을 등용하여 서인은 몰락하고 남인이 다시 집권하게 된다. 그러나 남인의 집권도 오래가지 못하는데 5년 후인 1694년 갑술환국(甲戌換局)에는 인현왕후가 복위하게 되고, 왕후였던 장옥정이 희빈으로 다시 강등되면서 남인 세력이 몰락하게 되고 다시 서인 세력이 집권하게 되었다.

이렇게 환국으로 집권 세력이 뒤바뀌던 정치적 상황 속에서 당시 서인의 영수였던 송시열은 서인의 결속력을 높이고 집권 유지를 위해 서인의 정신적 근간이었던 율곡 이이를 신격화하기 시작했다. 율곡 이이를 신격화하기 위해서 그 부모 역시 신격화해야 했기에 이때부터 사임당은 예술가로서의 주체적인 모습이 아니라 율곡 이이의 어머니이면서 부덕을 실천한 이원수의 아내인 객체적인 모습으로 신격화되기 시작하였다.

그 신격화 작업의 단계로 송시열은 신사임당의 이미지를 높이기 위해서 율곡 사후 장기간 방치된 신사임당의 묘소를 정비했다. 또한 사임당의 그림에 발문을 붙여 그녀를 송나라 후 부인에 견주면서, 사임당을 신령스런 천지의 기운을 받아 율곡을 잉태한 여성으로, 훌륭한 태교와 교육을 통해 율곡을 기른 어머니로 만들어 버렸다. 이는 포도와 산수, 초충을 잘 그린 화가이며, 뛰어난 예술성을 가진 사임당의 주체적인 모습은 지워 버리고, 이원수의 아내로, 율곡의 어머니로서의 삶만을 부각시켜 나가기 위한 것이었다.

서인, 특히 노론계 유학자들에 의해서 사임당의 화가로서의 모습은 가능한 한 은폐되거나 왜곡되었다. 훌륭한 유교적 여성으로서 태교를 잘 실천했던 현숙한 부인, 훌륭한 아들을 키워 낸 어머니, 내조를 잘한 아내 등 유교 사회가 강조했던 부덕을 잘 실천한 사임당의 모습만이 살아남게 되었다. 결국 '전통적인 여성상에 사로잡힌 여성'이라는 이미지는 조선 시대 사대부가 남성 지식인들의 손에서 만들어진 것이다.

이때 만들어진 조선 시대 전통적이고 수동적인 여성상의 이미지가 300여 년 긴 시간 동안 남성들에 의해 다져지고 다져져서 지금까지도 신사임당 하면 '남성 중심의 가부장적 사회가 만들어 낸 현모양처 이데올로기의 대표적 인물'이라는 오명을 달고 있다.

하지만 사임당은 남성들이 만들어 가던 조선 시대에 결코 남성의 부인과 어머니로만 살지 않았다. 여성 활동에 제약이 많았던 조선 시대를 살면서 그 시대가 요구하는 어머니, 아내, 딸로서의 덕을 실천함은 물론이고, 어려서부터 자신의 뜻을 세웠고, 그 뜻에 어긋나지 않도록 쉼 없이 책을 읽고, 그림을 그리고, 글을 쓰며 자신의 예술성을 키워 나가는 데 조금도 소홀함이 없었던 여성이었다. 조선 사회가 씌워 놓은 전통적이고 수동적인 여성이라는 굴레로 인해 오늘을 사는 우리까지도 고정관념에 사로잡혀 그녀를 제대로 보고 있지 못함이 안타깝다.

17세기 이후 율곡이 문묘에 배향되고, 18세기를 거치면서 사임당의 초충도 그림에 많은 노론계 학자들이 발문을 붙이게 되는데, 발문의 대부분이 초충도 그림에 대한 칭송과 함께 그 칭송의 끝은 모두 율곡의 어머니이기에 당연하다는 것으로 귀결되었다. 초충도에만 발문이 붙게 된 이유도 모두 사대부가 남성들에 의해서다. 산수화나 서예, 학문은 남성이 할 일이었지 여성이 할 일이 아니라 인식한 사대부가의 남성들이 그래도 여성의 장르라 생각했던 초충도에만 발문을 붙이고 현모양처로서만 그 위상을 평가했기 때문이다. 그렇게 사후의 사임당은 율곡을 추종하는 노론계 학자들에 의해서 전통적이고 수동적인 여성으로 살아가게 되었다.

나라에 충성할 아들을 말없이 기르다

군국의 어머니 ●

조선 유교 사회에서 여성은 부계혈통주의와 부처제 친족 체계 속에서 효를 기본으로 하는 며느리로서의 지위로 존재했다. 시부모 봉양과 조상 제사를 잘 받드는 것, 집에 찾아온 손님을 잘 접대하는 것이 여성의 일차적인 역할이었고, 부계혈통을 잇는 장자를 생산하는 것이 가장 중요한 임무였다.

어머니로서의 역할은 아이를 양육하는 것, 즉 먹이고 입히는 것에 있었고, 사람됨에 대한 교육은 아버지의 권한으로 간주되었다. 여성은 교육자이기보다는 생산자이자 양육자로 규정되었기 때문에 여성 교육은 불필요하고 더 나아가 많이 알면 간섭을 하게 되므로 오히려 해로운 것으로 간주되었다.

며느리와 아내의 지위는 시부모와 남편에 종속된 것이었고, 순종과 복종만이 여성의 미덕이 되어 버렸다. 여성의 배움이란 '부덕'에 치중하여 시댁 식구들과의 '교화'를 목표로 하는 것으로, 전문적 지식과 교양은 순종과 복종의 미덕을 해칠 수 있는 위험한 요소였다.

이러한 유교적 이념 하에서 부덕의 교육만을 중시하던 여성 교육은 1900년대 들어서면서 여성을 계몽하고 교육해야 한다는 개화파 지식인의 주장에 따라 아들을 낳아 그 아들을 기르는 교육자로 그 위치가 상향 조정된다.

이때 사임당은 율곡을 교육한 어머니로 근대사회에 처음으로 등장하게 되는데 1908년 장지연(張志淵, 1864~1921)의 『여자독본』이 그것이다. 여기서 신사임당은 문명국가의 국민을 교육하는 어머니로 조명되었다. 『여자독본』 상·하권은 우리나라 여성들과 중국 여성 및 서구 여성의 모범적 사례를 모아 열전(列傳) 형식으로 서술하고 있다.

장지연의 서문이 별도로 실려 있지는 않지만 상권의 첫 장인 총론에서 장지연의 생각을 살펴볼 수 있다. "여자는 나라 백성 된 자의 어머니 될 사람이다. 여자의 교육이 발달한 후에 그 자녀로 하여금 착한 사람이 되게 할 수 있다. 그런 고로 가르침이 곧 가정교육을 발달시켜 국민의 지식을 인도하는 모범이 된다. 어머니 된 자 중 누가 그 자식이 착한 사람이 되기를 원치 아니하겠는가마는 매양 애정에 빠져 그 자식의 악한 행실을 기른다. 아버지 된 자가 그 자식을 멀리 학교에 보내고자 하여도 그 어머니나 혹 그 조모가 그 애정을 못 잊어 반대하는 경우가 많다. 이것이 다 여자가 학문이 없어 그러한 것이다."[43]라고 서술하고 있듯이, 어머니가 될 여자들을 교육시킴으로써 나라를 올바로 세우겠다는 의도를 포함하고 있는 책이다.

개화기에 여성의 계몽과 교육을 목적으로 하여 편찬된 이 책은 일종의 교과서 역할을 하였다. 당시 계몽 운동가들의 교육관과 일치한다고 보아도 무방하리라 생각된다.

『여자독본』이 제시하는 여성상은 국민이 될 이를 교육하는 어머니이자, 구국정신과 독립사상을 갖춘 여성이다. 이는 유교적 규범에 바탕을 둔 여성상이 아니라 국가의 구성원이자, 그 구성원의 교육자로서의 지위를 강조하는 것이었다.

우리나라 여성은 상권에 '모도(母道)', '부덕', '정렬', '잡편'이라는 네 개의 장에 나뉘어 실렸는데, 신사임당은 이율곡 모친으로 '어머니로서 지켜야 할 도리'를 밝힌 '모도(母道)'에 등장한다. 이 장에는 신라의 명장인 김유신 모친, 조선 전기 성리학자인 정일두의 모친, 오성과 한음의 오성으로 잘 알려진 이오성의 모친, 조선 중기의 문신인 홍학곡의 모친, 원술의 어머니이자 김유신의 부인인 지소부인(智炤夫人)이 함께 실려 있다. 여기에 등장하는 어머니들 모두 스스로 의리를 지키고 실천해서 아들을 훌륭히 키워 낸 여성들이었다.

1900년대에 신사임당이 이율곡의 어머니로서 거론된 일은 조선 후기 노론계의 학자들이 부여한 의미와는 다른 것이었다. 조선 후기 송시열을 필두로 노론계의 학자들이 사임당을 상찬한 것은 율곡을 '성현'으로 만들려는 시도의 일환이었다. 그들이 사임당의 재예를 대성현을 낳은 어머니에 한정해 가두어 놓았다면,『여자독본』은 사임당을 비록 미약하기는 하나 일제강점기 하에서 문명국민을 기르는 교육자가 되어야 할 구한말 여성들이 본받아야 할 어머니상으로 보고 있다. 『여자독본』의 내용을 살펴보자.

> 문성공 율곡 이이의 모친 신 부인의 별호는 사임당이다. 덕행을 구비
> 하고, 재능과 기예를 겸전하여 글씨와 그림이 또한 옛 지나의 진나라
> 위 부인과 같았다. 세상 사람이 신 부인이 그린 포도를 명화라 하였
> 다. 부인의 재덕이 이러하므로 그 아들 율곡 선생도 가정교육을 받아
> 일국의 명현이 되었다.[44]

다음으로 신사임당이 등장한 책자는 1926년 간행된 이능화(李
能和, 1869~1943)의 『조선여속고(朝鮮女俗考)』이다. 이 책에서 이
능화는 여성에 대한 교육을 금하고 여자가 학식과 재예를 갖추는
것이 규범에 어긋난 것으로 여겨지는 억압적인 조선 사회였기에
여성들의 학식은 직접 교육이 아니라 형제들의 어깨너머로 배운
것이었음을 지적하고 있다. 이러한 상황에서 조선의 규녀식자(閨
女識者)들로 '사임당 신씨, 난설헌 허씨, 유몽인(柳夢寅)의 매씨
(妹氏), 윤광연(尹光演)의 부인' 등을 소개하고 있다. 사임당은 억
압적 상황에서 학식과 재능을 닦은 역사 속의 여성으로 소개하였
고, "맑은 선비 가문에 태어나 전하여지는 경서와 고사(古史)를 다
알았으며, 좋은 말과 착한 행실을 몸소 받들어 행하였다."[45]라고
밝히고 있다.

다음으로는 실제 사임당이 아니라 신사임당의 이름만을 내세
운 것으로, 1945년 제3회 국민연극경연대회(1945.1.29.~3.7.) 참

가작으로 송영(宋影, 1903~1979)[23]의 극본인 「신사임당」이 등장한다. 1920년대 후반부터 30년대 전반에 걸쳐 누구보다 앞장서서 프롤레타리아 경향극 활동에 열정을 쏟던 송영은 식민지 당국의 탄압이 거세지자, 생계를 위해 대중극 작가로 전락하였으며 40년대에는 '친일극' 작가로 변절하기에 이르렀다.[46] 이때 나온 작품 중 하나가 바로 「신사임당」이다.

일제는 1940년대 초 식민지 조선에 지원병과 징병제를 실시하면서 조선 여성들에게 국가주의적 양처현모 이념을 선동하기 시작했다. 일본의 근대화 과정에서 선택된 국가전략의 하나였던 양처현모 이념은 여성에 새로운 역할을 부여하는, 표면적으로는 자녀의 양육과 교육을 담당하면서 가정교육의 주체적인 모습으로 나타나지만, 실제로는 침략전쟁 시 군사력을 확보하기 위한 아주 교묘한 술책이었다. 이런 교묘한 술책을 식민지 조선에서도 실행하기 시작한 것이다. 징병제를 실시하는 상황이 되자 당시 지식인들은 식민지 조선에서 군국의 어머니상을 만들어 내야만 했고, 그때 역사 자료에서 끄집어낸 인물이 바로 신사임당이었다.

---

23 송영의 본명은 송무현이다. 1925년 카프(KAPF)결성에 참여, 서기국 책임자로도 활동하였으며, '동양극장' 문예부장으로 극작 활동을 활발히 진행하였다. 1940년대 접어들면서 해방이 될 때까지 식민지 시기 계급문학운동의 성립과정에 적극적으로 관여하여, 일제 말기의 통속극과 이른바 '국민연극'을 위시한 친일극을 창작한 것으로 알려져있다. 1946년 월북하여 북조선 문학예술총동맹의 중앙상무위원으로 활동, 최고인민회의 대의원, 조국전선 중앙위원을 역임하며 북한 문단에서 역사극과 혁명가극의 초석을 다지는 활동을 전개했다고 알려져 있다.

송영은 신사임당을 남편이 부재한 집안을 지키며 병사로 보낼 아들을 길러 내는 충(忠)을 간직한 강인한 어머니상과 결합시키고 있다. 허구적으로 설정된 연극「신사임당」의 주요 내용은 남편의 입신양명을 위해 10년을 약조하고 남편을 서울 벼슬길에 보내고, 어린 두 아들을 엄격히 교육한다. 남편의 방탕한 소문에도 불구하고 흐트러짐 없이 스스로의 예능을 연마하며 자신의 본분을 충실히 수행한다. 율곡은 이러한 어머니를 흠모하며, 방탕한 아비를 꾸짖고 형을 바로잡을 만큼 어린 시절부터 총명하다. 남편 이씨는 신사임당에 감동하여 10년 만에 금의환향한다.[47]

극본 안에서 사임당은 국가에 충성하는 남편과 아들을 인내와 침묵으로 기다리고 기르는 여성일 뿐이다. 경연대회 때 신사임당의 결연한 의지와 초인적인 노력 및 충성심을 강조하여, 전시(戰時) 상황에서의 인내심을 고양하고자 했다는 평이다.

이를 연구한 김수진은 "'무언의 인내'를 충(忠)과 연결시키는 형상화이다. 이 연극에서 '동양모성의 귀감'으로서 신사임당의 덕은 무언의 인내로 형상화된다. 그래서 극중 사임당은 남편 원수나 율곡보다 등장 횟수도 적고 대사도 적다. 그녀의 덕은 아들 율곡과 사행(첫째 아들)의 입을 통해 표현되고 찬사된다. 아들이 전달하는 사임당의 생활은 인내와 기다림인데 비해 남편을 깨우치는 적극적인 행위는 아들을 통해 구현되고 있다. '동양적 현모양처'를 말과 행동을 삼가는 것으로 그리고 있음을 알 수 있다. 남편이 없는 집에서 아들들을 길러 낸 사임당의 교육에서 궁극적 가치로 드러난 것이 충(忠)이라는 사실은 황민화 이데올로기를 함축하는 것이라고 해석할 만하다."[48]라고 평가하고 있다.

'징병제도와 전력증강을 위한 생산력 확충'이라는 일본의 침략 정신을 투영한 각본만이 참가할 수 있었던 국민연극경연대회의 취지에 부합하기 위해 사임당은 인내와 침묵의 현모양처라는 또 다른 모습으로 식민지 역사의 중심에 서 있었다. 우리가 사임당을 왜곡된 현모양처의 대명사로 생각하기 시작한 것은 아마 이때부 터가 아닐까 생각된다.

여성들의 장래희망이 되다

남성의 타자로서의 현모양처 ●

신사임당이 전통적인 현모양처의 대명사로 다시 거론되며 주목의 대상이 된 것은 1960년대부터이다. 1961년 5·16 군사 쿠테타로 권력을 장악한 박정희(朴正熙, 1917~1979) 정권은 민족중흥과 조국 근대화를 중요한 목표로 내걸고 이를 달성하기 위한 수단으로 민족문화사업과 국적 있는 교육, 민족주체성 확립을 위해 국사 교육 강화정책을 추진하였다. 민족문화사업과 국사 교육은 민족의 주체성을 확립하고, 국가를 이끌어갈 이데올로기를 만드는 중요한 작업이었고, 또한 정권을 유지하기 위한 정치적 수단으로 이용되었다. 이 과정에서 정권의 이데올로기 형성을 위한 도구라는 부정적 인식을 만들어 냈으며 그 본질의 왜곡이라는 씻을 수 없는 상처를 남기기도 했다.

이러한 시대적 이데올로기 속에서 국가의 영웅으로 추앙될 인물이 필요했는데 그때 선택된 인물이 바로 세종대왕, 이순신, 신사임당 등이었다. 이때부터 이들의 유적을 복원하고 초상화를 제작하고 각종 기념비와 동상 그리고 기념관을 건립하기 시작하였다. 이들의 삶이 각종 매체를 통해서 전파되기 시작하였고, 국민이라면 누구나 따라야 할 삶의 모범을 보여 준 것으로 국가에 의해 평가되기 시작한 것이다. 박정희 정권은 이 영웅들을 자신들의 집권을 정당화하기 위한 수단으로 이용하였다.

특히 신사임당은 일제강점기 일본에서 전래된 현모양처 이데올로기인 부덕의 상징으로 다시금 추앙되면서, 국사와 국어 교과서, 미술 교과서에 시와 그림이 실리게 되었고, 위인전이 널리 읽히게 되었다. 각 초등학교와 여학교의 운동장에서 쉽게 볼 수 있었던 사임당 동상도 거의 이때 세워진 것이다. 사임당이 태어난 오죽헌도 1975년 사적지 성역화 사업이 진행되면서 그 당시에는 모습을 달리했다가 1996년 정부의 문화재 복원 계획에 따라 옛 모습으로 복원되었다. 또한 사임당교육원도 1977년 "사임당의 얼과 덕성을 이어받아 전통문화를 계승발전하고 심신수련을 통한 민주시민을 기른다."라는 설립 목적과 "충효예지신(忠 · 孝 · 禮 · 智 · 信)"의 원훈 아래 수많은 여학생들이 거쳐 간 곳이다. 이처럼 신사임당은 박정희 정권의 국가영웅화 사업의 주도 하에 전통의 이름을 부여받은 '현모양처'이자 근대화를 수행하는 여성 주체의 사표로 자리 잡게 되었다.

현모양처 이데올로기를 쉽게 해석하면 근대화를 추진하던 과정에서 여성에게 가정 내에서 자녀 양육과 가사 노동을 완벽히 소화하고, 한 걸음 더 나아가 그 역할을 통해 나라 발전에 기여할 수 있는 여성으로서의 역할을 강요한 것이었다. 조선의 대학자인 율곡 이이를 키우고 남편의 출세를 위해서 뒷바라지를 하고, 또한 예술가로서 개인적인 성취도 이룬 신사임당은 이러한 정치사회 분위기에서 현모양처상의 대표 인물로 선정되기에 조금의 부족함도 없었다. 따라서 1960년대부터 1990년대 이전까지의 신사임당에 대한 평가는 당시의 정치사회적 배경으로 인하여 천편일률적으로 어진 어머니와 착한 아내이자 자기 계발까지 한 완벽한 여인이라는 극찬으로 이루어졌다. 이때 재개되었던 현모양처 이데올로기는 당시 빠른 근대화를 추진하던 과정에서 국가 발전을 위한 부녀자들의 희생을 요구했던 것이고 박정희 정권의 정책적 목표에 부합하는 방향으로 해석되었다.

또한 사임당은 박정희의 부인 육영수(陸英修, 1925~1974)에 투영되어 전 국민의 신망의 대상이 되어 버린다. 육영수는 영부인 시절 항상 한복 차림의 단아한 모습으로 국민에게 소박한 인상을 심어 주었고, 영부인이 직접 나서서 자선 활동과 가두모금을 전개하였으며, 육영재단을 설립하여 어린이 회관을 건립하는 등 각종 사회사업을 전개하였다. 또한 정수직업훈련원을 세워 불우 청소년을 위한 기능 양성소를 건립하였으며, 부녀회관 사업에도 직접 관여하였다. 양로, 구호사업도 활발히 전개하여 노인 위로연을 개최하고, 나환자촌에 자활 사업지원을 적극적으로 전개하였다.

이러한 모든 활동으로 육영수는 자애와 사랑, 희생과 봉사의 정신을 체현한 국가의 어머니가 되었다. 실제로 육영수는 영부인이라는 높은 지위에 있었지만 전혀 사치하지 않았고, 어린이와 독거노인을 끔찍이 아꼈고, 나병 환자의 손을 거리낌 없이 잡아 준 유일한 영부인으로 기억되고 있다. 이 모습에 전통적인 현모양처인 사임당의 모습이 투영되었다. 삼남매에게 종이 한 장, 노끈 하나 그대로 버리는 일 없도록 가르쳤다는 일화에서는 현모의 모습으로, '청와대의 제1야당'이라 불렸던 모습은 양처의 모습으로 해석되었다. 또한 그녀가 즐겨 입은 하얀 한복은 우리 민족을 상징하는 '백의민족'을 표현하기에 부족함이 없었다. 이러한 영부인의 모습은 TV를 통해서, 신문을 통해서 우리 국민에게 현모양처의 전형적인 모습으로 깊게 각인되기에 이른다. 이렇게 1970년대 사임당과 육영수는 '한국적 부덕의 사표'로 함께 살아가고 있었다.

이때부터 여학생들의 장래희망으로 '현모양처'가 등장하게 된다. 여학생들뿐만 아니라 미혼 여성들의 장래희망도 현모양처가 되어 버렸다. 이제 현모양처는 여성의 꿈이 되어 버린 것이다. 여성 스스로 주체적인 삶이 아닌 남성의 타자로서의 삶을 선택하는 아픈 현실이 되어 버렸다. 당시 숨죽여 사는 것이 그 시절을 사는 가장 현명한 방법이었던 시절에 여성들의 또 다른 안식처가 현모양처는 아니었을까.

스승 같은 어머니, 간언하는 아내, 시·서·화에 능한 예술가

조선을 대표하는 여성이 누구냐 묻는다면 우리는 아마도 가장 먼저 신사임당을 떠올리지 않을까 싶다. 아들 율곡 덕분에 너무 유명세를 타서 그렇다고 말하는 이도 있을 것이고, 또 조선이라는 사회에서 여성은 외면당하거나 평가절하되어 온 대상이기에 뚜렷이 생각나는 여성이 없어서 그래도 생각나는 사람이 화폐 인물인 신사임당이라고 말하는 이도 있을 것이다. 그렇다. 16세기 조선에 살았던 신사임당은 어머니, 아내, 딸로서의 부덕을 잘 실천하고 예술적 재능을 꽃피운 여성으로 현대를 살아가는 우리에게 여전히 논란의 중심에서 회자되고 있는 인물이다.

우리가 역사책 등의 교과서에서 여태껏 만났던 사임당은 항상 몸가짐을 조심하며 여성의 도리를 잘 실천하였고, 어머니로서의 본분도 다하여 율곡을 포함한 7남매를 모두 훌륭하게 키웠고, 남편에게는 순종적인 모습으로 아내의 도리를 다한 현모양처였으며, 시어머니와 친정 부모에게는 효행을 잘 실천한 효녀, 효부로 알려져 있다. 이는 신사임당 개인의 능력이나 삶을 보여 주기보다는 누군가의 딸이면서 아내이면서 며느리이자 어머니였던 신사임당만을 표현하고 있는 것이다. 시, 글씨, 그림 등에 뛰어났던 신사임당의 예술가로서의 모습은 사라지고 없었다. 역사 속에서 우리가 만난 사임당은 예술가로서의 모습은 너무나 미약하고, 타자로서 누군가의 현모양처 모습으로 그렇게 한정적인 역할만을 맡아 온 것이다.

사임당뿐만 아니라 역사 속 우리 여성들의 모습이 대부분 이렇게 한정적일 수밖에 없었다. 역사를 기록하고 전수하는 모든 과정이 남성 중심이었기 때문에 여성들은 남성들에 의해 만들어지고, 심하게는 조작되고, 은폐되었던 것이다. 특히 조선의 남성들은 여성을 역사서에 기술할 때 단편적이고 보편적으로만 그리려 하였고, 그 대표적인 인물이 신사임당이었던 것이다. 그렇기에 우리가 기억하는 사임당은 현모양처의 대표적인 여성일 뿐이다. 더 자세히 말한다면 조선이라는 유교적 가치관이 지배하는 봉건 사회에서 그 사회의 틀 속에 갇혀서, 그 틀에 맞게 남편과 자식을 위해서 순종과 희생으로 일관된 삶을 살아간 수동적인 현모양처만을 기억하고 있는 것이다. 그렇다면 사임당은 과연 현모양처였을까.

열아홉 살에 남편 이원수와 결혼한 후 약 20년간 사임당은 시집살이를 하지 않았다. 결혼한 여성의 가장 큰 도리가 남편의 내조뿐만 아니라 시부모를 극진히 섬기는 일임에도 사임당은 예외적인 행보를 걸었다. 여러모로 재능이 출중한 딸을 보내기 싫었던 신명화가 사위 이원수에게 처가살이를 제안했고, 사위는 이 제안을 받아들였기 때문이다.

이원수에 대한 사임당의 내조는 어떠했을까? 사임당은 결코 우리가 알고 있는 조선 사회가 원했던 여필종부(女必從夫)의 순종적인 여성은 아니었다. 오히려 남편에게 자신의 의견을 강력하게 주장하는 당찬 여인이었다. 그 대표적인 일화로 이원수가 권세가인 이기의 집에 드나들 때, 의롭지 못한 권세는 오래가지 못함을 경고하며 그 집에 드나들지 말라고 경고한 일이나, 죽기 전 유교 경전까지 인용해 이원수에게 재혼하지 말라고 자신의 생각을 당차게 말한 일 모두 순종과 침묵의 전통적인 양처의 모습은 아니다. 하지만 양처의 방법이 조선 사회의 틀에 맞지 않았을 뿐 사임당은 양처다. 21세기의 시각으로 본다면 그녀는 내조의 여왕이다.

그렇다면 사임당은 현모였을까? 율곡 이이라는 대학자를 잘 키워 낸 여성으로, 또 그 외의 자식도 모두 훌륭하게 키운 그녀는 대표적인 현모다. 그렇지만 조선 시대의 현모가 자식을 위해 무조건 희생하는 그런 의미의 현모 이미지가 강했다면 사임당은 그와는 많이 다르다. 사임당은 자식들 앞에서 늘 그림을 그리고, 책을 읽어 희생적인 어머니 모습이 아니라 먼저 공부하고 실천하는 모습의 본보기를 보여 준 스승 같은 어머니였다. 효에 있어서도 경전만 암송하는 책상머리 교육보다는 그녀 자신이 부모에게 효를 다하는 모습으로 먼저 모범을 보였다.

지금껏 전하는 사임당의 작품 대부분이 결혼 후 자식들을 키우면서 이룬 작품임을 보면 그녀는 조선 시대 희생적인 현모 이미지보다 21세기 창의적 현모의 이미지가 더 돋보였음을 알 수 있다.

그녀를 조선의 희생적인 현모로 만든 이는 그녀 자신이 아니라 율곡의 제자 송시열임을 이제는 알아야 한다. 아무리 유교적 가치관이 지배하는 조선 사회라 하여도, 그 당시 없었던 현모양처란 말을 만들고 이용해 사임당을 전통적인 현모양처의 대명사로 만든 것은 우리 후손이 만들어 낸 역사적 오류가 아닐까 그리 생각해 본다.

지금까지 사임당은 후대의 학자들에게 다양한 평가를 받아 왔다. 긍정적인 평가보다는 부정적인 평가가 더 많았던 것도 사실이다. 1980년대까지 신사임당에 대한 연구는 현모양처와 효녀를 강조함으로써 유교적 가치관이 지배하는 억압적 상황에서 순종하는 미덕을 가진 전통적 여성상에 초점이 맞추어져 있었다. 사임당의 문학 연구에 있어 일부는 여성으로서 가질 수밖에 없었던 한(恨)이라는 의식 세계를 효(孝)와 연관시키면서 페미니스트적 시각으로 작품을 비판적으로 바라본 연구도 있지만, 대부분은 여성으로서, 특히 어머니로서의 덕행, 아내로서의 부덕을 강조하면서 찬양하고 칭송하는 연구였다. 이러한 연구는 한 인간으로서의 주체적 삶보다는 타자적 존재로서의 상대적 삶을 부각시킨 시각에서 이루어진 것이다. 그렇기에 페미니스트적 시각에서 여성의 복종적 측면을 부정적으로 바라보고 비판하는 추세로 인해 사임당은 부정적인 평가를 받는 대표적인 여성이었다.

그러나 1990년대 이후 민주화의 실현으로 여성들의 사회참여가 점차 증가하고 이에 따라 여성들의 사회적 위치가 향상되면서부터는 사임당의 예술에 대한 재능이 부각되면서 조선 시대 여성으로서 자아실현도 함께 이루었음을 강조하는 연구가 나타나기 시작했다. 이러한 시각은 1970년대 말부터 우리나라에 도입되기 시작했던 페미니즘이 영향을 미쳤던 결과로 보인다.

페미니스트적 시각에 힘입어 사임당이 모성 이데올로기에 의해 억압받았던 측면을 부각시키는 연구도 나타났다. 1990년대 후반 IMF 금융 위기 이후 신사임당에 대한 재해석은 이전의 연구보다 더 객관적이고 탈가부장제적인 특징을 보여 주는 연구로 진행되었다. 먼저 많은 저서에서 '신사임당은 과연 현모양처였을까?'라는 질문을 시작으로 '그녀는 현모양처가 아니다.'라는 결론에 이르렀고, 그녀는 이전까지와는 전혀 다른 삶을 산 여성으로 재평가되기 시작하였다.

특히 2000년대에 접어들면서부터는 현모양처의 모습에서 벗어나 시 · 서 · 화에 능했던 예술가로서의 모습이 부각되어 연구되기 시작하였다. 역사적으로 여성으로서 살아가기 가장 어려웠던 시대라고 하는 조선 시대에 소위 혁명과 같은 파격적인 삶을 살아간 여성으로 사임당이 대두되었다. 드디어 현모양처에서 더 나아가 개인적인 성취를 모두 이룬 지혜로운 여성으로 극찬되기 시작한 것이다. 신사임당을 기억하고 존경하는 이유를 현모양처로서보다도 예술가로서 당당하게 자아 가치를 실현했기 때문이라고 주장하는 연구들도 증가하는 추세다.

반면 다른 한편에서는 사임당의 예술 세계를 자의적으로 과장한 것이 일부 페미니스트적 시각의 다른 측면에서의 오류라고 비판한다. 사임당이 현모양처의 역할을 수행함과 동시에 예술적 업적을 남길 수 있었던 것은 '친정살이'라는 사회 관습이 낳은 결과이지, 사임당 개인의 노력으로 시대적 억압을 극복하고 자아실현을 성취한 것은 아니라는 주장이다.

물론 아들 율곡이 조선의 대학자가 되어 그를 추종하는 문인들에 의해 사임당의 예술성이 과하다 할 정도로 포장된 경우도 있고, 인사치레의 칭송도 여러 발문에서 찾아볼 수 있다. 또한 오랜 시간 친정살이를 해서 비교적 가사 노동과 육아에서 자유로웠기 때문에 조선 사회의 다른 여성들보다 상대적으로 시간적 여유가 있었을 거라는 추측도 가능하다. 하지만 내 개인적인 판단으로는, 사임당 스스로 피나는 노력을 하지 않았다면 가능하지 않았을 일이라 감히 단정 지어 말하고 싶다.

이렇듯 사임당은 여전히 우리 사회에서 논쟁 중인 인물이다. 대한민국 여성계에서는 신사임당을 조선 시대 유교 이데올로기에 의해 미화된 인물, 그리고 일제강점기에 강요된 현모양처 이념의 잔재로 보며 여전히 부정적인 시각을 유지하고 있다. 이러한 논쟁은 5만 원권 화폐 인물로 신사임당이 선정되자 여성계의 '화폐 인물 선정 반대 운동'으로까지 사태가 불거지며 우리 사회의 주요 이슈로 떠오르기도 했다. 아마도 사임당에 대한 논쟁은 우리가 살아가는 이 사회에 가부장적 이데올로기가 굳건히 살아 있는 한 시대를 거듭하더라도 계속될 거라는 생각이 든다.

예부터 어떤 한 인물을 평가할 때 우리는 그 사람의 재주만으로 평가하지는 않는다. 그 사람이 처한 환경을 살펴보고, 또 그 사람의 사람됨을 살펴본다. 그러나 그에 앞서 편견이나 고정관념이라는 큰 칸막이로 가려 놓고 그 사람을 판단하기도 한다. 조선이라는 큰 칸막이에 심어진 '율곡의 어머니'라는 편견과 고정관념은 사임당의 다른 모습을 원천적으로 막고 있다.

이제는 그 칸막이를 걷어 내고 사임당이란 인물 그 모습 그대로를 봐야 할 때다. 유교적 원리에 따라 살아야만 했던 조선 시대의 한 여인은 무조건적인 인내와 순종이 아니라 자신의 삶에 대해 철저하게 고민하고, 그 고민을 바탕으로 자신의 삶의 방향을 정하고, 목표를 향해 누구보다도 열심히 살았던 사람이다. 남성 중심의 가부장적 사회라는 굴레 속에서 누구보다 위풍당당하게 자신의 삶을 살았던 사임당이다. 500여 년 전 16세기를 살았던 한 여인의 모습에서 우리는 21세기 여성의 모습을 볼 수 있다.

동서를 넘나든 역동적인 삶

현재 전하는 사임당의 작품 대부분은 혼인한 후에 완성된 것이다. 이는 사임당이 7남매를 키우면서도 자신의 재능을 갈고 닦아 작품 활동을 이어 갔음을 알려 준다. 혹자는 시집살이를 하지 않고, 강릉에서 편하게 친정살이를 했기 때문에 가능하지 않았냐고 반문할 수도 있겠다. 맞다. 친정살이 덕을 본 것은 확실하다고 생각한다. 당시는 남귀여가혼의 혼인 풍습으로 친정살이가 인정되던 때이기도 했지만 20여 년을 친정에 머물렀던 사임당은 확실히 남다른 혜택을 입은 것이 사실이다.

그러나 사임당이 강릉에만 머물렀던 것은 아니다. 사임당은 강릉뿐 아니라 강원도 봉평에서도 기거했고, 또한 이원수의 세거지지였던 경기도 파주 등 이곳저곳을 옮겨 다니며 살았다. 몸이 허약했다고 전하는 그녀가 일곱 명이나 되는 자녀들을 키우면서 이사 다니고 살림하기란 여간 힘겨운 일이 아니었을 것이다.

조선의 사대부가 여성들은 출가하기 전이나 출가한 후에도 집의 가장 안쪽에 위치한 안채, 즉 규방(閨房)에 거하면서 일생을 보냈다. 그에 비해서 사임당은 강릉에서 한양까지 편도 600리 길을 수차례 넘나들며 살았다. 특히 한양에서 강릉까지의 여정에는 대관령이라는 고갯길이 있다. 대관령은 우리가 잘 아는 것처럼 아흔아홉 굽이다. 구절양장(九折羊腸)이라는 말처럼 대관령도 아홉 번 꺾인 양의 창자처럼 매우 험하고 꼬불꼬불한 산길이어서 '한양에서 말을 타고 이레 걸리는 대관령'이라는 옛말도 있다. 또한 "강릉에서 태어나 평생 대관령을 한 번도 넘지 않고 죽으면 그보다 더 복된 삶은 없다"[49]는 말이 있었을 정도다. 그 말은 그만큼 강릉이 살기 좋은 곳이라 떠나지 않고 사는 것이 좋다는 말일 수도 있지만, 반대로 생각하면 대관령이 얼마나 험준한지를 나타내는 말이기도 하다. 대관령은 넘는 데만 이틀 발품을 팔아야 했던 험준한 고개였다. 사임당은 한양에 계신 시어머니를 뵙기 위해 대관령을 넘었고, 또 강릉의 친정어머니를 그리며 이 대관령 고갯길을 넘어다녔다. 사임당에게 대관령은 아마도 그리움과 안타까움이 공존하는 그런 장소였을 것이다.

이렇게 동서 600리 길을 넘나드는 힘겨운 과정 속에서도 사임당은 조선의 출가한 대부분의 여성들처럼 한 남자의 아내와 아이들의 어머니로만 살아가지 않았다. 남편의 잘못된 판단에는 엄격한 잣대로 진정한 간언을 했고, 항상 옛 성현의 가르침을 공부하고 이를 스스로 실천하는 모습을 통하여 7남매에게 본보기가 되는 스승으로 살았다.

또한 자신의 재능을 갈고 닦는 일도 게을리하지 않아 현재까지 전하는 40여 점의 그림 작품 대부분을 이런 힘겨운 과정 속에서 완성하였다. 오랜 세월의 풍파 때문에 지금까지 전하지 않는 작품까지 미루어 보면 사임당은 아마도 하루 24시간이 모자랐을 것이다. 그만큼 사임당은 16세기 조선이라는 무대를 동서로 넓게 오가며 열정적으로 살았던 조선의 여인이었다.

◉ 백일홍과 함께한 20년 | 강릉 오죽헌에서의 삶

오죽헌은 연산군 때 대사헌과 병조참판을 지냈던 최응현(崔應賢, 1428~1507)의 집이라 전해진다. 조산(현재 강릉시 대전동 즈므마을)에 살던 최응현이 북평촌으로 이거하면서 지었을 것으로 추정된다. 최응현의 북평촌 집(오죽헌)은 둘째 사위인 이사온에게 상속되었다가 이사온의 외동딸 용인 이씨에게로 이어졌다. 오죽헌은 우리나라 주택 가운데 그 역사가 오래된 건물 중 하나다. 온돌방과 대청마루, 툇마루로 이루어진 정면 3칸, 측면 2칸의 정면이 긴 장방형의 기와집이다. 오죽헌의 별실인 몽룡실(夢龍室)은 율곡이 태어난 뜻깊은 곳으로, 신사임당이 이곳에서 흑룡이 동해에서 집으로 날아 들어와 서리는 태몽을 꾸었다고 해서 몽룡실이라고 이름 지었다 한다.

오죽헌은 공포양식 기법으로 보아 우리나라에서 가장 오래된 익공(翼工)양식의 집이다. 주심포(柱心包)양식에서 공포가 새부리 모양을 한 익공양식으로 변해 가는 건축 과정을 보여주는 중요한 건물로 평가받아 1963년 보물 제165호로 지정되었다. 이처럼 오죽헌은 율곡의 탄생지라는 역사성과 함께 우리나라 건축사의 전환점이 되는 문화적 중요성을 동시에 간직한 건축물이다.

용인 이씨는 생전에 자신의 재산을 「이씨분재기」에 남겼는데, 먼저 용인 이씨는 다섯 딸에게 고루 재산을 나누어 주고, 둘째 딸의 아들 율곡에게는 조상의 제사를 받들라는 조건으로 서울 수진방 기와집 한 채와 전답을, 넷째 딸의 아들 권처균에게는 묘소를 보살피라는 조건으로 기와집과 전답을 주었다.

권처균은 외할머니에게 물려받은 집 주위에 까마귀와 같은 검은 대나무가 무성한 것을 보고 자신의 호를 오죽헌(烏竹軒)이라고 했으며, 이것이 후에 이 집의 택호가 되었다. 언제부터 오죽헌에 오죽이 자생하게 되었는지는 정확히 알 수 없지만, 사임당의 외조부 이사온의 시가 전해지는 것으로 보면 그 전부터 오죽이 자라고 있었음을 알 수 있다.

◆ 오죽헌

吳廬雖小亦容身 　내 집이 비록 작기는 하나 기거할 만하고

爲築維垣闢四隣 　나지막이 울타리를 치니 사방이 훤하다.

遠近碧山千古畵 　멀고 가까운 산이 천고의 그림이요

風霜烏竹一軒珍 　풍상을 겪은 오죽이 이 집의 보배로다.

'오죽이 이 집의 보배'라고 했듯이 그 때에도 오죽의 신비한 기운이 뜰 안에 가득했음을 알 수 있다. 사대부가의 집으로 지어졌던 오죽헌은 원래 사랑채, 안채, 별당 건물 정도의 규모였을 것이다. 그러나 정조대왕이 『격몽요결』과 율곡이 쓰던 '벼루'를 친히 어람한 뒤 그것들을 잘 보관하라는 어명을 내리면서 지어진 어제각(御製閣)과 1965년 건립된 율곡기념관, 1976년 건립된 문성사(文成祠)가 더해지면서 현재의 규모로 커지게 되었다.

어제각에는 『격몽요결(擊蒙要訣)』 원본과 함께 율곡이 사용하였던 벼루가 보관되어 있다. 1788년 정조는 오죽헌에 이이가 쓰던 벼루와 『격몽요결』이 보관되어 있다는 소식을 듣고 그것들을 궁궐로 가져오라고 명하였다. 벼루와 책을 본 정조는 벼루 뒷면에 이이의 위대함을 찬양한 글을 직접 지어 새기게 하고, 책에는 머리글을 지어 잘 보관하라며 오죽헌으로 돌려보냈다. 정조는 율곡의 위대함을 중국의 공자(孔子, BC551~BC479)와 주자(朱子, 1130~1200)에 비유하여 칭송하였다. 벼루 뒷면에 새겨진 글과 글씨는 정조가 보고 감격하여 직접 짓고 쓴 어제어필(御製御筆)이다.

涵�@池 무원 주자의 못에 적셔 내어

象孔石 공자의 도를 본받아

普厥施 널리 베풀고

龍歸洞 용은 동천으로 돌아갔건만

雲潑墨 구름은 먹을 뿌려

文在玆 학문은 여기에 남았도다.

어제각은 원래 현재의 문성사(文成祠) 자리에 건립되었으나 오
죽헌 정화사업 때 헐렸다가 1987년 본래의 자리가 아닌 현재의 자
리에 복원되었다. 문성사는 이이의 영정을 봉안한 사당이다. 이
자리에는 원래 어제각이 있었으나 오죽헌 정화사업 때 서쪽으로
옮기고 문성사를 건립하였다. 1624년 인조는 이이에게 '문성(文
成)'이란 시호를 내렸는데, 문성은 '도덕과 학문을 널리 들어 막
힘없이 통했으며 백성의 안정된 삶을 위하여 정사의 근본을 세웠
다.(道德博聞, 安民立政)'는 의미를 담고 있다.

또한 오죽헌에는 사임당과 율곡이 직접 가꾸었다고 전해지는
강릉시의 시화인 사임당 배롱나무가 있다. 꽃피는 기간이 100일
이나 된다고 해서 백일홍이라고도 불린다. 이 배롱나무의 나이는
고사한 원줄기에서 돋아난 새싹이 자란 것이므로 나이를 합치면
600여 년이 넘는다고 한다. 문성사 옆을 지키고 있는 율곡송(栗
谷松)에는 이이의 소나무 예찬 시가 함께 전한다. "소나무는 선비
의 지조를 상징하는 군자 식물이다. 곧은 덕과 굳센 절개에 대하

여 옛사람들은 칭찬을 아끼지 않았다. 이 소나무의 기이한 형상을 보니 천공(天工)의 오묘한 조화를 빼앗았다. 한참을 바라보노라면 청아한 운치를 느낄 것이다. 소나무가 사람을 즐겁게 하는데 어찌 사람이 즐겨 할 줄 몰라서야 되겠는가." 예로부터 십장생의 하나로 장수(長壽)를 나타내기도 하고, 비바람 눈보라의 역경 속에서도 푸른 모습을 간직하고 있어 꿋꿋한 절개와 의지를 상징하는 소나무의 군자다움을 보며 어느 누가 즐겁지 않을 수 있었을까. 또한 혹독한 추위와 흰 눈을 뚫고 피어난 율곡매(栗谷梅)는 봄이면 어김없이 붉은 빛깔의 꽃을 피운다.

사임당과 율곡 모자가 어루만졌을 배롱나무와 율곡송(栗谷松), 율곡매(栗谷梅)는 오늘도 오죽헌을 지켜 주는 수호목으로서 오죽헌을 찾는 이들의 마음속에 진한 향기를 전하고 있다.

● 신이 점지한 영재를 잉태하다 | 봉평 판관대에서의 삶

신사임당은 사망하기 15여 년 전인 33세를 전후하여 평창군 봉평면 백옥포리 판관대(判官垈)에서 4년여를 살았다고 한다. 백옥포리 마을에 판관대라는 이름이 생긴 것은 신사임당의 남편 이원수의 벼슬이 수운판관이었고, 이원수와 신사임당이 살던 집터라고 해서 '이 판관의 집터'라는 뜻으로 '판관대'라 불리고 있다. 이곳 판관대는 율곡의 잉태 이야기로 더 유명한데 두 가지의 이야기가 전해 내려오고 있다.

판관대 마을 앞으로는 흥전천이 흐르고 있는데, 이 흥전천 한가운데는 도장으로 꽉 눌러놓은 듯한 형상을 하고 있는 인(印)바위가 우뚝 서 있다. 이 인바위에는 전설이 하나 전한다. 춘천에 터를 잡고 있던 맥국(貊國)의 마지막 왕인 태기왕이 북쪽의 공격을 받아 원주 지방으로 후퇴했다가 태기산에 진을 치고 재기하려고 전력을 다하였다. 그러나 이때 동쪽 강릉에 있던 예국으로부터 또다시 침입을 받아 싸웠으나, 그의 부하인 호령(號令) 장군이 지휘하는 군대가 전멸하고, 궁지에 몰린 삼형제(森炯濟) 장군이 태기왕과 함께 쫓기고 쫓겨 당도한 곳이 백옥포리이다. 이때 삼형제 장군과 태기왕은 다시 어떻게 해볼 방법이 없음을 알고, 서로 끌어안고 물에 투신 자결한다. 이로써 태기왕과 맥국은 멸함을 당했다는 전설이다. 이 맥국 태기왕이 투신 자결했던 물굽이가 백옥포이고, 거기에 맥국의 옥쇄가 바위가 되었다는 인바위가 우뚝 서 있는 것이다. 율곡은 바로 이 인바위의 정기를 타고 잉태되어 탄생하였다는 이야기가 마을에 구전으로 전해 오고 있다.

인바위의 정기와 함께 판관대에는 또 하나 율곡의 잉태 이야기가 전해지고 있다. 이 이야기의 내력은 판관대 집터에서 서쪽으로 더 올라가면 야트막한 산기슭에 자리하고 있는 봉산서재(蓬山書齋)에 전해 온다. 봉산서재는 율곡을 모신 사당으로, 표지문에는 "율곡 이이의 부친 이원수가 수운판관으로 벼슬을 하던 조선 중종 1530년대에 이 고장 판관대에서 사임당 신씨와 4년간 거주하는 동안 율곡을 잉태하였는데 이 사실을 후세에 전하고 기리기 위하여 1906년에 창건했다"고 기록되어 있다.

율곡의 탄생지는 이미 잘 알려진 대로 오죽헌이지만 잉태 이야기는 이곳에 전해진다. 인천에서 수운판관을 지내던 이원수가 청룡과 황룡이 얼크러져 품에 안기는 꿈을 꾸고 대길할 태몽이라고 여겨 당시 식솔들이 살고 있는 봉평으로 향한다. 봉평으로 오던 중 평창군 대화면의 한 주막에 여장을 풀게 됐는데, 그 주막 여주인은 그날 밤 용이 가득히 안겨 오는 기이한 꿈을 꾼다. 당시 주막에는 손님이 이원수뿐이었다. 여주인은 이원수의 인물이 예사롭지 않음을 느끼고 하룻밤을 모시려 했으나 이원수의 거절이 완강해 뜻을 이루지 못한다.

이 무렵 친정 강릉에 가 있던 사임당도 동해 바닷가에 이르러 어떤 선녀가 바닷속에서 살빛이 백옥 같은 옥동자를 안고 나와 자신의 품에 안겨 주고 가는 꿈을 꾸고 강릉에서 곧바로 봉평 집으로 돌아온다. 대화면에서 주모의 청을 거절한 이원수도 그날 밤 봉평 집에 도착한다. 이날 바로 신사임당이 율곡을 잉태한 것이다. 며칠 집에 머문 이원수는 인천으로 돌아가는 길에 그 주막에 들러 이제는 청을 들어주겠노라 했으나, 이번에는 주모가 청을 거절했다.

주모 말하기를, "하룻밤 모시기로 했던 것은 신이 점지한 영재를 얻기 위함이었으나, 지금은 아닙니다. 이번 길에 댁에서는 귀한 아들을 얻으셨을 것입니다. 아기를 틀림없이 인시(寅時)에 낳을 것이나 다섯 살을 넘기지 못하고 호랑이한테 해를 입을 것입니다." 하니 이원수가 당황하여 "그 무슨 말이요, 만약 참으로 그러하다면 앞일을 예견하는 당신께서는 그 화를 막을 수 있는 방법도 알 터이니 제발 묘법을 가르쳐 주시오."라고 했다. 그러자 주모가 잠시 깊은 생각에 잠기더니 "그러면 돌아가 사람을 천 명 살리는 셈 치고 밤나무 천 그루를 심으십시오. 그랬다가 아이가 다섯 살 되는 해 아무 날에 금강산에서 어떤 늙은 중이 와서 아기를 데려가겠다고 하면, 아기는 절대 보이지 마시고 나도 덕을 쌓은 사람이니 아기를 함부로 데려갈 수 없다고 버티시고 덕을 쌓은 것을 보자고 하거든 밤나무 천 그루를 보여 주십시오. 그렇게 하면 화를 면할 수 있을 것입니다."라고 방도를 알려 주었다.

과연 주모의 말대로 그해 12월 26일 인시에 사임당이 아들을 낳으니 그가 바로 율곡 이이다. 이원수는 주모의 말대로 그 길로 파주에 내려와 밤나무를 심기 시작하였다. 그 뒤 몇 해가 흘러 어느 날 험상궂은 중이 찾아와 시주를 부탁하면서 아이를 보자고 했다. 이원수는 주모의 예언이 생각나 거절했다. 그러자 중은 밤나무 천 그루를 시주하면 아이를 데려가지 않겠다고 했다. 이원수는 쾌히 승낙하고 뒷산에 심어 놓은 밤나무를 시주했다. 그러나 밤나무 한 그루가 모자랐다. 이원수는 사색이 되어 떨고 있는데, 숲 속에서 나무 한 그루가 "나도 밤나무다."라고 소리쳤다. 그 소리를 들은 중은 호랑이로 변해서 도망쳤다는 이야기다. 그래서 나도밤나무라는 재미있는 이름이 생겼다고 전해진다.[50]

오죽헌이 율곡의 탄생지임은 이미 널리 알려진 사실인데, 흔치 않게 잉태지가 유적으로 남게 된 데에는 이 두 가지의 범상치 않

은 잉태설이 전하고 있기 때문일 것이다. 지금도 평창지역에서는
율곡의 뿌리는 평창군에 있다며 자부심이 대단하다고 한다.

◉ 소나무의 호위를 받으며 잠들다 | 파주 율곡리에서의 삶

경기도 파주는 사임당과 율곡의 숨결이 여럿 남아 전하는 곳이
다. 이원수의 선조 대로부터 내려오는 오랜 터전이며 세거지지였
던 까닭에 율곡도 이곳에 오랫동안 기거하였고, 율곡의 호환(虎
患)을 막기 위해 밤나무 천 그루를 심었던 곳이기도 하다. 율곡의
별호도 이곳에서 기원한 것이다. 이러한 까닭에 파주에는 율곡을
추모하기 위해 세워진 자운서원(紫雲書院)과 자운서원 뒤편의 사
임당과 율곡의 가족묘, 그리고 율곡이 제자들과 시와 학문을 논했

○ 자운서원

던 화석정(化石亭)이 있고, 곳곳은 사임당과 율곡의 숨결을 잘 간직하고 있다.

먼저 이이의 학문과 덕행을 길이 추모하기 위해 광해군 7년에 지방 유림에 의해 세워진 자운서원은 효종에게 자운이란 사액을 받았고, 그 후 사계 김장생(沙溪 金長生, 1548~1631)과 현석 박세채(玄石 朴世采, 1631~1695)를 추가로 배향하여, 선향 배향과 지방 교육을 담당하던 곳이다. 그러다가 흥선대원군(興宣大院君 李昰應, 1820~1898)의 서원철폐로 묘정비(廟庭碑) 즉 서원의 내력을 기록하여 서원 앞에 세운 비만 남아 있던 것을 1970년 문성사 사당이 복원되고, 1997년 강당과 동재, 서재의 기숙사가 복원되어 지금에 이르고 있다.

자운서원을 들어서면 왼쪽에 율곡의 신도비[24]가 있다. 율곡이 돌아가신 지 47년 뒤 세운 높이 223cm의 대리석 비로 비문은 백사 이항복(白沙 李恒福, 1566~1618)이 지은 것이다. 또한 인조가 율곡에게 내린 '도덕과 학문을 널리 들어 막힘없이 통했으며 백성의 안정된 삶을 위하여 정사의 근본을 세웠다.(道德博聞, 安民立政)'는 의미의 '문성(文成)'이란 시호를 딴 문성사가 있다. 율곡이 머물면서 후학들을 가르치던 장소에 세워진 자운서원은 기호학

---

[24] 신도비란 조선 시대 정2품 이상만이 세울 수 있었던 비로, 뚜렷한 공적이 있거나 학문이 뛰어나 후세에 사표가 될 만한 분의 생평사적(生平事蹟)을 기록하여 세운 비를 말한다.

파의 본거지가 되면서 한때는 문전성시를 이루었을 것으로 생각
된다.

자운산 아름다운 숲 깊숙이 들어가면 사임당과 그 가족묘를 만
날 수 있다. 묘역을 오르는 길에 만나는 은행나무들의 무성함과
묘역 주변의 소나무들은 이 가족묘의 호위병사인 듯 그 늠름함을
드러내고 있다. 사임당과 이원수의 묘는 합장묘로 되어 있으며, 그
주변에는 아들 묘와 딸과 사위의 묘, 손자의 묘까지 모두 13기의
묘가 조성되어 있다. 한 가문의 묘가 같은 묘역을 이루는 것은 성
리학의 주자가례의 영향으로 고려 말부터 행해져 조선 시대까지
일반화되었다. 맨 위에 율곡과 부인 곡산 노씨의 묘가 앞뒤로 자

○ 사임당과 그 가족묘

리 잡고 있고, 그 아래에 사임당의 큰 아들 선의 합장묘, 또 그 아래에 사임당과 이원수의 합장묘가 있다. 요즘 상식으로는 윗대부터 차례로 내려오는 것이 묘를 쓰는 기본이나 사임당의 가족 묘역은 보통의 묘역과 달리 자손의 묘를 조상묘의 윗자리에 써서 장사 지낸 도장(倒葬), 역장묘(逆葬墓)의 형태를 취하고 있다. 보통의 장묘법에 따르면 맨 위에서부터 할아버지, 아버지 순으로 조성되고 합장묘나 쌍분묘의 경우에는 좌남우녀(左男右女) 방식으로 조성하는 것이 일반적이어서 위가 상석, 좌가 상석으로 무덤 조성이 인식되어 있다. 사임당의 가족묘가 도장, 역장의 형태로 조성된 이유는 기록이 없어 알 수 없지만 이는 우리나라의 묘제상 흔한 일은 아니다.

또한 경기도 파주시 파평면 율곡리에는 화석정이 있는데, 화석정은 임진강 남쪽 언덕 위에 위치한 곳으로 이곳에 오르면 임진강이 훤히 내려다보인다. 이곳은 율곡이 나이가 많아 벼슬을 사양하고 물러난 후 여생을 제자들과 함께 시를 짓고 시문을 논하던 곳

 화석정

이다. 율곡이 8세 때에 화석정에 올라 지은 시가 전하고 있다.

林亭秋已晚　숲 속의 정자에 가을도 깊어

騷客意無窮　시인의 가슴에는 끝없는 생각

遠水連天碧　물과 하늘 마주 이어 푸르렀는데

霜楓向日紅　서리 맞은 단풍은 햇빛 아래 타는 듯 붉고

山吐孤輪月　산은 외로운 달을 토해 내는데

江含萬里風　강은 만 리의 바람을 머금었나니

寒鴻何處去　기러기는 어디메로 날아갔는고

聲斷暮雲中　울음소리 저녁 구름 속에 끊어졌구나.

　여덟 살 어린 나이의 아이가 지었을 거라고는 상상하기 힘든 율곡의 시를 마주하며, 임진강을 바라보며 끝없는 생각을 펼쳤을 율곡의 그 깊은 마음을 조금이나마 헤아려 보고자 시를 다시 한 번 되뇌어 본다. 화석정은 임진왜란 때 불탄 것을 현종 14년에 다시 세웠고, 또 다시 6·25 전쟁 때 불탄 것을 덕수 이씨 문중에서 복원한 후, 1973년 정부의 유적지 정화사업을 거쳐 지금에 전하고 있다.

　사람이 나고 자라서 자연으로 돌아가는 우주의 질서 속에서 한 사람의 자취를 좇아 그가 잠들어 있는 곳을 바라보며 과연 나는 어찌 살아왔는지 되돌아보고, 또 어찌 살아가야 할지를 생각해 본다.

3
진정한 현모의 교육

사임당의 교육 철학

현모는 희생하지 않는다
스스로 모범을 보인 삶●

사임당이 7남매를 어떻게 교육했는지의 내용이나 그 교육 사상이 어떠했는지에 대한 직접적인 기록은 전해지는 것이 없다. 따라서 지금 전하는 사임당의 자녀 교육 내용이나 교육 사상은 일부 저자들에 의해서 자의적으로 정리된 것이다. 그렇기에 사임당의 교육 사상을 논한다는 것은 어찌 보면 그 기록이 없기 때문에 어불성설(語不成說)일지도 모른다. 그렇다고 해도 사임당을 논함에 있어 7남매를 기른 교육철학을 빼놓고 논한다는 것은 대들보를 하나 세우지 못한 것과 같다. 그렇기 때문에 사임당의 행적과 7남매의 저술 및 작품을 중심으로 사임당의 교육관을 정리해 보는 것도 의미 있는 작업일 것이다.

조선 사회를 이끌었던 유학은 하늘로부터 부여받은 인간의 본성을 성실하게 실현하여, 그 덕을 함양하고, 훌륭한 인격을 완성하여 군자(君子)에 이르는 것을 목표로 삼았다. 즉 조선 시대 교육의 핵심은 바로 군자에 이르는 것이었다. 여성을 억압하던 조선 시대에 여인의 몸으로 군자에 이른 사람이 바로 사임당이다.

사임당이 살았던 조선 초기의 성리학은 조선 사회 전체를 지배했던 통치 이념이었다. 조선의 정치, 경제, 사회, 문화는 철저하게 성리학의 지배를 받았으며, 교육도 예외는 아니었다. 교육 이념, 교육 목적, 교육 내용과 방법 그리고 교육 제도들은 성리학의 이념을 구현하기 위한 방향으로 수립되고 시행되었다. 조선은 건국 초기부터 성리학의 이념에 따라 교육의 목적을 '자신의 몸과 마음을 닦고 다른 사람을 다스린다.'는 수기치인(修己治人)[25]에 두었다. 수기(修己) 즉, 자신을 닦는다는 것은 개개인의 선천적인 도덕성을 올바르게 키워 나가기 위해 끊임없이 수양을 한다는 뜻으로, 이 도덕성의 완성을 이룬 사람을 군자(君子)라 하여 존중하고, 그렇지 않은 사람을 소인(小人)이라 하여 배척했다. 치인(治人)은 천하를 이상적으로 다스리는 것을 말하는 것으로, 성리학의 궁극적인 목표가 되었다. 『대학』에 있는 것과 같이 몸을 닦는 일로부터 시작하여 집을 가지런히 하고, 나라를 다스리고, 천하를 평화롭게 하는 데까지 도달해야 한다. 즉 '수신제가치국평천하(修身齊家治國平天下)'에 그 목표를 두고 있다. 이는 결국 성현을 본받아 자신을 도덕적으로 완성시키고자 하는 법성현(法聖賢)을 말하고 있는 것이다. 성인(聖人)이란 인간 본래의 성품을 다하는 사람이며, 자

---

25 수기치인(修己治人)이란 공자(孔子)는 '수기이안백성(修己而安百姓)'이라 하였고, 『중용(中庸)』에서는 '성기성물(成己成物)'이라 하였고, 『대학(大學)』에서는 '수제이치평(修齊而治平)'이라 하다가 주자(朱子)가 비로소 '공어수기치인지실세(功於修己治人之實也)'라 하였다. 이이는 "성현의 학문은 수기치인에 지나지 않는다."고 단언했다.

기를 완전히 실현하는 사람으로, 유학에 있어서 인간이 도달할 수 있는 최고의 경지이다. 이런 성인이 되기를 구하는 학문이 바로 성리학이다.

성리학의 가르침 속에서 사임당은 이러한 '수기치인'과 '법성현'의 정신을 몸소 실천하며 성장하였을 것이다. 일찍이 사서오경에 통달하여 높은 학문에 이르렀으며 특히 기품 있는 가문과 문향으로 이름난 강릉 땅에서 자라난 까닭에 공자와 맹자의 가르침에 깊이 젖어 있었음을 알 수 있다. 또한 당시 조선의 모든 학자들이 그러했듯이 주자학에도 깊이 심취했을 것으로 보인다. 이러한 점으로 미루어 보아 사임당은 공맹의 가르침에 깊이 영향을 받아 몸소 그 가르침을 지키려 애썼을 것으로 추측된다. 또한 7남매의 교육에 있어서도 공맹의 가르침을 구현하려고 힘썼을 것이다. 특별한 스승 없이 사임당의 가르침으로 대성현의 위치에 오른 셋째 아들 율곡의 학문으로 사임당의 가르침을 미루어 짐작할 수 있다. 신사임당의 지적 능력이나 정신적 토양이 결과적으로 율곡의 학문으로 조선 사회에 펼쳐진 것으로 본다면 지나칠까.

부단한 자기 수양으로 완성된 도덕과 학문으로 사임당은 자녀들을 원만히 교육함에 조금도 모자람이 없었을 것이다. 특히 스스로 지어 부른 사임당이라는 호에 '사(師, 스승 사)'라는 글자가 들어가 있는 것만 보아도 그녀의 가치관과 삶의 지향점을 알 수 있다. 이는 자기 인생의 지표가 될 만한 위인을 마음속에 새겨 두고 일생 동안 항상 본받으려고 노력하였다는 것이다. 사임당의 이러한 삶의 가치관은 그녀만의 것이 아니었다. 인생의 멘토를 중요시하는 지금의 교육에 비추어 봐도 사임당은 이미 교육에 관한 한 선구자였다.

사임당은 자녀들을 교육하려면 우선 본인부터 솔선수범하여 본보기를 보여 주어야 한다고 생각했을 것이라 판단된다. 현재까지 전하는 사임당의 예술 작품 대부분이 결혼 후에 자녀들을 낳고 기르는 기간에 쓰이고 그려진 것이다. 자신의 재능 역시 결혼을 이유로 희생하지 않았다. 혹여 강릉에서 친정살이를 하며 편하게 지냈기 때문에 가능하지 않았을까 생각할 수 있다. 하지만 사임당은 강릉에서뿐만 아니라 서울, 경기도 파주, 강원도 봉평 등 이곳저곳을 옮겨 다니며 살았다. 몸도 허약하였다고 전하는 그녀가 일곱 명이나 되는 아이들을 키우면서 이사 다니고 살림하기란 여간 힘겨운 일이 아니었을 것이다. 일곱 살부터 시작한 그림을 출산과 육아 기간에도 손 놓지 않고 꾸준히 화폭에 담아냈던 것이다.

학문도 마찬가지였다. 늘 배움을 게을리하지 않았고 바쁜 와중에도 책을 읽지 않은 날이 없었을 것이다. 율곡뿐 아니라 큰딸 매창과 막내아들 이우 역시 학문과 서화에 뛰어났던 것은 어릴 때부터 끊임없이 책을 읽고 그림을 그리는 어머니의 모습을 보고 자랐기 때문이다. 친정어머니를 그리는 마음을 시에 담고 거문고를 들으며 눈물을 흘리는 감성으로 그림을 그리고 있는 어머니의 모습은 그 자체가 교육의 본보기였던 것이다. 7남매를 가르치려고 강압적으로 교육을 시키기보다는 어머니가 그 스스로 학문과 예술에 정진하며 집 안에서 날마다 글 읽는 소리와 먹 가는 소리가 끊이지 않게 해주었으니, 이러한 가정환경에서 7남매가 어찌 학문에 매진하지 않을 수 있었을까.

지금의 교육 전문가들도 자녀가 책을 읽지 않는다면 부모가 먼저 책을 읽으라고 조언한다. 이는 부모가 먼저 공부하는 모습을 실천하라는 말이다. 그만큼 자식 교육에 있어 부모의 본보기 교육만큼 확실한 건 없다. 이처럼 7남매가 사임당과 같이 둘러앉아 글을 읽고, 그림을 그리는 모습이 지금 우리 시대가 요구하는 전인교육의 모습이지 않을까 싶다.

또한 사임당은 조선 시대임에도 불구하고 가르침에 있어 아들과 딸을 차별하지 않았던 것으로 보인다. 사임당 역시 어려서부터 외조부모와 부모의 편견 없는 교육을 받고 성장했던 터라 7남매 모두에게 차별 없는 교육을 실천했을 것이다. 특히 큰딸 매창은 어머니를 닮아 시·서·화에 능했는데, 사임당은 딸의 재능을 알아채고 부덕은 물론이요, 학문과 재능을 펼쳐 나갈 수 있도록 교육하고 독려했을 것이다. 그래서 매창 또한 '작은 사임당'이라 불릴 정도로 어머니를 꼭 닮은 현명한 여성으로 성장했던 것으로 보인다. 그러했기에 율곡도 정사를 살피다 막히는 부분이 있으면 매창에게 물어 답을 얻었고, 사임당에 견줄 만한 예술 작품까지 남긴 것이 아닌가 한다. 이처럼 사임당은 자식을 가르치는 수직적 관계의 부모가 아니라 자식과 함께 배우고 익혀 나가는 수평적 관계의 부모의 모습을 실천한 교육자였다. 훗날 율곡을 포함한 7남매는 '어머니 사임당'을 '진정한 스승 사임당'으로 평가하지 않았을까 감히 짐작해 본다.

신사임당은 결국 남성 중심의 조선 사회에서 남성과 동등한 위치에서 집안을 운영하고, 자녀들을 스스로 깨우칠 수 있게 한 선구자적인 교육자였다. 우리가 통속적으로 알고 있는 남편에게 순종하고 헌신하는 수동적인 여자가 아니라, 조선이라는 거대한 남성 사회의 틀 안에서 보다 적극적이고 당당하게 수기치인에 힘쓴 여성으로서 신사임당을 봐야 할 때다. 이것이 지금 21세기에 우리가 바라보아야 할 진정한 사임당의 모습이다. 사임당이 7남매에게 많은 가르침을 전했겠지만 직접적으로 전하는 기록이 없어 그 내용을 모두 살펴볼 수 없음이 매우 안타깝다. 그중에서도 앞서 살펴본 것처럼 사임당이 직접 몸소 본보기를 보여 실천한 효행을 중심으로 그 교육 사상을 살펴보고, 효행과 함께 7남매가 어떻게 우애롭게 지냈는지 살펴보겠다. 또한 스스로 자신의 뜻을 세워 당호까지 지어 실천했던, 그래서 율곡의 모든 저서에 빠지지 않고 등장하는 입지에 대해서도 살펴보도록 하자.

출가한 몸으로 아버지의 삼년상을 치른 딸

사임당의 삶에서 가장 중요한 한 단어를 고르라고 한다면 아마도 사임당은 '효(孝)'를 택하지 않았을까. 어려서부터 모든 행실의 근본이 효임을 알고 실천했고, 또한 어머니에 대한 사랑이 남달랐던 사임당이기에 가능한 답변이라고 생각한다. 이런 맥락에서 사임당의 자녀 교육의 첫 번째는 효였을 것이다. 사임당은 자녀를 교육함에 있어 항상 어른들께 효도하는 마음과 형제간의 우애를 강조하였을 것이다. 이 가르침은 공자의 학문으로부터 시작된다. 공자의 교육은 인간의 도리로서, 그 원리를 인(仁)에 두고 있다. 인을 실천하는 가장 기본적인 방법이 바로 효이다. 효는 부모에 대한 정성된 마음에서 나온 것이니 어버이를 잘 섬기는 것은 곧 백성을 사랑함과 통하고 또 어버이를 잘 섬기는 것은 임금에게 충성하는 일과 통한다. 효의 구체적인 내용을 담은 『효경(孝經)』[26]

---

26 『효경』에서 표현된 효의 가치는 부모에 대한 효도를 바탕으로 집안의 질서를 세우는 일이 치국의 근본이며, 효도야말로 천·지·인의 삼재(三才)를 관철하고 모든 신분 계층에 동일하게 적용되는 최고의 덕목이며, 윤리 규범이라는 것을 강조하고 있다.

에 의하면 효의 정신이 본래 부모에 대한 보은(報恩)의 정신에서 출발했음을 알 수 있다.

> 하늘과 땅에서 받은 만물의 성품 중에서는 사람이 가장 귀하니, 사람
> 의 행실에 있어서는 효보다 더 큰 것이 없다.[51]

> 신체발부는 부모로부터 받은 것으로 감히 이것을 상하게 해서는 안
> 되는 것이 효의 시작이다. 입신하여 도를 행하고 이름을 후세에 날
> 려, 이로써 부모님을 빛나게 하는 것이 효의 끝이니라. 무릇 효란 어
> 버이를 섬기는 데서 시작하여, 다음으로 임금을 섬기고, 마지막으로
> 입신하는 데 있는 것이니라.[52]

즉, 효란 부모의 은혜에 보답하기 위해 부모를 섬기는 것으로 유교에서는 이러한 효를 '백행지원(百行之原)'이라 하여 인간 도리의 으뜸으로 삼았다. 이러한 효의 관념은 유교의 근본 덕목으로서 유교 문화권인 조선 사회를 지탱하는 뿌리가 되고 있다.『효경』에서 강조하는 효는 단순히 내 부모에 국한된 것이 아니다. 가정에서는 자식의 도리를 다해 부모를 봉양하는 것을 시작으로 해서 사회와 국가에 대해 규칙과 의무를 다해 그것을 바탕으로 항상 효(孝)와 충(忠)의 가치를 몸소 실천하는 삶을 영위하는 사람이 되어야 한다는 것이다. 오륜(伍倫) 가운데 부자유친(父子有親)의 덕목이 강조되는 바는 바로 이러한 이유 때문일 것이다.

조선 초기 여성들의 필독서였던 『내훈』의 「효친장(孝親章)」에는 효자가 부모를 섬기는 방법을 다섯 가지를 들어 설명하고 있다. "효자는 어버이를 섬김에 있어 평소 거처할 때 공경함을 극진히 하고, 봉양할 때에는 그 즐거움을 극진히 하며, 병환에는 그 근심함을 극진히 하고, 초상에는 그 슬퍼함을 극진히 하며, 제사에는 그 엄숙함을 극진히 한다. 이 다섯 가지가 갖추어진 뒤에야 어버이를 섬길 수 있는 것이다."[53]라고 하였다.

『내훈』을 줄줄 외고, 또 그대로 실천했던 사임당으로 미루어 살펴보자면, 율곡의 「선비행장」에도 기록되어 있듯이, 사임당의 효교육은 특별한 교육법이 있는 게 아니라 그 자신이 매사 몸소 효성스러운 마음으로 효를 실천하여 7남매의 본보기가 되었음을 알수 있다. 아버지 신명화가 돌아가시자 출가한 딸로는 드물게 삼년상을 치렀을 뿐만 아니라 시집에서도 항상 강릉 북평에 홀로 계시는 어머니를 그리며 눈물지었던 그 가슴 절절한 효성으로도 미루어 알 수 있다. 그리고 며느리로서도 모든 일을 시어머니와 의논하고 시어머니 앞에서는 얼굴 붉히는 일 없이 시어머니 홍씨를 극진하게 봉양하였음도 알 수 있다. 3년이 지난 후에 신혼례를 드린 미안함 때문에 그 효성이 더 깊지 않았을까 싶다.

이러한 사임당의 가르침 때문이었을까. 율곡을 포함한 형제들 또한 모두 효성이 지극했다고 전한다. 그 일화로 김장생이 지은 「율곡행장」에는 율곡이 "다섯 살 때 신부인이 병이 나서 위독하여 온 집안이 어쩔 줄을 모르고 있었는데, 선생은 몰래 외할아버지 사당에 들어가 기도하고 있었다."[54]라고 기록하고 있다. 또 아홉 살 때는 『이륜행실(二倫行實)』을 읽다가 "당나라 장공예의 9대가 한집에 살았다는 대목[27]에 이르러 감탄하면서 말하기를 '9대가 한 집에 살면 형편상 어려운 점도 있겠지만 그렇다고 형제가 떨어져 살 수는 없는 일이다.' 하고는 형제가 함께 살면서 부모님을 모시는 그림을 그려 놓고 보았다."[55]는 일화도 전한다.

『이륜행실』은 중종의 명에 의해서 만들어진 책으로, 유교의 기본 윤리인 오륜 중에서 장유유서(長幼有序)와 붕우유신(朋友有信)의 이륜을 민간에 널리 가르치기 위해 편찬되었다. 연산군의 폭정 때문에 극도로 문란해진 사회질서를 바로잡기 위해서였다. 장유와 붕우의 행실이 뛰어난 역대 중국 명현 48명의 행적을 가려 뽑은 내용으로 이루어져 있다.

그리고 『율곡전서』의 「시장」에는 "열두 살 때 찬성공(이원수)의 병이 위중하자 선생은 팔을 찔러 피를 내어 먹이고 선조의 사당에 울면서 기도하여 자신이 대신 죽기를 청하니, 병이 곧 나았다."[56]라는 기록도 살펴볼 수 있다. 율곡의 깊은 효심을 엿볼 수 있는 일화다. 이러한 율곡의 깊은 효심에도 사임당은 율곡의 나이

---

[27] 중국 당 태종 때 한 마을에 장공예라는 아흔이 넘은 노인이 살고 있었는데 9대가 한집에서 살면서 온 집안이 화목하고 절대로 큰소리가 밖으로 새어 나오는 법이 없었다고 한다. 태종이 9대가 살면서 화목할 수 있는 이유를 묻자, 장공예는 작은 붓으로 '참을 인(忍)' 자를 백 번 써서 주었다고 한다. 이 가르침을 받은 태종은 황제가 된 후 나라를 다스림에 '참을 인(忍)'의 교훈을 잊지 않았다고 한다.

겨우 열여섯 되던 해 별세하는데, 이때의 일도 「시장」에 기록되어 있다.

> 열여섯 살 때 신부인이 별세하였다. 3년 동안 여묘살이를 하면서 한결같이 가례에 따라 최질을 벗지 않았고 손수 제찬을 올리고 그릇을 씻는 일까지도 종들에게 맡기지 않았다. 어머니를 일찍 잃은 것을 슬퍼하며 밤낮으로 울었다.[57]

어머니의 죽음은 누구에게나 큰 충격과 슬픔을 전하겠지만 율곡에게는 스승도 함께 떠나보낸 것처럼 느껴져 그 슬픔은 배가 되었을 것이다. 특히 놀라운 것은 율곡과 그 형제들이 서모에 대하여도 효를 다했다는 점이다. 사임당이 세상을 떠나자 아버지 이원수는 후취 부인으로 권씨를 맞이했으나 그녀의 성격이 형언하기 어려울 정도로 포악스러웠다고 한다. 그럼에도 불구하고 율곡 형제들은 그 포악한 서모에게 자신들의 지위에 개의치 않고 극진히 효를 다했다고 전한다. 부친 이원수가 사임당 별세 후 십 년 만에 역시 세상을 떠났기 때문에 그 후취 부인과 오래 산 것도 아닌데 부친이 별세한 뒤에도 율곡이 그 서모에게 끝까지 자식의 도리를 다하며 효성을 지극히 행하였던 사실은 주목할 만하다.

『율곡전서』「시장(諡狀)」과 「제가기술잡록(諸家記述雜錄)」의 기록들을 미루어 보면, 서모 권씨는 평소에 조금만 비위에 거슬리면 빈 독에 머리를 처박고 소리 내어 울어서 이웃 사람들까지 놀라게 하는 일이 있었고, 또 걸핏하면 끈으로 목을 매는 시늉을 내어서 집안사람들이 놀라서 달려와 자신을 구하게 하는 행동을 일삼았다고 한다.

또 어느 때 율곡이 선물로 들어온 홍시를 무척 시장해 보이는 손님에게 한 개 주고 또 한 개를 집고서는 감 쟁반을 권씨에게 들여보냈더니 권씨가 자기에게 말도 없이 두 개를 들어내었다고 야단이 나므로 율곡은 곧 그 손님에게 주었던 것과 자기가 먹으려고 집었던 것, 두 개를 곱게 받쳐 들고 안으로 들어가서, "제가 잠깐 실수했습니다. 용서해 주시고 잡수시기를 바랍니다." 해서 겨우 그 노기를 풀어 드린 일도 있었다고 전한다.

어느 때는 마음에 들지 않는 일이 있다고 해서, 방문을 닫고 아침내 자리에서 일어나지 않으므로 율곡은 관을 쓰고 띠를 두르고 방문 밖에 정중히 앉아서 두 번, 세 번 머리를 숙여 사죄하여 겨우 달래기도 했고, 또 술을 좋아했기 때문에 율곡은 새벽 일찍 일어나 몸소 술잔을 들고 몇 잔 따라 드려서 봉양하는 예를 다했다고 한다. 이러한 서모였건만 율곡은 끝까지 친어머니 대하듯 하기에 힘쓰고, 또 아버지가 별세한 뒤부터는 모든 집안일을 서모의 주장 아래서 하도록 그녀의 권한을 인정해 드렸을 뿐만 아니라, 조석으로 문안드리기를 게을리하지 않았다 전한다.

율곡이 재상된 뒤에는 한층 더 겸손했으며 서모 앞에서는 마치 나이 어린 소년처럼 굴었다고 한다. 율곡이 황해도 해주 석담에 가 있을 때도 서모를 모시고 가서 극진히 대접했기 때문에 서모 권씨도 마침내 감화되어 어진 부인이 되었다고 한다.

이러한 지극한 효가 있었기 때문일까. 율곡이 병석에 누워서 신음하고 있을 때 오히려 그의 아내보다 서모가 더 간호에 힘을 썼다는 것이다. 결국 율곡이 세상을 떠나게 되자 서모 권씨는 율곡의 효와 덕을 사모하고 또 그 은혜를 갚겠다고 몸소 율곡의 상(喪)에 3년 동안 소복을 입기까지 했다. 이와 같은 결과는 두말할 것도 없이 율곡이 비록 생모가 아닌 서모였을망정 효성이 지극하였던 관계로 마음속으로 깊이 감화를 받았기 때문에 그러했을 것이다. 역시 백행의 근본은 효로부터 시작된다고 한 말이 사실임을 알 수 있는 일화이다.

율곡이 선조에게 올린 『성학집요(聖學輯要)』 「효경」편에는 율곡의 이러한 효 사상이 그대로 나타나 있다.

> 효도는 모든 행동의 우두머리가 되는 것이기 때문에, 집안을 바르게
> 다스리는 도(道)는 효도와 공경하는 일을 그 첫째로 삼습니다.[58]

모든 행동의 근본이 효임을 알고, 율곡은 집안을 효로써 다스렸다. 율곡의 이러한 효 사상의 모태는 바로 사임당이 효를 실천했기에 가능했을 것이다. 이 같은 효 사상은 사임당 문학의 핵심 주제가 되었다. 그녀가 남긴 세 편의 시에 나타난 주제가 한결같이 사무치는 효심으로 가득한 것만 보더라도 사임당은 자녀 교육에 있어 말로만 효도를 강조한 것이 아니라 몸소 실천하여 모범을 보

임으로써 산 교육을 시켰으며 이러한 효친 생활은 자녀들에게 그대로 전승되어 가문의 전통을 수립하였고 7남매의 자녀들 모두가 효친하는 생활을 실천하였던 것이다.

형우제공(兄友弟恭)을 가르치다

　사임당은 또한 7남매를 낳아 기르며 무엇보다도 형제간의 우애를 중요시하여 교육하였음을 알 수 있는데, 이는 율곡의 저서에 빠지지 않고 등장하는 형제간의 우애를 강조한 글로 미루어 짐작해 볼 수 있다. 사임당은 가정 내에서 형제간의 우애가 가장 중요하다는 사실을 이미 알고 있었기에 어려서부터 이러한 공자의 가르침을 7남매에게 교육하였고, 형은 우애로써 동생을 대하고, 동생은 공손함으로써 형을 대하는 형우제공(兄友弟恭)을 자녀 교육의 신조로 삼았을 것이다.

　이러한 가르침을 받은 율곡은 「학교모범(學校模範)」에서 "배우는 자가 이미 심신을 닦았으면 모름지기 가정에서 윤리를 다하여 형은 우애하고 아우는 공손하여 한 몸 같이 하라."[59]라고 하였다. 또한 『격몽요결(擊蒙要訣)』 「거가장(居家章)」에는 우애를 확대하여 효에 나아가는 바탕으로 삼기도 하였다.

　　형제는 같은 부모의 유체(遺體)를 한가지로 받아 나와 한 몸과 같으
　　니 서로 보기를 마땅히 너, 나라고 서로 간격을 두어서는 아니 된다.

의식주도 네 것, 내 것이 따로 없고 모두 함께 해야 한다. 혹 형은 굶고 아우는 배부르다거나, 아우는 추운데 형은 따뜻하다면 이는 한 몸 가운데에서 지체(肢體, 팔다리와 몸)가 어떤 것은 병들고 어떤 것은 건강한 것과 같으니 심신이 어찌 편안하겠는가. … 오늘날 사람들이 형제간에 서로 사랑하지 않는 것은 모두 부모를 사랑하지 않는 데서 비롯한다. 만일 부모를 사랑하는 마음이 있다면 어찌 같은 부모의 자식을 사랑하지 않겠는가?[60]

이는 부모에 대한 효(孝)와 형제간의 제(悌)가 같은 것임을 설명하고 있는 것으로 율곡의 가족관이 잘 드러나는 부분이다. 율곡의 가족관은 「자경문(自警文)」에도 그대로 나타난다.

가족이 감화되지 않음은 필시 내 성의가 부족함 때문이라 생각하여 더욱 정성을 다해야 된다.[61]

가족이 화목하지 못함을 모두 내 탓으로 돌리고 노력한 모습을 엿볼 수 있다. 형제자매는 한 부모로부터 혈연으로 맺어진 사람들이다. 사임당이 세상 사람들 중에 나를 진심으로 걱정해 주고 나의 기쁨과 아픔을 함께 나눌 사람은 형제 밖에 없다는 것을 7남매에게 가르쳤을 거라 짐작할 수 있다.

이런 사임당의 가르침은 형제간의 따뜻한 일화로 전하고 있는 것이 많다. 율곡의 맏형 선(璿)이 일찍 돌아가시자 율곡은 홀로 지내는 형수 곽씨를 정성껏 집안의 어른으로 모시고 두 조카와 두 질녀의 뒤를 성심껏 돌보아 주었다. 또한 둘째 형 번(璠)은 당상(堂上)의 벼슬에 있는 율곡을 마구 불러 곧잘 잔심부름을 시켰다고 전해지는데, 이때 율곡은 "부형 앞에 벼슬의 지위가 무슨 상관이냐, 부형 앞에는 지나친 공손이란 있을 수 없다. 형님이 세상을 떠나시면 예(禮)를 지키려 하여도 아니 될 것이다."라며 몸소 시중을 들곤 하였다 한다. 그렇다면 둘째 번은 어머니의 가르침인 '형우제공'을 몰랐을까. 그렇지는 않은 걸로 보인다. 「율곡에게 물러나기를 권하는 글」로 미루어 보면 율곡에 대한 깊은 사랑과 걱정 때문이었음을 알 수 있다. 공맹이 나와도 어지러운 시국의 폐단을 잡을 수 없음을 한탄하면서, 나라 위한 신하는 쫓겨나고, 조정엔 자기 안위만을 추구하는 신하들만 들끓고 있을 때 율곡의 안위를 걱정하여 했던 행동으로 짐작해 볼 수 있다. 둘째 번의 이 글은 바로 뒷장에 자세히 기록하였다. 또한 오늘날 이러한 율곡의 여러 시문이 전하게 된 데에는 둘째 형이 모두 기록하고 정리하여 준 덕이 컸다고 전해지는 것을 보면 율곡을 향한 우애의 표현법이 조금 달랐을 뿐이었다고 본다.

조선 중기의 문신으로 예학에 밝았던 조익(趙翼, 1579~1655)의 『포저집(浦渚集)』에도 율곡 형제의 우애를 엿볼 수 있는 글이 전한다. 율곡은 청빈한 생활로 매우 가난하게 살았기에 그의 장인이 한양에 집 한 채를 사서 주었는데 형제들이 모두 가난하게 살아 끼니를 잇지 못하는 형편을 보고 율곡은 그 집을 팔아 베를 사서 골고루 형제들에게 나누어 주었다고 한다. 따라서 율곡은 한양에 집 한 채 없이 형제들과 같이 살면서 때로는 죽도 끓이지 못하는 때가 많았다고 한다. 한 나라의 재상이 죽도 못 끓일 정도의 생활을 했으니 율곡의 청렴함을, 또한 얼마나 곧고 바르게 정직하게 살았는지도 짐작해 볼 수 있는 일화다. 이런 율곡은 42세 되던 해 정월에 형제 조카들을 모두 해주 석담(石潭)으로 불러 모아 집안의 평화와 우애 있는 생활을 유지하기 위하여 「같이 살며 경계하는 글(同居戒辭)」을 지어 그대로 실천하였다.

형제는 본래 부모의 한 몸에서 나뉘었으므로 한 몸이나 다름이 없으니, 마땅히 서로 친애하여 너니 나니, 남이니 나니 하는 마음이 조금도 있어서는 안 된다. … 한 집안사람들은 서로 화목하기를 힘써야 한다. 마음이 화평하면 집안에 좋은 일만 반드시 모일 것이고, 만약 서로 삐치고 뒤틀리면 불길한 기운이 생길 것이니, 어찌 두렵지 않은가. 우리들은 서로 모여 아버지는 아들을 사랑하고 아들은 어버이에게 효도하며, 남편은 아내에게 모범이 되고 아내는 남편에게 공경하며, 형은 아우를 사랑하고 아우는 형에게 순종하며, 처는 첩을 사랑하고 첩은 처에게 공순하며, 젊은이는 성심으로 어른을 섬기고 어른을 성심으로 젊은이를 사랑하며, 비록 미급한 일이 있더라도 모름지기 조용히 경계하고 서로 성내지 말 것이다.[62]

중국 당나라의 장공예가 9대 친족이 한집에서 살 수 있는 비결로 '참을 인(忍)' 자를 백 번 썼다고 하듯 율곡도 온 집안 식구가 함께 모여 살기를 소망하며 '참을 인'을 가슴에 새기고 또 새겼을 것이다.

율곡 형제들의 우애를 짐작할 수 있는 해주 석담 일화는 우암 송시열이 지은 옥산 이우의 묘갈문에도 나타난다. 율곡은 해주 석담에 집을 짓고 살 때 틈만 있으면 술상을 차려 놓고서 동생(옥산)을 시켜 거문고를 타도록 하고 시도 지으며, 서로 같이 즐기면서 스스로 이르되 마음이 통하는 벗이라 하였다고 한다. 율곡이 먼저 세상을 떠난 후에도 옥산은 율곡의 자녀들을 진심으로 돌보아 주었음을 봐도, 형제 중에서도 율곡과 옥산은 특히 서로 우애가 깊었던 사이였음을 알 수 있다.

또한 율곡이 누이였던 매창과 항상 의견을 나누고 생각을 교류하며 우애를 다져 나갔던 모습에 대한 기록도 여럿 전한다. 사임당의 그림에 붙어 있는 이서의 서화첩 발문과 매창의 부군 조대남의 묘지명, 정홍명의 「기암잡록」에도 같은 글이 전한다. "율곡이 매양 의심하는 일이 있으면 나아가 물었으며 또 저 오랑캐 난리가 있을 것을 미리 알고 있었기 때문에 모든 일에 누님의 말을 많이 좇았다 하니……."[63] 이러한 기록만 보아도 율곡은 당시 조선 사회가 여성을 가볍게 여기고 나라의 일에 여성 참여를 제한하고 있던 현실과는 상관없이 항상 누이와 의논하며 그 뜻을 함께했음을 알 수 있다. 당시 사회상을 고려하면 누이에 대한 존경과 사랑 없이는 불가능한 일이었음을 쉽게 판단할 수 있다.

형제간에 우애가 없이는 가정의 화목은 물론이고 평화도 없다. 그렇기 때문에 사임당은 자녀들이 어렸을 때부터 형과 아우가 서로 화목하며 우애 있게 지내도록 가르쳤고, 그 가르침이 그대로 실현되어 현재를 살아가는 지금 우리에게 형우제공의 표본으로 기억되고 있는 것이라 생각한다.

먼저, 뜻을 세우라

어머니의 품은 자식의 생명이 시작되는 곳이고, 또 그 품에서 자아감이 형성되기 시작하는 곳이다. 또한 그런 어머니의 품은 자식이 그 품을 떠나 홀로서기를 할 수 있도록 가르치는 곳이기도 하다. 그 자식이 사회의 일원이 되면서 많은 어려움과 고난에 대처할 수 있도록 어머니는 따뜻한 사랑으로, 때로는 따끔한 회초리로 자식을 키워야 한다. 그 교육의 중심에서 사임당은 7남매의 자식들에게 입지(立志)의 중요성을 강조하였을 것이다. 스스로 지은 자신의 호 '사임당'에 나타나듯이, 태임을 본받고자 했던 그 뜻은 태임이 현(賢), 엄(嚴), 의(義), 자(慈)의 여성으로서 갖추어야 할 네 가지 도리를 고루 겸비한 여성으로 중국에서는 물론 조선 사회에서도 여성 군자로 추앙되고 있는 인물이었기 때문이다. 오직 덕(德)만을 행했다 전하는 태임처럼 사임당 자신도 덕을 실천하여 규방 안의 좁은 현실에 굴하지 않고 군자의 길을 걷고자 했을 것이다. 이렇게 어려서부터 인생의 목표를 바르게 세우는 것이 그 사람의 평생을 좌우할 정도로 중요함을 알았던 사임당은 7남매에게 입지의 중요성을 일깨워 주었다.

입지란 한자 뜻 그대로 '뜻을 세우는 것'이다. 어떤 일을 행함에 있어서 근본이 되는 마음 자세인 입지를 통해 일생의 목표를 뚜렷이 정하고 이를 위해 나아가다 보면 항상 초심을 마음에 되새기게 되어 스스로 실천하는 삶을 살 수 있는 것이다. 조선 시대 대표적인 초학 입문용 교재로 손꼽히는 『명심보감』「입교편(立教篇)」에도 입지의 중요성이 나타난다.

> 일생의 계획은 어릴 때에 있고, 일 년의 계획은 봄에 있고, 하루의 계획은 새벽에 있다. 어려서 배우지 않으면 늙어서 아는 것이 없고, 봄에 밭을 갈지 않으면 가을에 바랄 것이 없으며, 새벽에 일어나지 않으면 그 날의 할 일이 없다.[66]

일생의 계획이 어릴 때 행해져야 함을 말하는 것으로, 이는 학문을 시작할 때 바른 뜻을 세워 실천해야 함을 강조하는 것이다. 사임당이 7남매에게 처음 학문을 가르치기 시작할 때 먼저 『명심보감』의 이 구절부터 가르치지 않았을까.

사임당이 입지를 강조하여 교육했음은 맏아들 선의 일화를 통해서 짐작해 볼 수 있다. 맏아들 선은 어려서부터 어머니 사임당으로부터 학문을 익혀 여러 번 과거에 응시하였으나 번번이 뜻을 이루지 못했다. 그럴 때마다 입지를 강조하며 용기를 북돋아 준 사람이 바로 어머니 사임당이다. 어머니라면 당연히 그래야지 생각할 수도 있겠으나 과거를 응시한 기간을 생각해 본다면 결코 쉽지 않은 일이다. 율곡이 과거에 처음으로 응시하여 진사시(進士試)에 장원한 것이 열세 살이라고 하니, 선은 그보다 늦은 20세 정도에 과거에 응하였다고 하더라도 과거를 준비한 기간만 20년이 넘는 셈이다. 입지가 굳건하지 않았다면 선은 41세 늦은 나이에 진사에 오를 수 없었을 것이다. 더 나아가 유일한 스승이었던 어머니 사임당의 교육이 없었다면 중간에 포기하지 않았을까 싶다.

사임당이 입지를 강조한 것처럼 율곡 역시 입지의 중요성을 강조하고 있다. 율곡은 인생을 설계하는 데 있어서 무엇보다도 입지를 가장 중요하게 생각했다. 그런 까닭에 율곡의 사상을 엿볼 수 있는 대부분의 저서 서두에서 모두 입지를 다루고 있다. 그만큼 입지는 율곡 사상의 두드러진 특색으로 평가받고 있다. 율곡이 입지의 중요성을 처음으로 기록한 것은 20세 때 자기를 스스로 경계하기 위해 쓴 글인 「자경문(自警文)」에서이다. 그 첫 번째에 "먼저 그 뜻을 크게 가져 성인으로서 표준을 삼아 털끝만큼이라도 성인에 미치지 못한 동안은 내 할 일이 끝난 것 아니니라."[65]고 쓰며 성인의 표준 역시 입지부터 시작함을 말하고 있다. 또한 40세에 선조에게 지어 올린 제왕학의 지침서로 평가받는 『성학집요』의 첫 부분 역시 입지로 시작하고 있다.

> 신이 살펴건대 학문을 닦음에 있어 뜻을 세우는 것보다 앞서는 것이
> 없습니다. 뜻을 세우지 않고서 능히 공부를 이룬 이는 없습니다. 그

러므로 '몸을 닦는(修己)' 조목에 '뜻을 세우는 것(立志)'을 우선으로 삼았습니다.**66**

'수신제가치국평천하'의 이념을 구현하는 것이 왕도 정치의 기본이라고 보았던 율곡은 임금 선조에게 수신하기 위해 입지가 우선시 되어야 함을 지적하고 있다. 임금에게 직접 지어 올린 흔치 않은 저서에서도 율곡은 입지를 강조한 것이다. 또 42세 때 지은 『격몽요결』첫머리에도 입지에 관한 장을 두었다.

처음으로 배우는 사람은 먼저 모름지기 뜻을 세우고, 꼭 성인이 되기를 자기의 목표로 하여, 한 터럭만큼도 스스로 적게 여겨 물러서고 미루려는 생각을 가져서는 안 된다. … 또 무릇 사람이 스스로 뜻을 세웠다고 하면서도 곧 노력하지 않고 머뭇거리며 기다리는 것은 명목상으로는 뜻을 세웠다고 하나 실은 배움으로 향하는 성의가 없기 때문이다.**67**

이 입지 장에서는 뜻을 세우는 것만이 아닌 그에 따른 노력도 강조하고 있다. 그리고 47세에 지은 「학교모범」에서도 16조의 규범 중 첫 조에서 입지를 강조했는데, 여기에서 말하고자 하는 입지는 그동안 율곡이 모든 저서에서 강조했던 바를 총망라해 놓은 듯 입지에 이르는 방법까지, 그래서 성인에 이르는 길까지 설명하고 있다.

처음은 뜻을 세움이니, 배우는 자는 먼저 뜻을 세워야 하며 도로써 자신의 임무를 삼아야 한다. 도는 높고 먼 것이 아닌데도 사람이 스스로 행하지를 않는다. 온갖 선한 것이 다 나에게 갖추어 있으니, 달리 구할 필요는 없다. 다시 망설이거나 기다릴 것도 없으며, 더 이상 두려워하거나 머뭇거릴 것도 없다. 곧바로 천지로써 마음을 세우고, 민생으로부터 표준을 삼으며, 옛 성인을 표준 삼아 끊어진 학문을 잇고, 만세를 위하여 태평을 열어 주는 것으로 표적을 삼아야 한다. 물러서서 스스로 앞길에 한계선을 긋는 생각이나 우선 편안한 것을 바라서 스스로 용서하는 버릇은 털끝만큼도 가슴속에 싹트지 못하게 해야 한다. 훼방과 명예, 영화로움과 욕됨, 이득과 손해, 화와 복, 이런 것들이 마음을 설레게 말아야 하며 분발하고 힘써서 기어코 성인이 되고 말아야 한다.[68]

이처럼 율곡의 입지에 대한 생각은 20세에 지은 「자경문」에서 47세에 지은 「학교모범(學校模範)」에 이르기까지 그의 생애를 통하여 교육 사상의 핵심으로 저서 전반에 걸쳐 변함없이 추구되고 있다. 평생을 특히 율곡의 40세 이후 학문의 처음은 모두 입지로 대표되고 있는 것이다.

이처럼 사임당은 자신이 스스로 당호를 정하고 입지를 세웠던 것처럼 7남매의 자녀들도 자신이 걸어갈 인생의 목표를 스스로 결정할 수 있도록 하였을 것이다. 자신이 스스로 정한 목표를 향해 노력하고 실천할 수 있도록 격려하고, 설사 어렵고 힘든 일이 있더라도 포기하지 않고 끝까지 힘써 행할 것을 가르치고 또 가르쳤을 것이다. 『논어』「양화」편에는 "인간의 본성은 서로 비슷하지만 배우고 익힘에 따라 서로 달라지고 멀어진다."[69]는 말이 있다. 누구에게서 어떤 가르침을 받고 어떻게 익히느냐에 따라 군자가 될 수도 있고, 소인이 될 수도 있다. 21세기 우리 시대의 교육은 아이들을 빨리 키우려고만 한다. 과정보다는 결과에 치중하여 바르게 키우기보다 빨리 키우려는 데 초점을 맞추고 있다. 아이들이 뜻을 세울 시간을 주지 않는다. 그 뜻도 어머니가 자본주의 시대에 맞춰 맞춤형으로 제시해 주는 일이 허다하다. 500년 전 이 땅에서 일곱 명의 자식 농사를 지은 사임당의 교육 사상에 대한 직접적인 기록은 없다. 다만 사임당이 직접 실천으로 보여 준 본보기 교육만이 전할 뿐이다.

사임당의 본보기 교육이 4남 3녀에게 어떻게 실현되었는지 7남매의 행적과 저술 그리고 남아 전하는 작품들을 통해 간략히 살펴보자. 먼저 사임당의 재능을 이어받아 예술 분야에 두각을 나타낸 맏딸 매창과 막내아들 옥산을 먼저 살펴보고, 다음으로 학문으로 두각을 나타낸 율곡, 다음으로 나머지 자녀들 순으로 살펴보겠다.

맏딸 매창(梅窓, 1529~1592)은 어머니 사임당의 재능과 영특함을 가장 많이 이어받았다. 바느질과 자수는 물론이고, 학식과 지혜와 인격과 시와 글씨, 그림에 이르기까지 사임당을 이어받은 훌륭한 여인이었다. 깊은 학문과 예술적 재능이 어머니 사임당을 그대로 빼어 후대 사람들은 '작은 사임당'이라고 불렀다 한다. 옥산의 8대손 되는 이서(李曙, 1752~1809)가 남긴 「집안에 전해 오는 서화첩 발문(家傳書畫帖跋)」중 매창에 관한 기록을 살펴보자.

매창은 부녀자 중의 군자다. 일찍 어머니(신사임당)의 교훈을 받들어 여자의 규범을 좇았고 또 그 재주와 학식이 보통 사람보다 지나쳐 깊은 지혜와 원려를 가졌던 이라 세상이 전하되 선생(율곡)이 매양 의심하는 일이 있으면 나아가 물었으며 또 저 오랑캐 난리가 있을 것을 미리 알고 있었기 때문에 (모든 일에) 누님의 말을 많이 좇았다 하니 본시부터 천품도 훌륭했으려니와 교훈 받은 힘도 역시 큰 바 있었음을 숨길 수 없다. 요즘 우연히 선조의 옛 문적을 뒤지다가 수백 년 뒤에 문득 그 끼친 필적을 보매 시의 운치는 청신하며 그림 솜씨는 정교하여 그야말로 이른바 '이 어머니에 이 딸이 있다'는 그대로라 그를 사랑하면 그 집 지붕 위에 앉은 까마귀조차도 사랑한다는 말과 같이 그 끼친 필적을 아끼는 생각이 일어나 그림은 옥산의 조그마한 그림 오른편에 붙이고 시는 어머니 신사임당의 시구절 아래다 이어 두거니와 그림은 무릇 여섯 첩이요, 시는 겨우 두어 편이다만 한 점 고기로써 온 솥 국 맛을 알 수 있는 격이라 구태여 많아야만 할까 보냐.[70]

이 기록에 의하면 매창은 지혜가 출중하였음은 물론이고, 시와 그림에도 뛰어났음을 알 수 있다. 지금 이서의 자손 되는 집안에 그때의 서화첩이 그대로 전하기는 하나, 매창의 시는 불행히도 없고 다만 그림 여섯 폭만 전한다고 한다. 또 매창의 지혜는 율곡에게까지 많은 가르침을 주었음을 알 수 있는데,『율곡전서(栗谷全書)』「제가기술잡록(諸家記述雜錄)」에 수록된 정홍명(鄭弘溟, 1592~1650)의 「기암잡록(畸菴雜錄)」에는 다음과 같이 전한다.

율곡이 항상 그 누이에게 모든 일을 자문하는 것이었는데 계미년 북쪽 오랑캐의 난리가 일어나자 군량이 군색하여 걱정함을 보고 그 누이가 율곡에게 이르되 오늘 시급히 해야 할 일은 모든 사람들로 하여금 즐거운 마음으로 따라오게 하는 데 있고 그래야만 이 어지러운 판국을 건질 수 있을 것이다. 그런데 우리나라에서 남의 집 자식으로도 서자 계통이면 등용해 주지 않고 그들의 길을 막아 버린 지 이제 백

년이 넘는 동안에 모두들 마음에 울분한 생각을 참지 못하고 있는 터
인즉 이왕이면 그들에게 곡식을 가져다 바치게 하고 그 대신 벼슬길
을 터 준다면 사리에도 옳고 군량도 변통될 것이 아니겠느냐 하였다.
그래서 율곡도 그 말에 감탄하고 또 그대로 위에 계청한 일이 있었
다.[71]

매창은 율곡이 지혜를 구할 정도로 현명한 여인이었음은 물
론이고 신분 문제에 대해 시대를 앞선 진정한 해답까지 제시
한 선구자적인 여인이었다. 또한 매창의 부군인 조대남(趙大男,
1530~1586)의 묘표명에도 "여사는 능히 경전과 시가에도 통하여
사리를 널리 알기 때문에 율곡이 크고 작은 일에 매양 의심나는
일이 있으면 문득 여사에게 나아가 자문하는 것이었다."라는 기록
이 전한다.[72] 전하는 기록만 살펴보아도 매창의 높은 지혜와 식견
이 율곡을 통해서 세상에 전해졌음을 알 수 있다.

어머니 사임당의 남다른 교육과 지지 덕분에 아마도 매창의 손
에서 많은 작품이 나왔겠지만, 극히 단편적인 후대 기록과 몇 점
의 전칭작[28]이 있을 뿐이어서 매창의 예술 세계를 논하기는 무척
어렵다. 지금 전하는 매창의 작품 「달과 매화」와 「참새와 대나무」

---

28 전칭작(傳稱作)은 작품에 작가의 이름은 없지만 학자 등에 의해 특정 작가의 것으로
확인된 작품을 뜻한다.

두 점을 중심으로 매창의 예술 세계를 살펴보겠다.

「달과 매화(月梅圖)」는 묵화(墨畫)이고, 바탕은 종이, 규격은 길이 36.1cm, 너비 25.2cm, 수량은 한 폭으로 현재 옥산 이우의 국화꽃 그림과 같은 첩으로 꾸며져 강릉 오죽헌 율곡기념관에 소장되어 있으며, 나머지 다섯 폭은 이장희의 구장품으로 전한다.

이들 여섯 폭에는 모두 '덕수인(德水人)'이라 새긴 양각의 주문방인(朱文方印)[29]이 찍혀 있는데, 이는 덕수 이씨 매창을 지칭하는 것으로 풀이된다. 이들 여섯 폭은 매화가 두 폭이고, 나머지 네 폭은 모두 계절 감각을 살려 새와 식물을 그린 '사계화조도(四季花鳥圖)'로 볼 수 있다. 뭉툭하게 잘린 굵은 나무줄기가 화면의 중앙 하단에 안정된 형태로 배치되어 있고, 옆으로 또는 수직으로 뻗어 올라간 마들가리들의 가늘고 힘찬 모습, 몇 송이는 안 되지만 탐스럽게 매달려 있는 꽃들과 꽃봉오리, 그리고 오른쪽 상부의 여백을 거의 다 채울 만큼 큼직한 보름달 등 조선 초기에서 중기로 넘어가는 시기의 전형적인 묵매(墨梅) 양식을 보여 준다.[73] 현재 전하는 매창의 그림 가운데 신사임당의 작품에 준하는 동등한 평가를 받고 있는 작품이다.

다음은 사계화조도의 하나인 「참새와 대나무」에 대한 평가이

---

[29] 주문방인(朱文方印)은 글자나 그림 따위를 도드라지게 양각으로 새겨 종이에 찍었을 때 글씨가 붉게 나오는 사각 모양의 도장이다.

「달과 매화(月梅圖)」, 이매창 | 36.1×25.2cm, 강릉시오죽헌 · 시립박물관 소장

다. 거의 정사각형에 가까운 화면에 약 40도 경사의 흙으로 쌓아올린 둑이 오른쪽 하단을 차지하며 그 위에 대나무 두 그루가 죽순과 함께 자라고 있으며, 그 사이에 참새 한 마리가 위를 올려다보고 있다. 이 새의 시선을 따라 올라가면 또 한 마리의 새가 공중에 날고 있어 전체적으로 매우 동적인 대각선 구도를 이룬다. 비교적 자연스러운 지면 위의 새 모습에 비해 공중의 새는 매우 부자연스러운 자세를 보인다. 마치 새가 나뭇가지에 거꾸로 매달려 있는 자세에서 가지를 생략해 버린 듯하다. 사임당의 물새 그림에 비해 좀 더 활기가 있고, 대나무 역시 사임당의 묵죽에 비해 잎이 좀 굵고 짙은 먹을 구사하여 힘찬 느낌을 준다. 공중에 떠 있는 참새를 아래로부터 올려다본 모습을 포착하는 데 다소 무리가 있었던 듯 한쪽으로 치우진 날개라든지 몸 전체의 유기적 연결에 어색한 점이 보이지만, 여기화가(餘技畵家)의 예스럽고 소박한 수법임을 감안한다면 오히려 신선한 느낌마저 든다.[74] 매창의 그림은 사임당의 정적인 구도와 느낌에서 동적인 구도로 이어 주는 역할을 했다는 점에 그 의의가 크다고 평가된다.[75] 이처럼 매창은 사임당의 재능은 물론 덕성까지 '그 어머니의 그 딸'이라는 말이 부끄럽지 않을 정도로 대를 이어 빛나는 존재가 되었다 하겠다. 여성들이 처했던 상황이 여러 가지로 불리한 시절에 대를 이어 빛나는 존재가 되었다는 것은 그 자체만으로도 큰 의미를 부여할 수 있다. 그리고 거기에 높은 인격과 덕까지도 대를 이어 밝혀 주었으니 그 위상은 가히 우리 민족 어머니의 모습이라 감히 말하고 싶다.

「참새와 대나무」, 이매창 | 34.7×27.1cm, 강릉시오죽헌 · 시립박물관 소장

「물새」, 신사임당 | 20.2×14.5cm, 강릉시오죽헌 · 시립박물관 소장

「설경과 새」, 이매창 | 34.7×30cm, 강릉시오죽헌 · 시립박물관 소장

「참새」, 이매창 | 34.8×30cm, 강릉시오죽헌 · 시립박물관 소장

「달과 새」, 이매창 | 34.8×30cm, 강릉시오죽헌·시립박물관 소장

「묵매도」, 이매창 | 120×57cm, 강릉시오죽헌 · 시립박물관 소장

「연무 속의 매화」, 이매창 | 34.7×27.8cm, 강릉시오죽헌·시립박물관 소장

사절(四節)로 불리다

넷째 아들 우(瑀, 1542~1609)는 사임당의 7남매 중 막내다. 처음에 이름을 위(瑋)라 썼으나 후에 우(瑀)로 고쳤다. 자는 계헌(季獻)이며, 호는 옥산(玉山), 죽와(竹窩), 기와(寄窩)라 불리었다. 사임당의 네 아들 중에 셋째 율곡이 사임당의 덕행과 인격과 학문을 이어받아 확대시켰다면, 넷째 옥산은 그 어머니의 예술적 재능을 계승했다고 볼 수 있다.

옥산은 어머니 사임당이 친정에서 한양 수진방으로 옮긴 이듬해인 중종 37년(1542년) 7월 9일에 태어났다. 사임당의 모든 자식이 효성이 깊었다 전해지는데 옥산 또한 예외는 아니었다. 20세에 아버지 이원수가 세상을 떠난 뒤에는 무덤 앞에 막을 치고 거하며 효성을 다했고, 서모가 무척 악한 편이었으나 형 율곡과 함께 모든 일에 평화를 유지할 수 있도록 정성을 다했다. 또 형 율곡이 별세한 후에도 형의 유족을 진심으로 돌보았다는 기록을 보면 과연 그의 심성이 얼마나 어질고 온유했는지 짐작할 만하다. 옥산은 26세에 생원에 올라 그 뒤에 괴산, 고부 두 고을의 군수를 역임하면서 덕망으로도 모든 사람의 칭송을 받았다. 일찍이 비안 고을에 갔을 적에는 그 고을 관리와 백성들이 어떻게나 그를 경모하고 추대했던지 만기가 되고도 그들의 소원을 따라 7년이나 더 머물러 있기까지 했다.

괴산 군수로 있을 적에는 임진왜란을 만난 51세 때인데 장정들을 모집하여 왜적과 항전하였으되 공로는 오히려 관리와 병졸들에게 돌렸다 한다. 또 적이 오고 가는 정형을 살펴서 백성들로 하여금 농사를 짓게 하여 온 고을이 모두 다 기근을 면했던 것이므로 뒤에 조정으로부터 내리는 '선무원종훈(宣武原從勳)'의 전쟁 공로자 표창을 받았다. 이렇듯 관리로서는 선정을 베풀어 청백리에 오를 정도로 청렴결백하였다. 별세할 때까지 학문에 정진하여 그 깊이 또한 깊었다고 전한다.

그러나 옥산의 진가는 벼슬보다는 학문과 예술로 그 이름이 더욱 높았으니 거문고, 글씨, 시, 그림, 이 네 가지에 뛰어난 재주를 지녀 사절(四節)로 불릴 만큼 천재적인 예술가였다. 첫째, 거문고에 있어서는 율곡이 자주 옥산으로 하여금 거문고를 타게 했는데 그 소리가 맑고 웅장하여 듣는 이들 모두 감탄했다는 기록이 전한다. 그 기록을 살펴보면, 우암 송시열이 지은 이우의 묘갈문에 "율곡이 해주 석담에 집을 짓고 틈만 있으면 반드시 술상을 차려 놓고서 아우를 시켜 거문고를 타게 하거나 시를 지으며 함께 즐기면서 스스로 이르되 지기(知己)라 하였다."[76]라고 쓰여 있다. 이를 보면 거문고에 능했음을 물론이고, 율곡과 시를 나누며 우애 있게

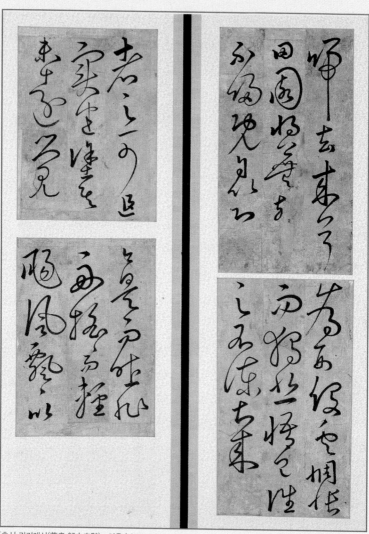

「초서 귀거래사(草書 歸去來辭)」, 이우 | 31.7~42.6×23.2~25.6cm, 강릉시오죽헌 · 시립박물관 소장

잘 지냈음을 알 수 있다. 또한 조선 중기의 문신인 외재 이단하(畏齋 李端夏, 1625~1689)는 「옥산전(玉山傳)」에 "상고하건대 거문고 보표에 올려 세상에서 옛 곡조라고 타는 것들은 모두 공이 선정한 것이라."[77]라고 적고 있다. 이것만 보아도 그가 얼마나 대단한 거문고의 대가였는지 알 수 있다. 이처럼 옥산의 거문고는 그 소리가 맑고 깊고 웅건하여 듣는 사람으로 하여금 마음을 평온하고 화평하게 하는 능력을 지니고 있었다 한다.

둘째로 글씨에 있어서는 옥산이 초년에 어떤 글씨를 배웠는지에 대해서는 자세하지는 않지만, 자신의 「논서법(論書法)」에서 "나는 옛사람의 글씨를 보기 좋아하니 조적(鳥跡)[30]이나 운종(雲蹤) 등 매우 넓어 끝이 없었다."[78]라고 했듯이 고대 글자는 물론이고, 진당고법(晉唐古法)까지 그리고 우리나라의 글씨도 두루 수용했을 것으로 보인다.

그중에서도 초년의 옥산에게 가장 큰 영향을 미쳤던 것은 어머니 사임당의 글씨였을 것이다. 옥산이 15세 되던 해에 쓴 「초서 귀거래사(草書 歸去來辭)」의 마지막 면에 "병진년 늦은 봄에 옥산이 서사하다(丙辰暮春 玉山書似)."라고 적혀 있는데, 여기서 '서사(書似)하다'는 어떤 모범이 되는 필적을 보고 유사하게 따라 썼다는

---

[30] 조적(鳥跡)은 중국 고대의 창힐이라는 사람이 새의 발자국을 보고 문자를 만들었다고 하는 옛 전설이다.

뜻으로 서화 전문용어로는 '형사(形似)'가 될 것이다. 여기서 모범이 된 필적, 즉 본보기(範本)가 무엇인지는 밝히지 않았지만 이우의 나이로 보아 사임당의 필적일 가능성이 높다. 또한 「초서 귀거래사」는 사임당의 전칭작인 「초서 당시오절(草書 唐詩伍絶) 3종」과 자형은 물론 점획, 짜임, 운필 전반에서 매우 유사하다. 특히 붓을 트는 전필(轉筆)에서 동그란 원필세(圓筆勢)가 뚜렷하고 붓을 꺾는 절필(折筆)에서 마치 해서(楷書)를 쓰듯 명료한 필법이 똑같이 나타난다. 또 점획에서도 한 글자가 시작되는 첫 획을 마치 해서처럼 곧게 긋거나 또는 중간이나 마지막 어느 한 획을 곧고 명료하게 처리함으로써 안정되고 단정한 뼈대를 구축하는 독특한 짜임을 보인다.[30]

옥산은 혼인 후에는 왕희지와 회소(懷素, 725~785)의 초서[31]에 기반을 둔 장인이었던 고산 황기로(孤山 黃耆老, 1521~1567)의 영향으로 독자적인 초서풍을 이루었다고 평가되고 있다. 조선의 명종은 "세상에 제일가는 초서의 성인(聖人)이요, 왕희지가 죽은 뒤에 손꼽는 한 사람(天下之草聖 羲之後一人)"이라고 황기로를 칭송했다. 또한 황기로의 글씨가 얼마나 뛰어났던지 중국인들이

---

31 회소의 초서는 당나라 장욱의 초서에서 비롯되었다. 장욱과 회소는 술을 좋아하여 항상 술을 마신 후에 글을 썼다고 한다. 술이 거나하게 취한 일탈의 상태에서 자유분방하게 휘갈겨 쓴 초서를 광초(狂草)라 했는데, 이러한 광초는 장욱과 회소에서 일가를 이루었고, 후에는 북송의 황정견, 명나라의 축윤명으로 이어졌다.

고산을 일러 '동국의 장욱(張旭)이라'고 칭탄했다고 한다. 장욱(張旭, ?~?)은 당나라의 명필로 초서로 저명하여 후대에 초성(草聖)으로 받들어진 인물이다. 고산 황기로는 옥산의 초서 쓰는 법을 칭찬하여 말하기를, "곱게 쓰기는 나만 못하되 웅건하기는 나보다 낫다."[80]라고 했다. 고산의 말로 보아 옥산의 글씨가 과연 어떤 위치에 있었는지를 짐작할 수 있다.

또한 우암 송시열은 「옥산시고서(玉山詩稿序)」에서 다음과 같이 말하여 이미 예전부터 옥산의 글씨가 높이 평가되었음을 보여주고 있다.

> 옥산의 글씨는 정묘하고 웅건하여 용과 뱀이 날아오르는 것 같아 그 글씨를 얻는 자는 저 값진 보석보다 더 귀중히 여기는 것이다.[81]

그뿐 아니라 옥산의 글씨 쓰는 재주가 어찌나 정교했던지 깨알 하나에다가 '거북 귀(龜)' 자를 능히 썼고, 또 팥을 두 쪽으로 쪼개어 그 한쪽 바닥에다 오언절구(伍言絶句)를 능히 쓰되 점과 획 모두 제대로 된 글씨의 체법을 조금도 잃지 않았다는 것이다.[82]

셋째로 시에 있어서도 학문이 깊고 시정(詩情)이 풍부하여 시작(詩作) 능력도 뛰어났다고 전해진다. 많은 시가 전하지는 않으나 『임영지』에 전하는 「호해정(湖海亭)」 시와 『옥산집(玉山集)』에 실린 두 편의 시로 옥산의 시작 능력을 짐작해 볼 수 있다. 우암 송시열은 「옥산시고(玉山詩稿)」의 서문에 "부스러기 금이요, 조각

보옥이라 작을수록 더욱 더 기특하다(零金片玉愈小愈奇也)."라고
쓰고 있다. 먼저 「호해정」 시를 살펴보자.

洪波萬頃達滄溟　넓은 바다 푸른 물결 아득도 한데

點點雲山繞杳冥　점점이 구름 산들 뒤에 둘렀네

眞宰蓄精開異境　하늘은 조화 부려 경치 만들고

高人覰娛搆名亭　높은 선비 그 뜻 알아 정자 지었네

一天明月分湖海　달빛 아래 분명할 사 호수와 바다

三島祥烟接戶庭　선경이라 맑은 기운 뜰에 찼구나

有客登臨迷處所　높이 오른 나그네 예가 어딘고

自疑銀漢泛槎星　아마도 은하수에 배 띄웠나뵈!

　호해정은 그 이름 그대로 호수와 바다를 배경으로 정자를 말하
는데, 호수는 경포호를 이르는 것이고, 바다는 동해를 이른 것이
다. 지금 강릉 경포대 북쪽 호수와 바다를 한꺼번에 내려다보는
곳에 자리 잡고 있는 정자이다. 옥산이 여기 와서 시를 짓고 매화
와 난초를 그린 후에 이 정자가 더욱 유명해졌다고 한다.

　조선 후기의 학자 김창흡은 옥산의 「호해정」을 읽고 "이태백이
황학루 머리에 걸린 최호의 시를 읽고 양보하고 붓을 멈추었던 것
이라 이 시도 참으로 절창(絶唱)인 것이다."라고 칭송하였다 한
다. 황학루는 중국 호북성 무창에 있는 누각이다. 당나라 때 시인
인 최호는 황학루에 올라 지은 시 한 편으로 불후의 시인이 되었

다. 이태백도 황학루에 유람 왔다가 시흥에 취해 시 한 수를 짓고
자 했으나 최호의 시를 보고 붓을 던졌다고 한다. 김창흡은 이 일
화를 들어 옥산의 「호해정」 시를 칭송하고 있는 것이다. 율곡 또한
"내 아우로 하여금 학문에 종사하게 했던들 내가 따르지 못했을
것이다."[83]라고 말한 것에서도 옥산의 학문이 얼마나 깊었는지 알
수 있다. 다음으로 『옥산집』에 전하는 두 편의 시를 살펴보자.

「甘川 値雨 到孤山 作(감천에서 비를 만나 고산에 이르러 짓다)」

洛東飛雨度長沙　낙동강 나룻가에 날리는 빗발

亂撲吟肩濕短簑　어깨 위에 흩뿌려 옷 적시더니

向晚凄風吹作雪　늦을 녘에 눈이 되어 바람에 불려

孤山千樹摠梅花　고산은 온 산 나무 모두 매화구나.

「有人 問我所居 以詩答之(누가 내 집을 묻기에 시로써 대답하다)」

君問我家何處住　내 집이 어느 곳에 있느냐고요

依山臨水掩荊門　저 산 밑 물가에 사립 닫은 집

有時雲鎖沙場路　이따금 모랫길에 구름이 덮여

不見荊門只見雲　사립은 안 보이고 구름만 뵈죠.

"시는 한편으로는 노래이다."[84]라고 하더니 옥산의 시는 자신의
마음을 노래처럼 읊은 것 같다. 매화로 뒤덮인 산 밑에 작은 집 하
나 지어 놓고 그 속에서 구름과 벗하며 지내고 싶은 옥산의 마음

이 담겨 있는 듯하다.

넷째로 그림에 있어서는 일찍이 어머니 사임당의 예술적 자질을 이어받아 그 본성을 마음껏 화폭에 표현할 수 있었기 때문에 옥산의 예술성 또한 정묘한 경지에 도달했다. 옥산의 그림이 정묘한 경지에 도달했음은 그의 8대손 되는 이서의 「집안에 전해오는 서화첩 발문」에서 찾아볼 수 있다.

> … 그리고 또 재주가 넘쳐 다른 기예(技藝)에까지 능하여 거문고 가락이 세상에 뛰어났고, 그림의 품격이 조화(造化)를 뺏어 일찍 묵화로 풀벌레를 그려 길에다 던지자 뭇 닭이 한꺼번에 쪼았으니, 이것이 바로 세상에서 이른바 세 가지 뛰어난 재주(글씨, 거문고, 그림)이거니와 …[85]

이 일화는 옥산의 그림이 그만큼 자연의 실물과 구분하지 못할 정도로 정교하고 세밀한 경지에까지 이르렀다는 것을 의미하는 글이라고 볼 수 있다. 사임당에 대해서도 이와 같은 일화가 전하는 것으로 보아 사임당과 옥산의 그림이 그만큼 정묘한 경지에 이르렀음을 또한 알 수 있다. 옥산은 초충도를 즐겨 그렸고 어머니의 영향을 받아 간결하고 섬세하게 묘사하여 그림에서 느껴지는 정취가 맑고 단아했다고 전한다. 이처럼 옥산은 7남매 형제 중에서도 누이 매창(梅窓)과 더불어 어머님 사임당의 예술적인 전통을 가장 많이 이어받았다.

옥산은 묵국(葡萄), 초충(草蟲), 어해(魚蟹), 묵매(墨梅), 묵란(墨蘭), 묵국(墨菊), 묵죽(墨竹) 등 다양한 소재의 화적을 남겼다. 사임당이 즐겨 그렸던 소재인 가지를 그린 작품과 사임당의 필치를 꼭 닮은 작품 「게」[32]와 수박, 매화, 대나무, 포도 등의 소재를 선택하여 그린 점으로 미루어 보아 소재 선택은 물론 작품의 구도와 필치까지 어머니 신사임당의 영향을 많이 받았음을 알 수 있다.

특히 강원도 유형문화재 제12호로 지정된 「묵국」은 아무런 배경이나 지면의 표시도 없이 국화를 그린 것인데, 국화꽃은 구륵법(鉤勒法)[33]으로 묘사하고 잎은 부드러운 필치의 몰골법(沒骨法)[34]으로 묘사하였다.[86] 어머니 신사임당의 수준을 능가하는 작품이다.

「묵란」은 이른 시기 난(蘭) 양식을 알려 주는 듯 굴곡 있는 묵선 한 줄로 비스듬히 경사진 지면을 나타내고 농담을 달리한 두 잎과

---

[32] 게는 청렴, 검소, 정직을 상징하는 그림의 소재로 주로 사용되었다. 게의 행동 습성을 인간의 윤리에 조응시킨 결과이다. 게는 앞으로 나아갔다가 뒤로 물러서는 것을 반복하며 먹이를 찾는 습성을 지니고 있는데, 이 습성을 인간이 지녀야 할 도리, 즉 남이 자신에게 호의를 베풀 때 무조건 사양하는 것만이 능사가 아니며, 분수에 맞으면 즐겁게 나아가 호의로 받아들이고, 분수에 넘치면 과감히 물러나 스스로를 다스려야 한다는 염(廉, 청렴할 렴)의 도리를 지녔다.

[33] 구륵법은 윤곽선으로 형태를 그린 다음 그 안에 먹이나 물감의 농담으로 표현하는 방법이다.

[34] 몰골법은 윤곽선을 그리지 않고 먹이나 물감으로 바로 그려 붓자국 자체가 형태가 되도록 표현하는 방법이다. 골(骨)이란 회화성립의 한 요소인 구체적 필선을 가리키며, 몰골은 필선의 부정이라는 뜻이다. 윤곽선을 나타내지 않고 선염을 사용하여 화면 효과를 올리는 화법으로 윤곽을 선묘로 마무리 짓는 구륵법과는 대극을 이룬다.

「가지」, 이우 | 36.9×25.6cm, 강릉시오
죽헌·시립박물관 소장

「가지와 방아깨비」, 신사임당 | 34×
28.3cm, 국립중앙박물관 소장

「게」, 이우 | 36.8×25.6cm, 강릉시오죽헌 · 시립박물관 소장

「묵국」, 이우 | 36×25.2cm, 강릉시오죽헌·시립박물관 소장

하단의 가시를 함께 나타내고 있다. 간결한 구도에 굵기의 변화를 주어 난 잎의 자연스러운 뒤틀림과 생기를 잘 포착하였다. 난의 잎과 거의 나란히 뻗친 두 대의 꽃, 그리고 담묵으로 그린 몇 개의 잎 등 단순한 구도에 농담의 변화를 가미한 작품이다.[87]

그리고 「묵매」는 부드러운 먹으로 그린 굵은 나무줄기가 가로로 배치되었고, 그로부터 나온 잔가지가 수직으로 올라가며 매화 꽃봉오리를 피우고 있는 생기가 느껴지는 그림이다.

매화와 난초 두 폭의 그림에 대한 해설과 발문을 보면, 현재 두 그림이 각각 따로 보관되어 있으나 발문과 찬시들도 매화와 난초를 아울러 말한 것으로 보아 본래 매화와 난초가 같이 붙어 있었던 것으로 보인다. 매화 그림에는 이일원(李一源)의 시가 붙어 있고, 난초 그림에는 작자 미상의 발문이 붙어 있어 서로 한 폭씩 나누어 가진 셈이다.

이일원의 화답시 「옥산매란차운(玉山梅蘭次韻)」을 보면 아래와 같이 표현되어 있다.

雲濤百畝鑑湖寬　　구름 물결 출렁이는 널따란 경호
岸有梅兮濕有蘭　　언덕 위엔 매화려니 질퍽한 벌엔 난초로고
我欲移來無健步　　옮겨 오고 싶건만 일꾼이 없어
玉山遺墨借人看　　옥산의 끼친 그림 빌려다 감상하네.

옥산의 매화와 난초 그림이 자연에 핀 매화와 난초에 뒤지지 않

「묵매」, 이우 | 36.8×22.2cm, 강릉시오죽헌 · 시립박물관 소장

「묵란」, 이우 | 43.7×30cm, 삼성미술관 리움 소장

을 만큼 사실적인 느낌과 풍취가 깃들어 있음을 극찬하는 시임을 알 수 있다. 난초 그림의 작자 미상의 발문은 다음과 같다.

옥산이 그린 난초 매화 두 그림첩이 호해정 안에 보관되어 있음은 더욱 기이한 일이다. 그 여윈 가지와 빼어난 잎사귀가 그윽하고 맑고 향기로워 저절로 얻어진 천연의 정취가 있어 바로 저 「은물결 모래달」 시와 더불어 서로 그 맑은 경지를 양보하지 않으니 그야말로 옛날 소동파가 왕유의 시와 그림을 보고 비평한 "시 속에 그림이 있고, 그림 속에 시가 있다."라고 한 말이 빈 말이 아니다. 그리고 또 호해정 주인 신군을 보매 말쑥하고 키가 커서 과연 저 갈대밭 속에서도 돋보이는 분이라 이 두 가지 보배를 다 가지고 있어 맑은 복을 누림직하다.[88]

이렇게 옥산이 호해정을 두고 시를 짓고 매화와 난초를 기념으로 그려 줘서 이 정자의 명성이 더욱 높아졌다고 한다.

옥산이 남긴 「수과초충도(水瓜草蟲圖)」는 사임당의 「수박」과 구도가 거의 같은데, 옥산의 전칭작은 커다란 수박의 꼭지가 왼쪽을 향해 있고 화면 우측 상단에 나비가 한 마리, 우측 구석에 여치가 한 마리 추가되었다. 사임당의 「수박」에서 곧바로 난 강아지풀이나 수박 넝쿨의 힘 있는 모습에 비하면, 옥산의 작품은 매우 부드러운 필치로 좀 느슨한 느낌마저 든다. 섬세한 사임당의 「수박」에 비하면 그저 습작 정도의 그림으로 보인다.[89]

「수과초충도(水瓜草蟲圖)」, 이우 | 26.5×20cm, 서 　　「수박」, 신사임당 | 50×35cm, 개인 소장
울대학교박물관 소장

「수과초충도」는 수박과 그 넝쿨 사이에 메뚜기, 나비, 풀 등을 곁들인 그림으로 시든 수박 잎과 넝쿨이 다소 산만한 감을 주나, 대신 자유스러운 운필의 묘를 잘 느낄 수 있는 작품이다. 수박과 넝쿨, 잎 등은 담묵으로 가볍게 칠한 위에 진한 필선으로 수박의 무늬, 잎맥을 덧칠했으나 막히지 않는 자유분방함이 화면 위에 자연의 흥취를 가득 전하고 있다. 이우의 이러한 자유분방한 필치는 어머니 신사임당의 섬세함과 일견 차이가 있어 보이나, 생활 주변의 작은 대상을 따뜻한 눈으로 관조하고 자유로운 마음으로 화면에 옮겨 놓은 점에서는 일치하는 면이 있다.[90] 이 초충도는 전체적인 구도가 사임당의 그것과 흡사한 특징을 띠고 있으며, 더불어

「포도」, 이우 | 36.8×21.8cm, 강릉시오죽헌·시립박물관 소장

「묵포도」, 이우 | 86×62.7cm, 강릉시오죽헌·시립박물관 소장

옥산의 무르익은 그림 솜씨를 엿볼 수 있다.

이 밖에 두 점의 「묵포도」가 전하는데, 이 두 점은 크기도 다르고 묘사 양식도 다르다. 이우의 포도 그림은 사임당의 전칭작 포도 그림의 간결한 구도를 어느 정도 답습했으며, 덩굴손이 감기는 모습이나 포도 잎의 잎맥 묘사 등에서도 유사점이 보인다.[91]

이상에서 살펴본 것처럼 옥산 이우의 전칭작들은 화목에 따라 필치와 양식이 다양하게 나타난다. 하지만 옥산이 회화 유적이 많이 남아 있지 않은 조선 중기의 인물이기 때문에 그에 관한 문헌 기록들은 그를 막연히 '사절'로 칭하고 있을 뿐이고, 옥산의 회화에 관한 구체적 언급은 없다. 하지만 옥산은 조선 초기에서 조선 중기로 넘어가는 과도기에 다양한 전칭작을 남겼다. 국토를 초토화시켰던 잦은 전란과 중국 등 외래 회화의 강한 영향에도 불구하고 옥산이 우리만의 특성을 계속 유지하고 화폭에 담아낼 수 있었던 이유는 우리의 것을 지키려는 의지가 강했기 때문일 것이다.

퇴계와 쌍벽을 이룬 조선 최고의 학자

율곡 ●

셋째 아들 율곡 이이(栗谷 李珥, 1536~1584)는 우리 민족의 역사상 학문과 철학에 있어서 퇴계 이황(退溪 李滉, 1501~1570)과 쌍벽을 이루는 조선 최고의 학자이다. 율곡은 중종 31년(1536년) 강릉 오죽헌에서 태어났다. 그의 호는 율곡(栗谷)이며, 자는 숙헌(叔獻)이며, 시호는 문성공(文成公)이다. 세 살 때 문자를 깨우쳤고, 이때 벌써 외조모 이씨와의 석류 문답으로 모두를 놀라게 했는데, 그 내용은 어느 날 어떤 이가 석류를 가지고 와서 선물로 주었는데, 율곡이 그 석류를 받아 들고 외조모 이씨 부인께 드렸다. 그때 외조모의 "이게 무엇과 같으냐?"는 물음에 율곡은 옛 시조의 구절 "은행은 껍질 속에 덩어리 푸른 구슬을 머금었고 석류는 껍질이 부스러기 붉은 구슬을 쌌습니다.(銀杏殼含團碧玉, 石榴皮裏碎紅珠)"라고 대답하였다 한다.

네 살 때에는 중국의 역사책을 간략하게 기록한 『사략(史略)』 초권을 배우면서 '제위왕초불치제후개래벌(齊威王初不治諸侯皆來伐)'을 읽는데, 스승이 구절을 떼기를 "제나라 위왕이 처음에 제후들을 잘 다스리지 못하여 모두 와서 쳤다."고 '齊威王初不治諸侯'에서 구절을 떼어 읊었는데, 율곡은 따라 읽지 않고 "선생님, 구절을 그렇게 떼어 읽을 것이 아니라 '제나라 위왕이 처음에 정치를 잘하지 못하자 제후들이 모두 와서 쳤다.'고 '齊威王初不治'에서 구두를 떼어 새겨야 옳지 않겠습니까?" 하여 스승을 크게 놀라게 하였다는 일화도 전한다. 네 살 때 이미 문맥의 흐름을 이해하여 스승의 잘못된 구절 해석을 정정할 정도로 율곡의 학문은 상당한 수준이었던 것이다.

특히 7세에 지었던 「진복창전(陳復昌傳)」은 율곡이 사람 됨됨이를 파악할 정도로 식견을 갖추었음을 보여 준다. 이 진복창이란 자는 소윤 윤원형의 심복으로 을사사화 때 마음에 들지 않는 사람들은 모두 죽여 '독사'라 불렸고, 충언(忠言)을 해주는 스승 또한 역적으로 몰아 죽인 인물이다. 이런 자의 소행이 드러나기 전에 율곡은 이미 "군자는 덕을 안으로 쌓기 때문에 그 마음이 늘 평탄하고, 소인은 악한 것을 안으로 쌓기 때문에 그 마음이 늘 편안치 않은 법이다. 내가 복창의 사람됨을 보니 속으로는 편안치 않은 생각을 품고 겉으로는 평탄한 체하는 것이라. 저 사람으로 하여금 권세를 부리게 한다면 뒷날 걱정스런 일이 어찌 끝이 있으리오."[92] 라고 평가한 것이다. 율곡의 예언대로 진복창은 결국 윤원형의 미움을 받아 유배되어 죽었다.

8세 때에는 「화석정」 시를 지었고, 9세 때에는 형제들이 어버이 받드는 그림 「구세동거(九世同居)」를 그려 집안사람들 모두를 감탄케 했다. 10세 때에는 자신이 뛰어놀던 경포대에 올라 그 유명한 「경포대부(鏡浦臺賦)」[35]를 썼는데, 이때 벌써 학문이 성숙되어 장편의 부(賦)를 짓기에도 전혀 부족함이 없을 정도였다. 13세에는 진사 초시에 급제하여 학자로서의 위치를 군건히 지켰다. 큰형 선이 41세에 진사에 올랐는데, 율곡은 선보다 16년 먼저 진사에 합격한 것이다.

20세에는 불교의 이단됨을 깨닫고 유학으로 돌아온 뒤에 스스로를 경계하기 위해 「자경문(自警文)」을 지어 인생관을 확고히 다졌다. 스스로 경계하기에 가장 중심이 되는 것은 자신의 뜻을 확고하게 세우는 입지(立志)와 모든 악은 혼자 있을 때 삼가지 못해서 생기는 것이므로 혼자 있을 때 삼갈 줄 알아야 한다는 신독(愼獨)을 강조하고 있다. 또한 학문에 힘써야 함을 강조하면서 학문이란 죽은 뒤에야 그만두는 것이니 효과를 빨리 구하고자 하는 것은 이익을 탐하는 마음이라고 스스로 경계할 것을 강조하고 있다.

또한 23세 때 별시에서 장원급제한 「천도책(天道策)」[36]은 그 문장이 너무도 유명하여 중국에까지 널리 알려졌다. 그 후 율곡은

---

[35] 경포대는 관동팔경(關東八景)의 하나이며, 강원도 강릉의 해안에 있는 누대로, 고려 충숙왕 3년(1326년)에 박숙(朴淑)이 창건하고, 조선 중종 3년(1508년)에 한급(韓汲)이 이건하였다. 율곡 선생이 출생한 오죽헌이 이 인근에 있다.

[36] 이이가 23세(명종 13년)에 응시한 별시의 시험 과목인 책문(策問)에서 작성한 문장이 「천도책(天道策)」이다. 책문은 정치에 관한 계책을 물어서 답하게 하는 과목이다.

「성학집요(聖學輯要)」, 이이 | 32×21.5cm, 강릉시오죽헌·시립박물관 소장

아홉 번 과거 시험에 장원급제하여 '구도장원'으로 이름을 떨치고, 29세 때 호조좌랑의 벼슬에 처음 나갔으며, 이로부터 49세에 세상을 떠날 때까지 대사간, 대사헌, 대제학, 호조판서, 병조판서 등의 관직을 두루 역임하였다. 그는 여러 관직을 거치면서도 학문 연구를 게을리하지 않았으며 학술서 편찬과 지역 발전을 위해서도 적극적인 노력을 기울였다.

40세에는 『성학집요(聖學輯要)』[37]를 지었는데, 군왕의 도에 대해서 근본적인 체계를 세워 서술하였다. 『성학집요』가 제왕학의

---

37 『성학집요(聖學輯要)』는 율곡이 40세 때(선조 8년) 홍문관 부교리로 있으면서 저술한 제왕학의 지침서이다. 『대학』의 내용을 중심으로 성현의 말들을 모아 정리한 것으로 통설(通說), 수기(修己), 정가(正家), 위정(爲政), 성학도통(聖學道通)의 5편으로 구성되어 있다.

지침서라고는 하지만, 반드시 제왕만을 위한 책은 아니었다. 이 책 서문에 "이 책은 주로 임금의 학을 주로 하였으나 실제로는 윗사람이나 아랫사람에게 통하는 것이니 배우는 사람은 이를 널리 보고 귀속이 없는 자는 이로써 학업의 공을 거두어 반약(反約)의 방법을 얻을 것이다. 배움을 잃고 고루하고 견문이 좁은 자는 마땅히 이것으로서 힘을 이루어 배움의 방도를 정하면 배움에 있어 빠르고 느림은 있으나 모두가 유익할 것이다."[93]라고 한 것을 보면, 자신이 제시하는 학문의 방법이 특정한 사람에게만 적용될 수 있는 것이 아니라 학문에 뜻을 둔 모든 사람들에게 적용되리라 생각한 것이다.

42세가 되던 해에는 처가인 해주의 석담으로 물러나 그곳에 은병정사(隱屛精舍)를 세워 후진 양성에 주력하였고, 파주 율곡리에 내려가서는 학문을 시작하는 학생들을 가르치기 위한 저서『격몽요결(擊蒙要訣)』[38]을 지었다. '격몽'은 몽매한 것을 물리친다는 뜻이고 '요결'은 가장 중요한 방법이란 뜻으로, 몽매한 것을 물리치

---

[38]『격몽요결(擊蒙要訣)』은 1577년(선조 10년)에 일반 학도들에게 도학(道學)의 입문을 지시하기 위해 저술한 책이다. 본문은 입지(立志), 혁구습(革舊習), 지신(持身), 독서(讀書), 사친(事親), 상제(喪制), 제례(祭禮), 거가(居家), 접인(接人), 처세(處世) 등 10장으로 구성되어 있으며, 책 끝에 사당도(祠堂圖), 시제도(時祭圖), 설찬도(設饌圖)와 제의(祭禮)의 출입의(出入儀), 참례의(參禮儀), 천헌의(薦獻儀), 고사의(告事儀), 시제의(時祭儀), 기제의(忌祭儀), 묘제의(墓祭儀), 상복중행제의(喪服中行祭儀) 등이 수록되어 있다.

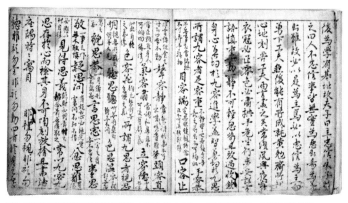

『이이수필격몽요결(李珥手筆擊蒙要訣)』, 이이 | 23.7×24cm, 강릉시오죽헌·시립박물관 소장

는 중요한 방법을 적은 책이란 의미이다. 사람이 이 세상에 태어나서 학문이 아니면 올바른 사람이 될 수 없음을 말하여 인간답게 살기 위해서는 마땅히 학문에 힘써야 함을 강조하고 있다. 그 방법으로는 "아버지가 되어서는 마땅히 사랑하고, 자식이 되어서는 마땅히 효도하고, 신하가 되어서는 마땅히 충성하고, 부부가 되어서는 마땅히 분별이 있고, 형제가 되어서는 마땅히 우애하고, 젊은이가 되어서는 마땅히 어른을 공경하고, 친구가 되어서는 마땅히 신의가 있어야 하는 것이다."[94]라고 했다. 결국 유교 오륜의 이념을 구현하는 방법으로, 이를 실천하기 위한 방법을 10개의 장으로 나누어 설명하고 있다. 『격몽요결』에서도 첫 장에 '입지장(立志章)'을 두어 학문의 출발에 있어 그 뜻을 세우는 것이 가장 중요함을 강조하고 있다.

또한 47세에는 왕명에 의해 「학교모범(學校模範)」도 저술하였다.「학교모범」은 선조 15년(1582년)에 지어 올린 교육서로 모두 16조로 되어 있다. 율곡의 모든 교육 사상이 집약되어 있다고 해도 과언이 아닐 정도의 위상을 지니고 있다. 이에 그 서문을 인용하여 율곡의 교육 사상을 살펴보자.

> 하늘이 뭇 백성을 내시매 사물이 있으면 법칙도 있다. 천부의 거룩한 덕을 그 누가 타고나지 않았을까마는, 사도(師道)가 끊어지며 교화가 밝지 못한 까닭에 진작시킬 수가 없었다. 그래서 선비의 습속이 야박해지고 양심이 마비되어, 다만 명예만을 숭상하고 실행에는 힘쓰지 않아서, 위로는 조정에 인재가 모자라 벼슬에 빈자리가 많으며, 아래로는 풍속이 날로 부패하여 윤리가 날로 무너져 없어지고 있다. 생각이 여기에 이르매 참으로 한심한 노릇이다. 이제 지난날의 물든 습속을 일소하고 선비의 기풍을 크게 변화시켜 보려고, 선비를 가려 뽑고 가르치는 방법을 다하여서 성현의 모훈(謨訓)을 대략 본받아 「학교모범」을 만들어서, 여러 선비들로 하여금 몸을 가다듬고 일을 처리해 나가는 규범을 삼게 하는 바이다. 모두 16조이니, 제자 된 자는 진실로 마땅히 지켜 행하여야 되고, 스승 된 자는 더욱 이것으로써 먼저 제 몸을 바로잡아, 이끄는 도리를 다하여야 할 것이다.[95]

　49세를 일기로 생을 마감할 때 까지 율곡은 나라를 걱정하는 그 마음 하나로 위중한 몸으로도 변방으로 향하는 이에게 방략을 알려 주었다고 하니, 나라를 근심하는 마음이 얼마나 지극하였는지를 가늠해 볼 수 있다.

율곡은 서·화보다는 덕행과 사상가로서 조선 시대뿐만 아니라 우리나라 역사에 손꼽히는 위인임은 이미 다 알고 있는 사실이다. 사임당의 수기치인과 법성현의 정신을 이어받은 율곡이 현실 문제에 커다란 관심을 가지고 그에 대한 구체적인 대안을 내놓을 수 있었던 것은 현실과 원리를 조화시키고자 한 그의 철학적 태도에서 비롯되었다고 할 수 있다.[96]

경세가로서, 교육가로서 일세를 풍미한 율곡 이이는 인간 교육의 궁극적인 지표를 최고의 이상적 인간형, 즉 성인이 되는 데 두었다. 성인이란 개인적인 수기에 그치는 것이 아닌 치자의 자세까지도 바르게 하는 것을 의미한다. 현대사회에 이르러 물질문명의 병폐성에 의해 인간성이 상실되고 있는 이 시점에서 율곡의 심오한 사상은 그 깊이와 넓이를 더한다. 그리고 이 같은 율곡의 철학은 어머니 사임당에게서 전해진 바탕임을 알아야 한다.

그 외 자녀들

맏아들의 이름은 선(璿, 1524~1570), 자는 백헌(伯獻), 호는 죽곡(竹谷)이다. 중종 19년 9월 한성에서 태어났다. 어려서부터 어머니 사임당에게 학문을 익혀 여러 차례 과거에 응했으나 뜻을 이루지 못하다가 41세 되던 해 가을에 처음으로 진사에 올랐으나 벼슬은 얻지 못했다. 그러다 6년 뒤인 47세 되던 해 한양의 남부 참봉이 되었는데 그나마도 몇 달이 채 못 되어 그해 8월에 세상을 떠났다. 그래서 율곡이 형의 관을 붙들고 친히 제문(祭文)[39]을 지어 눈물로 읽었으며, 또 손수 묘지에 새겨진 글귀까지 지었다 한다.

입신양명이란 측면에서 보면 불행한 일생을 보냈다고 볼 수 있겠으나 그가 남긴 문집을 살펴보면 학문도 결코 소홀하지 않았으

---

39 이 글은 1570년(선조 3년) 율곡이 그의 맏형 이선의 죽음을 애도하면서 지은 것이다. 율곡은 이 제문에서 맏형의 유족을 보호할 것을 맹서하면서 편안히 잠들도록 기원했다. 율곡은 형수 곽씨와 2남 2녀 조카들을 해주로 이사시켜 한솥밥을 먹으며 보살펴 형제간의 도리를 다했다.

며 인품과 성품 또한 넉넉했음을 알 수 있다. 죽곡 선의 유고(遺稿)는 현손인 신(紳)의 시대에 와서 편집되었고, 거기에 현석 박세채(玄石 朴世采, 1631~1695)가 발문을 쓴 것은 숙종(肅宗) 13년 정묘년(1687년)이었으니 죽곡이 별세한 지 170년 뒤였다. 그러나 지금은 죽곡의 유고조차 전하지 않고, 다만 문품 몇 개만 단편적으로 전하고 있다.

하지만 아래에 실린 「지낭부(智囊賦)」 같은 글에서 그의 인품과 성품은 물론 학문의 깊이까지 살펴볼 수 있다. 지낭(智囊)은 지혜 주머니를 뜻한다.

貯布帛於篋笥	베와 비단 농 속에 쌓아 둠이여
製以衣則垂弊	옷 만들어 입으면 헤어져 다하리로다
備餱糧於囊橐兮	밥과 양식 자루 주머니에 갖춤이여
散以食則難繼	풀어내어 먹으면 이어 대기 어렵도다.
維藏智而爲囊	오직 지혜를 감추어 주머니를 만들면
包無盡之奇術	무궁무진 기묘한 술책 거기 가득 차
軆雖迷於一軀	'본체'는 비록 한 몸뚱이 속에 서려 있어도
用可米於六合	'쓰임'은 천지 사방에 퍼지리로다
納乾坤於範圍	하늘과 땅을 그 속으로 들여 넣음이여
擧宇宙而囊括	우주를 온통 주머니로 휩싸나니
豈穀帛之爲比	어찌 저 곡식 비단으로야 비기리요

信用度之無極   진실로 써도 써도 그지없도다

羌富贍而廣博   어허! 많고 넉넉하여 널리 베풀매

紛出納之叵測   끊임없이 내고 들임 헤아리기 어려워라.

內具心術之運用   안에선 마음을 운용하고

外備耳目之伺察   밖으론 눈과 귀로 살필 수 있도록 갖추었나니

窺人意於不言之際   말 없는 속에서도 남의 뜻을 엿봄이여

算物情於未覯之隙   안 뵈는 거기서도 모든 물정 헤아리도다

探事理之巧拙   세상 이치 좋고 궂음 찾아냄이여

審禍福之利害   화와 복의 이롭고 해로움도 살펴 알도다

卽計之於吾事 謀一身之撙養   내게 있어선 한 몸뚱이 보양함을 도모하려니

又盡之於天下 期萬世之亨利   천하에 대해선 만세의 행복을 기약하도다.

然至工者反拙   그러나 지극히 교묘한 자는 도리어 용렬할런가

鮮不敗於無智   지혜 없는 자에게 패하지 않은 이 드물었나니

徒務術而務詐   부질없이 사휼(詐譎)한 술책이나 힘씀이요

豈患謀之不備   어찌 꾀를 갖추지 못함을 걱정하리요

諱違背於正道   바른 길에 어긋남을 숨겨 둠이여

宜速禍而招殃   마땅히 화와 재앙을 부름이로다

想得失於前史   옛 역사에 성공 실패한 일이 생각남이여

哀晁錯之中傷   저 조조[40]의 중상 입음을 슬퍼하나니

當君臣之際會　임금과 신하가 만남에 있어

輸忠悃而獻可　충성을 바치고 옳은 계책 드렸도다

竭智謀於所事　위를 섬김에 꾀와 지혜 다함이여

知有國而不知有我　오직 나라 있음만 알고 제가 있음 몰랐나니

既錫號兮智囊　위에서 호를 주심이여 그 이름 지낭(智囊)이라

尤篤志於效忠　더욱 더 충성을 다하기에 간절했을 뿐

憂吳思之不深　매양 제 생각 더 깊지 못함을 걱정하고

慮吳謀之不工　제 꾀가 더 훌륭하지 못함을 염려했도다

不避嫌而挺策　온갖 혐의 피하지 않고 방책을 세움이여

奮果斷而圖終　과감히 나서서 나라 후환 없애려고

挑七國而搆禍　일곱 나라에 도전하여 화를 만듦이여

竟受戮於讒鋒　마침내 참소의 칼날에 죽임을 당했도다.

嗟夫子之愚昧　슬프다! 저 사람의 어리석음이여

昧大道之攸宗　도덕을 숭상함에 어두웠구나

徒知智之可尚　한갓 지혜의 가상한 것만 알고

---

40 조조(晁錯, 기원전 200~기원전 154)는 한나라의 네 번째 임금인 경제(景帝)의 중요
한 모사(謀士)였다. 지혜와 모책이 뛰어나 그를 일러 '지낭(智囊)'이라 하였다. 진나라
가 단명한 역사적 경험을 종합하여 새로운 제국이 나아가야 할 방향과 철학을 제시했
던 조조는 시대가 부여한 역할을 제대로 인식하고 감당했던 모략가였다.

罔以正而飭躬　바른 길로써 제 몸 닦지 못했나니

計未行而蒙戮　계책도 못 행하고 죽임만 입었으매

奚智囊之可恃　어찌 저 '지혜 주머니'를 믿을 수 있으리

故君子之通達　그러므로 군자의 통달하는 길은

貴居正而循理　바른 곳에 처하여 순리대로 함이 상책이로다.

祇居易而俟命　다만 쉬운 데 몸을 두고 천명을 기다릴 뿐

豈行險而僥倖　어찌 모험하여 요행을 바라리요

遵大道而修行　큰 길을 따라 수행하고

勉措心於安靜　마음을 안정시킴에 힘쓸지니

不尙智而尙德　지혜를 숭상 말고 덕을 숭상하여

信保身而明哲　진실로 밝고 지혜로이 몸을 보전할지어다

重爲箴曰　이에 거듭 경계하노니

智詐者敗　사흉한 지혜 실패하고

智正者福　바른 지혜 복됨이여

因詐因正　사흉과 바름에 따라

有失有得　잃고 얻음이 있나니

盍觀於斯　어찌 이를 보고

以爲儀則　법칙 삼지 않으리요

明乎取捨　갖고 버림 밝게 하여

自强不息　끊임없이 힘쓸지어다.

　　현재 죽곡은 파주군 천현면 동문리 자운산 아래 위치한 가족

묘역에 어머니 신사임당과 아우 율곡과 함께 같은 장소에 나란히 묻혀 있다.[77]

둘째 아들은 번(璠)인데 자는 중헌(仲獻), 호는 정재(定齋)이다. 나고 죽은 연대도 전하고 있지 않고, 생전 기록이 별로 전해지지 않는다. 그러나 아우 율곡에게 벼슬에서 물러나기를 권하는 글을 쓸 만큼 학식이 높고 성격이 고상했던 것으로 전한다. 그가 남긴 「율곡에게 물러나기를 권한다(勸栗谷引退)」라는 글 한 편만 보더라도 그 학식의 높음과 성격의 고상함을 알 수 있다.

이 글은 선조 6년인 계유년(1573년)에 쓴 것으로 율곡이 38세 되던 해의 일이다. 계유년 7월에 율곡이 홍문관 직제학에 임명되자 병으로 사퇴할 것을 청했으나 받아들여지지 않아서 대궐에 들어가 세 번 상소하여 겨우 사퇴해 파주 율곡리로 돌아왔으나 9월에 다시 직제학에 임명되어 대궐로 들어갔을 때 정재 이번이 동생 율곡의 안위를 걱정하며 지은 글이다.

「율곡에게 물러나기를 권한다」 정재 이번

釋褐登任意	베옷 벗고 벼슬에 오른 뜻은
本是爲家貧	본시 집안이 가난한 때문이더니
豈期被謬恩	어찌 기약인들 했으랴
榮顯日益新	과분한 은혜 입어 영달이 날로 더할 줄
才疎不合玉堂	재주는 어설퍼 옥당(玉堂)에 맞지 않아

閭閻三懇乞身	물러나고자 대궐에 세 번이나 간청하여
幸蒙天恩許退歸	다행히도 은혜 입어 물러남을 허락받아
自謂永作一閑民	스스로 영영 한낱 한가한 백성이 되겠다더니
朝詠感君恩歌初罷	아침에 「임금 은혜 감사하는 노래」 부르자마자
暮有天書下臨津	저녁에 임금의 글발이 임진강가에 떨어지매
始知三司留章	알았네 삼사(三司)에서 상소하여
聖明悔惡召孤臣	성상이 깨닫고 외로운 신하 부르셨음을
無窮時弊孰更張	한정 없는 시국 폐단 누가 다시 바로잡을꼬
孔孟雖復出志未伸	공자 맹자 다시 나와도 그 뜻을 펴지 못하리
況乎不及孔孟者	하물며 공맹에 미치지 못하는 자가
欲致君民爲唐虞人	이 임금 이 백성을 요순[41] 같은 사람으로 만들겠다고
難矣乎迂闊儒生	어려운지고 저 어리석은 선비여
欲合柄鑿于義與仁	둥근 방망이로 모난 구멍에 이어 맞추나
宋臣皆是程朱賢	송나라 신하들이 모두 다 정자 주자였다면
應使治化均	응당 골고루 다스려졌으련만

---

41 요순(堯舜))은 고대 중국의 요임금과 순임금을 아울러 이르는 말이다. 태평성대를 이룬 제왕의 모범이 되는 임금들이다.

| 一薛居州獨如宋國何薛居州 | 설거주 한 사람이 저 혼자 송나라를 어이하 |
리요[42]

| 不如求退山林頤養精神 | 산림 속으로 물러나 정신을 기르는 것만 같 |
지 못했네

爲國臣擯不容	나라 위한 신하는 쫓겨나 용납 안 되고
爲家臣列搢紳	제집 위한 신하만이 조정에 늘어섰네.
將革一弊衆謗集	악폐 하나 고치려면 뭇 비방이 모여들고
人安舊習常因循	사람들은 옛 버릇 그대로를 지키려는데
安得復太平世	어이 다시 태평 세대를 회복하여
先仁政除族隣	어진 정사로 이웃 국가 다스리네

世之將治也	세상이 잘 다스려지면
賢能登庸 愚不肖沉淪	어진 이 등용되고 못난 것들 엎디는데
世之將亂也	세상이 어지럽자면
嫉良善如仇讎	착한 이를 원수같이 질투하나니
不如掛冠東門辭楓宸	동대문에 관 걸어 놓고 대궐을 하직함만 같
지 못하리

---

[42] 설거주는 『맹자』에 나오는 어진 인물로, 송나라 강왕(康王)을 도와 인정(仁政)을 실시할 수 있도록 천거되었다. 비록 설거주 한 사람이 선량하다고 할지라도 왕의 측근에 있는 무리들이 선량하지 못하면 왕을 도울 수 없다는 고사를 일러 말한 것이다.

다른 아들들에 비해 비록 기록은 미비하게 전하지만 이 글로 미루어 보면 번의 학문 경지도 상당히 높았음을 알 수 있다. 공맹이 나와도 그 뜻을 펴지 못할 어지러운 세상에 홀로 애쓰는 율곡의 안위를 그 누구보다 걱정했기에 차라리 조정에서 물러나기를 권하고 있는 것이다. 조정의 부패와 갖은 모략이 혹여 동생 율곡에게 미칠까 두려워하는 동생을 향한 형의 진심을 느낄 수 있는 글이다.

둘째 딸은 둘째 아들 정재 번의 다음이고, 셋째 아들 율곡의 위인 것은 확실하나 연대도 분명하지 않고 이름도 알 수 없다. 다만 율곡의 문집에서 그녀의 행적을 알 수 있는데, 그녀는 황해도 황주 윤섭에게 출가하여 살았다. 그래서 율곡이 황해도 감사로 갔을 때 그 둘째 누님의 집에 간 일이 있었다고만 전할 뿐이다.

셋째 딸도 셋째 아들 율곡의 아래요, 넷째 아들 옥산 위인 것만은 확실하나 역시 연대도 분명하지 않고 이름도 알 수 없다. 다만 남양 홍씨 집에 출가했으나 스물일곱, 여덟 살에 남편이 세상을 떠나 고생스럽게 살았다고만 전할 뿐이다.

앞에서 살펴본 것처럼 7남매의 스승은 어머니 사임당이었다. 조선 시대 여성으로서는 보기 드물게 스스로 지어 부른 당호만 보더라도 인생의 멘토를 중요시하는 지금의 교육 상황에 비추어 봐도 이미 그녀는 선구자였다. 또한 자녀들을 교육하려면 우선 본인부터 솔선수범하여 본보기를 보여 주어야 함을 묵묵히 실천한 사람이 바로 사임당이다.

우리는 흔히 부모는 자식을 가르치는 수직적 관계의 부모의 모습을 먼저 생각한다. 그러나 21세기의 교육은 부모와 자식 간의 소통이 먼저인 쌍방향 교육이어야 한다. 그런 면에서 사임당은 자식과 함께 배우고 익혀 나가는 수평적 관계의 부모 모습까지 실천한 진정한 교육자였다. 끊임없이 책을 읽고 그림을 그리는 어머니의 모습보다 더 좋은 교육은 없을 테니까 말이다.

　"문제 학생은 없고, 다만 문제 학부모가 있을 뿐"이라는 교육 현장의 목소리에 귀 기울여 이제는 부모가 먼저 바뀌어야 한다. 교육의 미래는 어머니에게 달려 있다. 그것이 바로 조선이라는 거대한 남성 사회의 틀 안에서 보다 적극적이고 당당하게 수기치인에 힘쓴 여성 군자로서의 사임당이 재조명되어야 하는 이유이다.

4
사임당의 예술 세계

시대적 한계를 극복한 천재 예술가

예술가 사임당의 드높은 위상

사임당은 당대에 높은 평가와 인정을 받았고, 조선의 여성으로서는 극히 이례적으로 다수의 작품을 남긴 예술가였다. 시·서·화 모두에 능한 삼절로 일컬어질 만큼 뛰어난 예술성과 성품을 지녀 군자의 경지에 이른 여성이었다. 조선이라는 남성 중심의 사회에서 수동적으로 살아갈 수밖에 없었던 뭇 여성들과는 달리 사임당은 능동적이고 주체적으로 '예술가의 삶'을 살았던 것이다.

하지만 현재에도 과거에도 사임당에 대한 일반의 인식은 '율곡의 어머니'와 '현모양처'라는 그릇된 이미지에 사로잡혀 있어 정작 그녀의 예술 세계는 역사 속에서 주요 관심사로 자리 잡지 못했다. 21세기에 접어들어 사임당의 예술 세계가 재조명되고 있는 추세이기는 하나 그녀의 예술성과 그 가치를 다 펼쳐 보이기엔 아직 모든 면에서 턱없이 부족하다. 현모양처라는 고정관념을 뛰어넘어, 예술가 신사임당의 진면목을 살펴보는 일이 무엇보다 우선인 것이다. 이 장에서는 사임당의 예술 작품들을 현존하는 문헌 자료들을 통해 상세히 분석, 심도 있게 고찰해 보도록 하겠다.

예로부터 시서화(詩書畵)에 능한 사람을 삼절(三絶)[43]이라 하고 시정(詩情), 서풍(書風), 화의(畵意)는 서로 상통한다고 하여 이 '시서화 삼위일체(詩書畵 三位一體)'를 아름다움의 극치라고 일컬었다.[98] 시를 짓고 시에 맞는 그림을 그리고, 그림 위에 시를 쓰는 창작 활동, 또는 그림을 그리고 그림에 맞는 시를 지어 그림 위에 알맞게 배치하여 쓰는 멋은 어느 것이 먼저라는 순서적 발상을 넘어 일체라는 차원에서 더욱 그 가치를 찾아볼 수 있다.

북송(北宋)의 곽희(郭熙, 1020?~1090?)[44]는 "그림은 소리 없는 시이고, 시는 형태 없는 그림이다.(畵是無聲詩 詩是無形畵)"라고 했고, 소동파(蘇東坡, 1036~1101)[45]는 당(唐)의 시인이며 화가인 왕유(王維, 699?~759)의 예술을 일러 "그림 가운데 시가 있고, 시 가운데 그림이 있다.(畵中有詩 詩中有畵)"라고 한 것도 모두 이런

---

[43] 삼절(三絕)은 시·서·화 세 가지에 모두 뛰어난 사람을 일컫는 말이다. 중국 당나라 현종(玄宗)이 정건(鄭虔)의 시와 글씨와 그림이 모두 절묘하다며 극찬하면서 '정건삼절'이라는 칭호를 내려준 것에서 본격적으로 사용되기 시작하였다. 조선 시대의 삼절은 세종 때 안견(安堅), 세조 때 강희안(姜希顏),, 성종 때의 최경(崔涇)이 있다.

[44] 곽희는 중국 북송 때의 화가로, 현실의 자연 경치에 얽매여 사생적인 것에 지나지 않던 그때까지의 산수화를 이상화된 마음속의 산수로 끌어올렸다. 그의 한림수(寒林樹) 묘법은 해조묘법(蟹爪描法)이라고 하며 북종화(北宗畵) 산수의 대명사처럼 되었다.

[45] 소식의 호는 동파(東坡)로 중국 북송 제일의 시인이다. 사상의 폭이 매우 넓어 유, 불, 도 사상 모두에 심취했다. 유가 사상은 그로 하여금 끝까지 관직을 지키며 지식인으로서의 사명을 다하게 하는 원동력이 되었고, 도가와 불가 사상은 곤경에 처할 때마다 쓰러지지 않도록 그를 붙잡아 주는 버팀목이 되었다. 이러한 그의 폭넓은 사상은 다양한 작품을 형성하는 토대가 되었다. "억센 듯싶으면서도 수양버들 하늘거리듯 아름다우며, 풍만한 듯싶으면서도 부드러운 맛"을 소식 시의 특징으로 평가한다. 대표작인「적벽부(赤壁賦)」는 불후의 명작으로 널리 애창되고 있다.

시화(詩畵) 일체사상을 대변하는 말이다.

성리학의 기본 수양인 수신(修身)과 내면 성찰의 절제된 감정은 작가의 예술 세계와 연결되어 그 사상이 그대로 작품에 나타난다. 특히 조선 사회에서 예술 작품은 작가의 학식과 인품과 정신을 강조하고 아울러 도덕적인 인간관까지 중시한다. 그래서 인격은 예술 작품의 창작에 주도적인 역할을 했다. 특히 유가에서의 예술은 격물치지(格物致知)로부터 수신제가치국평천하(修身齊家治國平天下)에 이르기까지 지행합일(知行合一)을 추구하기 때문에 지(知)와 행(行)은 당연히 일치하는 걸로 여긴다. 사임당은 혼인 전에는 부모에게 효도로써 지행합일을 실천하였고, 혼인 후에는 부덕을 실천하고, 또 자식들을 키우면서는 말보다는 실천으로 모범을 보여 왔으며, 자신의 예술 활동도 실천이 앞섰기에 능히 이루어 낼 수 있었다.

성리학적으로 깊은 학문적 소양과 인품을 갖추었던 사임당은 '글씨와 그림과 글은 그 사람과 같다'고 보는 '서여기인(書如其人)', '화여기인(畵如其人)', '문여기인(文如其人)'의 유가 미학에 바탕을 둔 작품으로 그녀의 예술 세계를 형상화하였다. 사임당의 작품에 담긴 예술적 정신과 인격에 반하여 노산 이은상(鷺山 李殷相, 1903~1982)은 사임당을 칭송하는 노래까지 지어 부른다.

　"사임당 신부인은 진정한 효녀로서 또한 착한 아내로서 그리고 어진
　어머니로서뿐 아니라 다른 일반적인 각도에서 보아도 분명 하나의

인격자요, 학문인이요, 시인이요, 서화(書畵)에 능한 천재 예술가였음에 틀림없습니다. 그래서 나는 사임당의 노래를 지어 부르게 했습니다."

고운 모습 흰 백합에 비기오리까

맑은 지혜 가을 달에 비기오리까

사임당 그 이름 귀하신 이름

뛰어난 학문 예술 높은 덕을 갖추신 이여

어찌 율곡 선생 어머니만이오리까

역사 위에 길이 사실 겨레의 어머니외다

겨레의 어머니외다.[99]

이은상의 노래처럼 율곡의 어머니만이 아닌 겨레의 어머니로 사임당이 역사 위에 오래 살아갈 수 있게 함은 21세기 이 시대를 살아가는 우리들의 과제다.

시로써 부모를 섬기다

시인 사임당 ●

> 시(詩)는 뜻이 가는 바이다. 마음에 있으면 지(志)요, 말로 발하면 시
> 가 되는 것이다. … 따라서 옳고 그름을 바로잡고 천지를 움직이며
> 귀신을 감동시키는 데는 시보다 가까운 것이 없다.[100]

위의 '시언지(詩言志)'는 『상서(尙書)』에 보이는 말로 시에 대한
가장 유명하면서도 제일 오래된 정의라 할 수 있다. 이 인용문처
럼 시라는 것은 마음의 뜻이 밖으로 나와 표현된 것이다. 그렇기
에 읽는 이에 따라 옳고 그름을 바로잡을 수도 있고, 천지를 움직
일 수도 있고, 귀신을 감동시킬 수도 있는 놀라운 능력을 지닌 것
임에 틀림없다.

공자는 시의 중요성에 대해 논한 대표적인 사람으로, 『논어』 「태
백(泰伯)」에서 "시를 통하여 순수한 감정을 일으키고, 예(禮)로서
자신의 주체를 확립하고, 악(樂)을 통하여 자신의 인격을 완성한
다."[101]라고 말했다. 이는 인간의 순수한 감정을 일으키기에 가장
좋은 것이 시라는 뜻이다. 또한 공자는 시를 배움으로써 얻어지는
효용에 관해서도 말했다.

시는 감흥(感興)을 불러일으킬 수 있으며, 풍속의 성쇠(盛衰)를 살필 수 있게 하며, 사람과 잘 어울릴 수 있게 하며, 윗사람의 잘못을 풍자할 수 있으며, 가까이는 부모를 섬기는 도리가 있고, 멀리는 임금을 섬기는 도리가 있으며, 새와 짐승과 초목의 이름을 많이 알게 해준다.[102]

　이처럼 유가(儒家)는 시를 매우 강조하였다. 공자가 말한 시의 효능 중에서 '가까이 부모를 섬기는 도리가 있다'고 했는데 그것을 시에 가장 잘 표현한 사람이 바로 사임당이 아닐까 싶다. 사임당이 남긴 시는 모두 어머니를 생각하며 지은 효에 바탕을 두고 있기 때문이다. 그럼 사임당의 시를 감상하기에 앞서 시를 어떻게 읽어야 할지 알아보자. 『맹자(孟子)』「만장 상(萬章 上)」편에는 어떻게 시를 읽어야 하는지에 대한 맹자의 대답이 잘 드러난다.

　시를 해설하는 자는 글자로써 말을 해치지 말며, 말로써 본래의 뜻을 해치지 말고, 보는 자의 뜻으로서 작자의 뜻에 맞추어야 시를 알 수 있는 것이다.[103]

　시는 언어예술로서 공간의 제한을 받지 않으며, 시각에 호소하는 것이 아니라 사유에 호소한다. 맹자의 이 견해는 어떻게 시를 읽어야 하는가에 대한 심오한 이해를 포함하고 있다. 맹자는 '글자로써 말을 해치고 말로써 뜻을 해칠 수 없는 것'이므로 시를 이해하는 유일한 방법은 '마음으로 시의 뜻을 받아들이는 것'이라 말한다. 특히 사임당의 시는 사임당의 마음으로 읽어야 그 절절함을 담을 수 있을 것이다.

신사임당의 학문적 경지는 매우 높았다. 일찍이 학자의 집안에서 태어나 어려서부터 유교의 경전과 명현들의 문집을 탐독하여 시뿐만 아니라 문장에도 능했음을 알 수 있다. 책과 붓을 손에서 놓지 않았을 사임당의 손끝에서 아마도 많은 작품이 탄생했겠지만 애석하게도 시댁으로 향하면서 지은 「유대관령망친정(踰大關嶺望親庭)」과 서울에서 어머니를 그리워하면서 읊은 「사친(思親)」과 낙구(落句)[46]가 지금 전하는 전부이다. 하지만 이렇게 적은 편수에도 불구하고 사임당의 시는 통찰력과 판단력이 뛰어나고 예민한 감수성을 지닌 예술가로서의 면모를 유감없이 보여 주고 있다고 평가된다. 또한 효심(孝心)으로 점철되어 있는 사임당의 시는 오늘날의 우리가 모성의 소중함을 다시금 깨달을 수 있도록 해준다.

자식을 위해서는 세상에 못할 것도, 무서울 것도 없었던 어머니. 이 땅의 모든 어머니들을 말함이다. 그러기에 사람들은 가장

---

46 낙구(落句)는 한시(漢詩) 중 오언(伍言) · 칠언(七言) 율시(律詩)에서 끝의 두 구를 말한다. 한 편의 시가 '시상의 제기, 시상의 심화 또는 전이, 감탄사, 서정적 완결'과 같이 감탄사를 경계로 하여 정서적으로 전환되는 구조를 가질 때 감탄사 다음의 서정적 완결 부분을 이르는 말이다.

힘들고 어렵고 절망적일 때 어머니를 부르며 어머니의 품에 안기기를 소망하나 보다. 그러니 우리들의 훌륭하였던 어머니들의 삶은 받는 것보다 베푸는 것을 천명(天命)처럼 생각하며 자식에게 한없는 내리사랑을 실천하고 있는 것이다. 우리나라의 오랜 역사를 통하여 드러나는 어머니의 모습은 부드러우면서도 강하고, 엄하면서도 끝없이 자애롭다. 이런 어머니를 생각하면 누군들 코끝이 찡하지 않을 수 있을까.

부친 신명화가 별세한 지 20년이 되던 해에 시어머니 홍씨가 늙어 더 이상 집안일을 돌보지 못하게 되자 사임당은 서울 시댁으로 옮겨 와 살게 되었고 62세의 늙은 어머니 이씨만이 친정에 홀로 남게 되었다. 여건이 이러하니 홀로 계신 친정어머니를 생각하는 사임당의 마음이 남다를 수밖에 없었다. 사임당에게 있어 어머니 이씨는 항상 그리움의 대상이었다. 율곡이 기록한 「선비행장」 일부에서는 이런 사임당의 심성을 나타내 주는 몇 가지 기록들을 엿볼 수 있다.

> 자당이 평소에 항상 임영(臨瀛)을 그리워하여 밤중에 사람 기척이 조용해지면 반드시 눈물을 흘리며 울고 어떤 때는 새벽이 되도록 잠을 이루지 못하였다. 하루는 친척 어른 되는 심공(沈公)의 시희(侍姬)가 찾아와 거문고를 뜯자 자당께서는 거문고 소리를 듣고 눈물을 흘리며, "거문고 소리가 그리움이 있는 사람을 느껍게 한다."라고 하셨는데, 온 방 사람들이 슬퍼하면서도 그 뜻을 몰랐다. 또 일찍이 어

버이를 생각하는 시를 지었는데 그 글귀에, 밤마다 달을 보고 비노니

(夜夜祈向月), 생전에 뵈올 수 있게 하소서(願得見生前) 하였으니,

대체로 그 효심은 천성에서 나온 것이었다.**104**

    잠 못 드는 밤 고향의 향수를 불러일으키는 어머니 생각에 뒤척이는 사임당의 모습은 어린 아들 율곡에게도 가슴 찡한 인상을 남겼음을 알 수 있다. 사임당은 38세에 서울로 올라와 이때부터 서울 생활 10년 동안에 언제나 친정에 홀로 계시는 어머님을 그리며 눈물짓지 않은 때가 없었으니 어머님에 대한 절절한 사랑이 '효'라는 아름다운 이름으로 사임당의 시 속에 그대로 녹아 있다.

    비록 작은 편수이기는 하지만 현존하는 세 편의 작품 속에서도 그녀의 지극한 어머니를 향한 효와 높은 경지에 다다른 학식, 그리고 예술가적인 모습까지 모두 볼 수 있으니 그나마 다행한 일이다. 사임당은 지극한 효녀였다. 율곡의 「선비행장」에 "성품이 또 효성스러워 부모가 병환이 있으면 안색이 반드시 슬픔에 잠겼다가 병이 나은 뒤에야 다시 처음으로 돌아갔다."**105** 라는 구절이 전하는 것만 보아도 사임당의 효성이 어떠했는가를 짐작할 수 있다. 이러한 효성은 사임당이 출가한 지 몇 달 안 되어 아버지 신명화가 세상을 떠났을 때도 출가한 몸이지만 아버지 삼년상을 마친 일화로도 그 지극함을 알 수 있다. 그럼 효로 점철된 사임당의 시를 살펴보자. 사임당은 강릉에 혼자 계신 어머님을 모시고 살다가 서울의 시어머니가 늙으셨기 때문에 아주 살림을 떠맡아야 할

처지가 되어 홀로 계신 친정어머니를 남겨 두고 떠나야 했다. 그때가 사임당이 38세 되던 해인데 떨어지지 않는 발길을 돌려 당시 여섯 살인 어린 율곡을 데리고 서울 시댁으로 가는 도중에 대관령을 넘으면서 지은 시가 바로 「유대관령망친정」이다. 대관령 마루턱에 앉아 친정어머니가 계신 북평을 내려다보는 사임당의 심정이 어떠했는지 그대로 드러나 있다.

慈親鶴髮在臨瀛　늙으신 어머니를 고향에 두고
身向長安獨去情　외로이 서울 길로 가는 이 마음
回首北村時一望　돌아보니 북촌은 아득도 한데
白雲飛下暮山靑　흰 구름만 저문 산을 날아 내리네.

「대관령」, 김홍도 | 30.4×43.7cm, 개인 소장

이 시를 지은 연대에 대하여 사임당이 결혼하여 곧 서울로 올라오며 대관령 위에서 지은 것이라는 의견도 있으나 율곡의 「선비행장」에 의하면 사임당은 19세에 혼례를 치르고도 그대로 친정에 머물러 있었기 때문에 그때 지은 시는 아니다. 또한 21세에 처음으로 서울 시어머님께 신혼례를 드리러 가는 길에 지었다는 의견도 있으나 이 역시 아니다. 그보다 훨씬 뒤인 38세 때에(율곡이 6세 때) 강릉 친정을 떠나 서울로 올라오는 도중에 대관령을 넘으며 마루턱에 앉아 북촌 친정어머니 있는 곳을 내려다보면서 이 시를 지은 것이 가장 확실하다.

이때 사임당의 친정어머니의 나이는 이미 62세의 고령이었다. 언제 세상을 떠날지 모르는 고령의 어머니를 홀로 북촌 땅에 남겨두고 서울로 향하는 사임당의 마음이 어땠을지 짐작할 수 있다. 온통 아쉬움과 서운함 그리고 홀로 계신 어머니를 모시지 못하는 안타까움으로 꽉 차올라 그 서글픔이란 이루 말할 수 없었을 것이다.

시의 내용을 간략히 살펴보면, 1, 2구에서는 백발이 되신 어머니를 홀로 두고 어쩔 수 없이 서울 시댁으로 가야 하는 쓸쓸한 마음이 고스란히 담겨 있다. 3, 4구에서는 대관령 구비를 돌 때마다 어머니 계신 곳을 바라보고 또 바라보지만 어머니 계신 곳은 아득하기만 하고 다만 그곳에는 흰 구름만 외로이 떠갈 뿐 사임당의 마음을 헤아려 주는 이는 아무도 없었다. 여기서 학발(鶴髮)은 '머리가 학처럼 희다'는 뜻으로 어머니의 늙음을 나타낸 말이며, 임영(臨瀛)은 '강릉의 옛 이름'이며, 북촌(北村)은 지금 오죽헌이 자리 잡고 있는 곳이다. 북촌을 내려다보며 당나라 적인걸이 태행산에 올라가 흰 구름(白雲)을 바라보며 "저 구름 아래 우리 아버지가 계신다."하고 섰다가 구름이 옮겨간 뒤에야 그곳을 떠났다는 백운의 고사에 견주어 마지막으로 고향을 바라보는 애끓는 정이 진실되게 표현되어 있다. 2구의 '홀로 독(獨)' 자는 홀로 계신 친정어머니 곁을 떠나야 하는 사임당의 안타까운 마음을 가장 잘 담고 있는 듯하다.

사임당에게 있어서 어머니 이씨는 아버지와 떨어져서 혼자 힘으로 다섯 딸을 가르친 학문과 삼강행실의 스승이기도 했으며, 아버지가 별세한 후에는 봉양하는 아들도 없이 북평에 혼자 기거하는 늙은 어머니였으므로 어머니를 그리는 심정이 더 절절했음은 충분히 짐작할 수 있다. 딸 다섯도 모두 출가했던 터라 사임당은 홀로 외로이 계시는 늙은 어머니를 생각함이 사무칠 수밖에 없었을 것이다. 칠언절구의 짧은 시 속에 가슴 절절한 그 마음을 모두 담아낸 사임당의 문필력을 알 수 있는 시이다.

꿈속에서도 고향을 찾는 정서와 고향에 대한 추억, 그리고 고향에 돌아가 어머님과 함께 지낼 수 있기를 기원하는 마음으로 쓴 「사친(思親)」은 그 절절함이 지금도 마음속에 전하는 듯하다.

千里家山萬疊峰　첩첩산중 내 고향 천리이건만

歸心長在夢魂中　자나 깨나 꿈속에라도 돌아가고파

寒松亭畔孤輪月　한송정(寒松亭)가에 둥근달만 외롭고

鏡浦臺前一陣風	경포대(鏡浦臺) 앞으로는 한 줄기 바람
沙上白鷗恒聚散	갈매기 모래톱에 헤치락 모이락
海門漁艇任西東	고깃배 바다 위로 오고 나가니
何時重踏臨瀛路	언제 다시 강릉 길 다시 밟아서
更着斑衣膝下縫	색동옷 입고 앉아 바느질할꼬

이 시를 지은 연대도 역시 38세에 서울 수진방 시댁에서 살림살이를 시작한 이후에 쓴 시로 알려져 있다. 시상(詩想)이 비단결처럼 고와 여성이 아니고서는 그려 낼 수 없는 명작이라 평해진다. 어정(漁艇)을 통해서 시댁에 매인 몸이나 자유롭게 오가는 고깃배처럼 어머니 곁으로 갈 수 없을까 하는 바람이 절절하게 다가온다. 정겹게 노니는 백구(白鷗)나 자유롭게 오가는 고깃배만도 못한 자신의 처지를 아쉬워하며 언제 또다시 어머니 곁으로 찾아가 어린 시절처럼 재롱도 부리고 정답게 바느질도 해보겠느냐는 짙은 하소연이 가슴을 뭉클하게 한다.

1, 2구에는 머나먼 천리 고향 땅을 꿈속에라도 가고 싶은 마음이 잘 드러나 있고, 3, 4, 5, 6구는 갈매기와 고깃배가 오가는 동해의 정경이 잘 나타나 있다. 8구에 있는 경착반의(更着斑衣)는 고대 중국 초(楚)나라 노래자(老萊子)의 고사를 인용하고 있다.

노래자는 70세의 나이에도 색동옷을 입고 어린애 장난을 하며 늙은 부모님을 즐겁게 해드린 중국의 대표적인 효자이다. 이 시에서 사임당은 옛날 그 노래자의 일화를 끌어와 자기도 어머니 앞에서 색동옷 입고 앉아 오순도순 바느질하며 어린 아이의 유희를 하고 싶다는 심정을 쓴 것이다.

위의 시에서 북촌은 고향이라는 공간에만 머물지 않고 유년 시절의 온갖 그리움이 내재된 본질적인 '집'의 개념으로 그 의미가 확산된다고 평한다. 우리에게 집이란 모든 인생이 다 담긴 곳이다. 내가 돌아가야 할 곳이고, 나를 기다리는 사람이 있는 곳이 바로 집인 것이다. 그렇다면 사임당이 꿈에서라도 가고 싶은 고향 집은 어떤 곳이었을까.

인자하신 외조부모님, 언제나 자신을 믿어 주신 아버지와 자상하신 어머니 슬하에서 다섯 자매가 모여 오순도순 정을 나누던 곳. 텃밭의 꽃과 채소와 곤충을 그리며 재능을 키워 나가던 곳. 아들, 딸을 낳아 기르며 함께 책을 읽던 곳. 그리고 늙으신 어머니와 밤늦도록 이야기 나누며 바느질하던 곳. 사임당에게 고향 집은 온통 그리움이고 돌아가고픈 추억이다.

그렇기에 이 시에는 자나 깨나 정든 고향 산천을 생각하고 있는 신사임당의 마음이 잘 나타나 있으며, 고향에 있는 정든 한송정과 경포대의 경치와 갈매기가 노니는 백사장, 고깃배가 오가는 동해 바다의 정경이 잘 그려져 있다. 그 고향 풍경을 생각하며 어찌 가슴속에서 새록새록 그리움을 자아내지 않을 수 있었을까.

또한 마지막 구의 '언제쯤 다시 강릉으로 내려가 색동옷을 곱게 입고 어머니 곁에 앉아 옛날과 같이 오순도순 이야기하며 바느질을 할 수 있을까'에서는 다시 못 올 옛 시절을 그리는 애틋한 마음

「경포대」, 김홍도 | 30.4×43.7cm, 개인 소장

이 잘 나타나 있다. 이 시에 대해서 순조 때 신응조(申應朝, 1804~1899)[47]는 다음과 같이 평하였다.

신부인의 어머님 그리워하는 시(思親詩)는 역시 저 천수(泉水) 죽간(竹竿)의 남은 가락이라 모두 인륜의 지극한 것인 채 또한 역시 정서에서 출발하여 예의에 가서 그친 것이다. 대개 그의 도덕은 모두 부

---

[47] 신응조의 자는 유안(幼安), 호를 계전(桂田)이라 하고, 평산(平山) 사람이다. 어려서부터 학문과 문장으로 이름을 날렸고 55세 되던 철종 9년에 문과에 오르고 한림삼사이랑(翰林三司吏郞) 부제학(副提學)을 거쳐 벼슬이 좌의정(左議政)에 이르렀다. 저서로 『계전집(桂田集)』이 있다.

녀자의 사범이 될 수 있어 경전에 이른 훈계와 앉고 서는 모든 동작에 대한 예절에 조금도 부끄러움이 없을뿐더러 모든 예법을 지니고 제사를 받든 뒤의 남은 힘과 또 음식하고 베 짜는 겨를을 타서 붓을 들고 생물을 본떠 자연에서 출발하여 그 묘한 솜씨를 움직여 본 것이니 저 부녀자의 역사에 실어 뒷세상에 전함으로써 과연 천고에 비칠 만하다.[106]

신응조가 이 발문에서 인용한 『시경』의 「천수」, 「죽간」, 두 시는 위나라 딸이 제후에게 시집을 갔는데 부모가 돌아가셨는데도 문상을 갈 수 없음을 한탄하며 지은 시다. 시냇물 또한 고향으로 흘러가는데 정작 자신은 너무 멀리 갈 수 없는 신사임당의 아픈 마음을 신응조는 고스란히 읽어 낸 것이다.

또한 『사임당의 생애와 예술』의 작가 노산 이은상은 이 시의 감회를 다음과 같이 적고 있다. "경포대 정자에 오르면 건 듯 부는 솔바람 소리, 거기에서 멀리 보이는 한송정과 바닷가 모래톱에 한가로이 노니는 갈매기, 저녁이면 휘영청 밝아 오는 달. 그 시골 풍경이 어찌 가슴속에서 새록새록 그리움을 자아내지 않았겠는가? 그 그리움의 냄새를 긴긴 밤마다 읊조리며 어머니 그리운 마음을 달래었을 것이다. 그리움의 시어들은 언제나 아름다운 눈물이다."[107] 어머니 앞에서 어린아이의 유희라도 해서 마음을 즐겁게 해드리고 싶은 간절한 심정[48]이 바로 사임당의 참모습이다. 사임당의 「사친」은 문학적으로 감상하기에 앞서 오히려 그 깊은 효심에 먼저 고개가 숙여진다.

사임당이 서울 시댁에 거할 때 고향에 계신 어머니를 그리며 지은 또 다른 시는 낙구(落句)만이 전하여 아쉬움을 남긴다. 낙구를 살펴보자.

> 夜夜祈向月 밤마다 달을 향해 비는 이 마음
> 願得見生前 살아생전 한 번 더 뵐 수 있기를

이 시는 전문이 전하지 않고 다만 첫머리 한 구절만이 율곡 선생이 지은 「선비행장」에 전하고 있다. 이것도 역시 서울에서 생활하며 강릉 고향에 계신 어머니를 생각하며 지은 시이다.

밤마다 대청마루에 홀로 나앉아 담 너머 소나무 가지에 걸려 있는 휘영청 밝은 달을 보며 고향 땅을 생각하는 사임당의 모습이 눈에 선하다. 그러면서 어릴 적 어머니 사랑이 새록새록 떠올랐을 것이고, 율곡 선생이 증언했듯이 남몰래 눈물도 참 많이 흘렸을 것이다. 전문이 전하지 않는 이유가 혹 눈물로 번져 글씨를 알아보지 못함이 아니었을까. 참으로 애석한 일이다.

"대관령을 넘으며 강릉 북평촌에 계신 홀어머니 이씨와의 헤어

---

48 "이 마음의 시름을, 그 누가 알아주리?(心之憂矣, 其誰知之)"는 『시경』에 나오는 구절이다. 이는 시인의 근심이 보통 사람들보다 지나침을 보여 주는 말이라 한다. 아마도 사임당의 어머님을 향한 근심이 이와 같지 않았을까 한다.

짐을 안타까워하며 눈물 속에 읊은 「유대관령망친정」이나 고향에 계신 모친에 대한 그리움이 깃들어 있는 「사친」, 그리고 사친의 정감을 달에 견주어 읊은 낙구는 그저 단순한 아녀자의 넋두리가 아닌 청초한 시격을 지니고 있어 매력적이다."[108]라고 『여인, 시대를 품다』의 저자 이은식은 평하고 있다.

사임당의 세 편의 시를 읽으면서 공통되는 점을 찾는다면 순정하고 진실한 효심(孝心)이 바탕에 흐르고 있다는 점이다. 유교의 경전을 바탕으로 한 생활 태도에서 저절로 우러나온 지극한 효심을 그 근간으로 하고 있으면서 또 한편으로는 색동옷 입고 어머니 무릎 곁에서 바느질하는 모습을 그린 것에서 우리는 사임당의 소박하고 서민적인 모습을 느낄 수 있다. 사임당의 시는 지극한 효심과 여성이기에 품을 수 있는 정서, 그리고 사려 깊고 온유한 인격을 모두 담고 있다. 사임당의 이러한 인성을 사임당의 자녀들은 따르고자 하였고, 그리하여 사임당은 훌륭한 어머니상이 되지 않았을까 싶다.

율곡은 중국 역대의 시 가운데 가장 정묘하고 본받을 만한 것

---

49 『정언묘선(精言妙選)』은 한국과 중국의 시 역사에 유례없는 시품론(詩品論)으로 율곡의 시문학을 이해하는 데 매우 중요한 자료이다. 하늘이 갖추고 있는 네 가지 덕인 원형이정(元亨利貞)과 사람이 갖추어야 할 네 가지 덕인 인의예지(仁義禮智)를 표제로 삼아 모두 8편으로 구성되었다. 원형이정은 세상의 모든 것이 생겨나서 자라고 이루어지고 거두어짐을 뜻하는 말이다. 현재는 5편만 전하며 의(義), 예(禮), 지자집(智字集)은 전하지 않는다.

을 가려 『정언묘선(精言妙選)』[49]을 펴냈다. 그 서문에서 "사람 목소리의 정수(精髓)가 말이 되며 시는 말 중에서 더욱 정수인 것이다. 시는 성정(性情)에 근본한 것으로 억지나 거짓으로 이루어지는 것이 아니며 소리의 높낮이는 자연에서 나온다."[109]라고 했다.

시라는 것은 인간의 성정에 근본을 둔 것이기 때문에 억지로 거짓으로 꾸며 낼 수 없음을 말하는 것이다. 사임당의 시편에 나타난 효심이 바로 그 성정에 근본을 둔 정수는 아니었을까. 율곡이 지켜보았던 어머니의 참모습은 한마디로 지극한 효성 그 자체였을 것이다. 우리가 사는 세상에서 가장 따뜻한 사랑은 바로 어머니다. 어머니라는 소리만 들어도 가슴이 먹먹해지는 하늘이 주신 효심을 시로 승화시킨 사임당은 '효녀로서의 사임당'의 모습을 우리에게 그대로 보여 주고 있다.

글씨에 녹아든 단아한 마음

서예가 사임당 ●

> 무릇 글씨를 쓰려면 먼저 정성스레 먹을 갈아 정신을 집중하며, 생각
> 을 고요히 하여 자형의 대소(大小), 언앙(偃仰), 평직(平直), 진동(振
> 動)을 예상하여 근맥(筋脈)이 이어지게 하고, 뜻이 붓보다 앞선 뒤에
> 글씨를 써야 한다.**110**

　중국의 고금을 통틀어 첫째가는 서성(書聖)이라 존경받는 왕희
지(王羲之, 307?~365?)[50]의 말이다. 이것은 글 쓰는 사람의 뜻이
먼저 마음속에 존재한 이후에 붓을 움직여야 한다는 의미다. 예를
들면 마음이 기쁘면 기운이 조화되어 글씨에 편안한 느낌을 주게

---

[50] 왕희지(王羲之)는 중국 동진(東晉)의 서예가로 자는 일소(逸少)이다. 한나라와 위나라
의 비문을 연구하여 행서(行書), 초서(草書), 해서(楷書)의 3가지 글씨체를 예술적으로
완성된 영역까지 끌어올려 서성(書聖)이라 불린다. 왕희지의 글씨는 '왕희지체'라 불
리며, 횡(橫)을 바꾸어 종(縱)으로 하여 자신만의 미려한 필체를 만들었다 한다. 귀족
적이면서도 힘이 있는 것이 특징이다. 여류서가(女流書家)인 위부인(衛夫人)에게 서
법을 배웠는데, 위부인이 제자인 왕희지의 서풍을 평하길 "필세(筆勢)가 동정(洞精)하
고 자체(字體)가 주미하다."라고 칭찬했다 한다.

되고, 성나면 글씨가 거칠고 험하게 되며, 슬프면 기운이 엉기어 글씨가 뻣뻣해지고, 즐거우면 기운이 화평하여 글씨가 아름답게 된다고 한다. 희로애락의 정도에 따라 글씨의 변화는 무궁무진하다는 의미다. 또한 글씨라는 것은 사람의 성격, 기질 및 정서에 따라 형태도 수시로 변한다는 뜻이다. 그렇기에 글씨를 쓰려면 먼저 뜻이 바로 서야 한다.

예로부터 "심신이 바르지 않으면 글씨가 기울고, 지기(志氣)가 화평하지 않으면 글씨가 넘어진다."[111]라는 점에서 마음이 바른 상태에서만 바른 글씨가 나올 수 있다는 '심정즉필정(心正則筆正)' 설이 보편화되었다. '심정즉필정'은 당나라 유공권(柳公權, 778~865)이 부패한 황제에게 간언한 말로, "용필(用筆)은 마음에 달렸으니 마음이 바르면 붓이 바르게 된다고 함은 법(法)이라 할 수 있다."[112]고 한 데서 연유한다. 또한 "글씨는 마음의 그림이다. 그래서 글씨는 심학(心學)이다."[113]하여 '마음이 다른 사람과 같지 못하면서 그 글씨만 다른 사람보다 나으려고 하니, 부지런히 해도 얻는 바가 없는 것은 당연한 일'이라고 설명하고 있다.[114]

유가는 서화를 일찍부터 지(智), 덕(德), 체(體)를 겸비한 바람직한 인격체를 구현하기 위해 육예(六藝)인 예(禮), 악(樂), 사(射), 어(御), 서(書), 수(數) 중의 한 교과목으로 가르쳤다. 유가의 관점에서 보는 서예(書藝)는 작가와 작품이 불가분의 관계에 있으며 작품을 통하여 작가의 마음을 알 수 있다고 주장한다. 그리하여 글은 마음의 그림이고, 또한 이 글을 통하여 군자(君子)와 소인(小人)을 분별할 수 있으며, 마음이 발라야 글씨도 바르다는 '심정즉필정' 사고와 여기에 한 걸음 더 발전하여 글씨는 곧 그 사람이라는 '서여기인(書如其人)'적 사고까지 등장한다. 중국 서한(西漢)의 양웅(楊雄, 기원전 53?~기원후 18)[51]은 『법언(法言)』에서 다음과 같이 말했다.

> 말이 그 마음을 표현할 수 없고 글씨가 그 말을 표현할 수 없으면 어쩌겠는가? 오직 성인만이 말의 풀이를 할 수 있고 글씨의 형체를 알수 있어 대낮같이 비추고 강하(江河)처럼 흐르게 한다. 아득하고 끝없구나! 누가 그것을 제어하랴. 얼굴을 마주하고 하는 말은 서로 심중의 하고 싶어 하는 바를 이끌어 내는데 사람의 화난 마음을 서로 통하게 하는 것은 말보다 더 좋은 것이 없다. 천하의 일을 오래 멀리 기록하고 눈으로 볼 수 없는 옛날 일을 전하며 천 리 밖 멀리까지 전하는 것은 글씨만 한 것이 없다. 그러므로 말은 마음의 소리요(心聲), 글씨는 마음의 그림이다(心畵). 그 소리와 그림의 모습으로 소인과 군자가 구별된다.[115]

---

51 양웅은 말더듬이였으나 박학다식하였다 전한다. 경학(經學)은 물론 사장(辭章)에도 뛰어났다. 『역학』을 모방해 『태현경(太玄經)』을 지었고, 『논어(論語)』를 모방해 『법언(法言)』을 지었다. 이 두 권의 책은 모두 유가의 관점에서 문제를 파악하여 철학과 사회에 관한 자신의 견해를 피력하고 있다.

양웅은 말과 글의 모습으로 사람이 소인과 군자로 구별됨을 말하고 있다. 글씨는 자신의 마음을 표현하는 것이기 때문에 마음의 공부를 하지 않고, 즉 인격을 갖추지 못하고 글씨만 잘 쓰려고 하면 안 된다. 그래서 말을 가리켜 심성(心聲), 글씨를 가리켜 심화(心畵), 심학(心學)이라고까지 하였다. 서예는 결국 그 작가의 내면적 성정이 근본이 되기 때문에 안으로 성정을 잘 다스리는 공부가 먼저 되어야 하는 것이다. 그러기에 서예 예술에 대한 감상은 타 예술을 감상하는 것보다 더욱 어려우며, 눈으로 감상하기 보다는 바른 마음의 상태에서 감상해야 함을 요구한다. 마음이 움직이면 붓도 따라서 움직이는 법이다. 그리하여 항상 마음가짐을 바르게 하고 언제 어디서나 한마음으로 마음공부에 열중해야 한다.

주희는 「서자명(書字銘)」에서 "한 점, 한 획에 순일(純一)함이 그 속에 있어야 한다. 마음을 풀어놓으면 거칠어지고, 예쁘게 쓰려고 하면 미혹된다."[116]라고 했다. 이는 글씨를 쓰는 데 있어 항상 마음을 경(敬)의 자세로 유지할 것을 요구한 것이다. 마음을 풀어놓아도 안 되며, 잘 쓰기를 구해서도 안 된다는 것이다. 일단 경(敬)의 자세로 글씨를 쓰면, 글씨의 능함과 서투름은 따지지 않는다는 의미를 내포하고 있다. 경은 유학 사상에서 강조되는 마음의 자세, 즉 도덕적 정신으로 대체로 '공경하다, 엄숙하다, 삼가다' 등의 뜻으로 풀이된다. 인간의 선한 본성을 살릴 수 있는 근거를 경에 두기도 하였다. 욕심의 싹을 막고 마음을 온전히 간직하는 내면의 노력을 경으로 본 것이다. 특히 우리의 학문과 생활에서 경을 실천 덕목으로 강조한 분이 바로 퇴계 이황이다. 퇴계에게 있어 경은 모든 마음의 주재(主宰)였고, 모든 일의 근본이었으며, 학문의 처음과 끝을 이루는 요법이었다.

이와 같이 서화는 다른 예술 장르와 달리 학문과 수양을 겸한 정신세계는 물론 그 사람의 인격까지 작품에 드러나는 데 그 특징이 있다. 송 4대가의 한 사람으로 칭송되는 황정견(黃庭堅, 1045~1105)[52]의 다음과 같은 말은 이런 점을 잘 보여 준다.

> 글씨를 배울 때는 모름지기 흉중에 도덕과 정의가 있어야 하고, 또 성현과 철인의 학문으로 넓혀 가야만 글씨가 비로소 귀하게 된다.[117]

황정견은 한 걸음 더 나아가 서예를 하는 데는 도덕적 정의까지도 갖추어야 된다고 말한다. 이는 수양과 학문이 넓고 깊게 쌓여야 글씨에 속기(俗氣)가 없어지고 고도의 정신과 내적인 생명력이 녹아 있게 된다는 것이다. 의식 없이 선만 긋는 것이 아니라 인간의 도덕과 정의까지 담아서 살아 있는 글씨를 써야 함을 강조하고 있다.

그래서 '글씨는 그 쓴 사람과 같다.'는 말로 '서여기인'이라는 말

---

[52] 황정견은 북송의 시인이며, 송 4대가의 한 사람이다. 스승인 소식과 함께 소 · 황(蘇黃)으로 칭해지며 북송을 대표하는 시인으로 꼽힌다. 12세기 전반은 황정견 일파의 시풍이 세상을 풍미하여 '강서파'라 불렸다. 시집으로 『산곡집(山谷集)』이 있다.

이 등장한다. 글씨는 그 사람의 학문과 같고, 그 사람의 재주와 같고, 그 사람의 뜻과 같다는 의미이다. 이것은 서예를 단순히 아름다운 글씨를 쓰기 위한 기술이나 기교로 생각하는 것을 경계하고 우선 스스로의 인격 수양에 힘써야 함을 말한다. 이는 글씨만이 아니라 그림이나 글(문장) 역시 그 사람의 인품이 그대로 반영되는 것이니 '서여기인'을 넘어 '화여기인', '문여기인'으로 확대되는 것이다.

이러한 사유는 주로 도의(道義)나 성철(聖哲)의 학문을 강조하며, 또 어떤 삶을 사는가 하는 점을 문제 삼고 있어서 유학의 성격을 짙게 띠고 있다. 특히 조선 사대부들은 서화 창작을 단순히 하나의 점과 획을 통해 글자를 쓰는 것, 그림을 그리는 것만으로 생각하지 않았다. 붓을 잡는 것은 마음을 잡는 것이고, 획을 긋는 것은 마음을 바로 긋는 것이니 붓을 바르게 잡고 정신을 집중해 한 점, 한 획을 쓰다 보면 우리의 마음에 저절로 수양이 쌓이게 된다고 생각하였다. 먹을 가는 일도, 붓을 깨끗이 씻는 일도 모두 수양의 한 방법이었다. 따라서 한 점, 한 획도 소홀히 하지 않았다. 이는 서화를 비롯한 모든 예술에 창작자의 마음을 그 뿌리로 삼고 있기 때문이다.

신사임당은 시나 그림에만 뛰어난 것이 아니라 글씨도 탁월한 필력을 자랑한다. 신사임당의 필적 또한 당연히 그 손에서 수없이 나왔겠지만 지금 전하는 것은 몇 점의 초서(草書) 작품과 해행서(楷行書) 한 점과 전서(篆書) 몇 글자가 전부이다. 그러나 이 필적이 갖는 의미는 남다르다고 해야 할 것이다. 당대의 시대상으로 보아 여성이 학자로 칭송되거나 이름 올려지는 것 자체가 엄청난 일이었을 뿐만 아니라, 그 필적이 아직도 남아서 후대의 평가를 받는다는 것 또한 대단한 일이기 때문이다. 남아 전하는 사임당의 작품 서체는 초서가 가장 많고, 전서와 해행서가 전하는데, 한 글씨체만이 아니라 여러 글씨체가 전하는 것을 보면 사임당은 모든 글씨체를 자유로이 쓸 수 있었음을 알 수 있다. 시나 그림뿐 아니라 서화 또한 출중했음이다. 조선 사회 여성 중 이같이 여러 서체를 두루 섭렵했던 이는 사임당이 유일하지 않을까 싶다.

사임당의 서예에 관한 현대 학자들의 평을 살펴보면, 서예가 선주선은 『서예통론』에서 "대표적 서예 작품으로는 초서 6폭, 해서 1폭이 전해지는데 송설풍의 것으로 단아한 풍모를 느낀다."[118] 라고 평하고 있다. 송설풍은 중국 원나라의 서예가인 조맹부의 글씨체로, 왕희지를 주종으로 하였고, 필법이 굳세고 아름다우며 결구가 정밀한 것이 특징이다. 그의 서풍은 고려 말과 조선 전기의 선비 사회를 풍미할 정도로 널리 쓰였다. 규방의 사임당 또한 송설풍의 서체에 자신의 단아한 풍모까지 곁들였음이 분명하다.

다음으로 고법(古法)을 중시한 서예가 김충현[53]은 『예(藝)에 살다』에서 "사임당 신씨는 왕법의 초서"[119]라고 하였다. 여기서 왕법은 왕희지의 서체를 이르는 말이다. 또한 김병순은 『동양삼국 서법 예술사』에서 "신부인의 글씨는 명인의 풍이 있어 축윤명[54] 혹은 왕총[55]에서 나오지 않았나 생각된다. 초서가 많고 그의 자(字)의

회(懷)가 매우 넓고 아치의 풍부한 것이 있다."[120]라고 하였다.

또 사임당의 서예를 연구한 이완우는 깔끔한 필획과 짜임으로 단아한 서풍을 보여 준 정점에 사임당이 있다고 평가하며, 사임당을 이렇게 평가하는 데에는 그의 전칭작이 이전의 어느 명필의 글씨에서도 보기 어려운 독특한 풍격을 지녔을 뿐만 아니라 그 뒤 이러한 서풍을 따르거나 유사하게 구사했던 명필이 다소 출현했기 때문이라고 말하고 있다. 이를 '사임당서파(師任堂書派)'라고 분류하여 이름하고 있다.[121]

남아 전하는 사임당의 글씨를 살펴보면 전체적으로 같은 글자를 찾기가 어렵다. 이는 앞서 현대의 학자들이 평했듯 제가들의

---

53 김충현의 서예관을 살펴보면, 먼저 그는 "서예는 고법을 본받아야 하고, 고법일지라도 연대가 올라갈수록 글씨에 창의력과 창조력이 돋보이지만 근대로 내려올수록 답습하기에만 여념이 없기 때문에 좋은 서예가 아니다."라고 하였다. 즉, 김충현은 서예론에서 특히 법고창신(法古創新, 옛것을 본받아 새로운 것을 창조함)을 강조하고 있다.

54 축윤명(1460~1526)은 중국 명대 중기의 서예가로, 자는 희철(希哲)이다. 태어날 때부터 오른쪽 손의 손가락이 하나 많았기 때문에 호를 지지(技指), 또는 지산(技山)이라 했다. 장주 사람이고, 같은 고향 사람인 당인(唐寅), 문징명(文徵明), 서정경(徐禎卿)과 함께 '오중사재자(鳴中四才子)'라 불렸다. 서법은 명대 제일의 칭호를 들었다. 단정한 초서와 광초(狂草)를 잘 썼다고 전해진다.

55 왕총(1494~1533)은 중국 명대 중기의 서예가이다. 자는 이인(履仁), 뒤에 이질(履吉)이라 고쳤다. 호는 아의산인(雅宜山人)으로 장주 사람이다. 문징명, 왕인과 교제했고, 해서(楷書)는 우세남과 지영을, 행서(行書)는 왕희지를 배웠다. 속기를 벗어난 완려 수미한 서법을 세워 만년을 표표한 선기가 감돈다는 평을 받았다. 문징명 이후 오중(鳴中) 제일이라 평해진다.

여러 서체를 두루 섭렵하고 난 뒤에 자신만의 섬세한 필치를 가미한 사임당만의 서체였기 때문일 것이다. 앞에서 본 것처럼 조선 여인의 필적이 500여 년의 세월을 견디고 새로운 평가를 받고 있음을 보면 굳이 더 말하지 않아도 사임당의 서화 경지를 충분히 짐작할 수 있다.

◉ 오언절구, 6폭 병풍에 흐르다

사임당의 글씨 중 가장 많은 전칭작이 전하는 서체는 초서이다. 초서는 한(漢)나라 때 죽간(竹簡)[56]에서 종이로 바뀌어 글자의 쓰임이 활발해지면서 초고(草稿)에 많이 쓰였다. 빨리 기록할 수 있었기 때문이다. 이 서체는 자형이 간소하고 필획을 멈추지 않고 이어지게 흘려 쓰는 것이 특징이며 획의 생략과 연결이 심하다.

사임당의 「초서병풍」은 여섯 수의 초서를 후에 병풍으로 꾸민 것으로, 총 여덟 폭으로 구성되어 있다. 사임당이 쓴 당시(唐詩) 여섯 수가 1~6폭에, 강릉부사로 재직했던 이형규(李亨逵, 1733~1789)[57]의 발문이 7폭에, 강원도지사 이룡(李龍)의 발문과

---

56 죽간(竹簡)은 중국에서 종이가 발명되기 전에 글자를 기록하던 대나무 조각이나 대나무 조각을 엮어서 만든 책을 뜻한다.

57 이형규의 본관은 전주(全州), 휘는 형규(亨逵), 자는 중우(仲羽)이다. 조선 후기의 문신으로 도승지를 지냈다. 1777년(정조 1년) 강원도 관찰사로 재임 중 신사임당의 유필(遺筆)인 초서 여섯 폭에 발문을 썼다.

노산 이은상의 발문이 8폭에 장황되어 있다.

이 「초서병풍」이 오늘날까지 전해 내려오게 된 데에는 우여곡절도 많았다고 한다. 그 사연 안에는 예술의 세계를 알고 문화재를 아낄 줄 아는 사람들의 갸륵한 마음씨가 담겨져 있음도 우리가 잊지 말아야 할 부분이다.

사임당의 부친 신명화의 넷째 딸은 권화에게 출가하여 권처균이란 아들을 두었는데, 이 「초서병풍」은 권처균이 사임당에게서 초서 여섯 폭을 얻어 간직하고 있다가 그의 딸이 최씨 집안의 최대해에게로 시집갈 때 이 글씨를 가지고 가게 됨에 따라 최씨 집안 물건으로 수백 년 간직되었다.

그러다 영조 때에 와서 최씨의 자손이 이웃 고을 어떤 이의 꼬임에 빠져 이것을 빼앗겨 버린 후 찾지 못해 애쓰고 있을 때 마침 강릉부사로 부임하여 온 이형규에게 도움을 청했다고 전하고 있다. 이형규는 또한 사임당의 필적을 경모하는 정성으로 구겨지고 그을린 글씨 여섯 폭을 잘 손질하여서 병풍으로 만들게 하고는 다시 최씨 집안에 돌려주어 잘 간수하도록 하였다. 그렇게 최씨 집안에 대대로 전승되어 오다가 1971년 강릉시가 양수하여 현재는 강릉 율곡기념관에 보관되어 있다.

내용의 글귀는 당나라 시인들의 유명한 오언절구를 쓴 것으로 그 내용과 서체를 살펴보면 다음과 같다.

제1폭 대숙륜(戴叔倫)의
「증이당산인(贈李唐山人)」[58]

此意靜無事	이내 뜻 고요하고 일도 없는데
閉門風景遲	문 닫으니 풍경이 더디 가네
柳條將白髮	버들가지처럼 장차 백발이 되면
相對共垂絲	마주 보며 함께 낚싯줄 드리우세

제1폭, 신사임당 | 44.2×33.5cm, 강릉
시오죽헌 · 시립박물관 소장

제2폭 사공서(司空曙)의
「금릉회고(金陵懷古)」[59]

輦路江楓暗	행차 길의 강변 단풍 짙고
宮湖野草春	궁정 도랑의 들풀도 봄이라
傷心庾開府	상심한 유개부는
老作北朝臣	늙어 북조의 신하가 되었지

제2폭, 신사임당 | 44.2×33.5cm, 강릉
시오죽헌 · 시립박물관 소장

---

58 증이당산인(贈李唐山人)은 '이당산인에게 준다'는 뜻이다.
59 금릉회고(金陵懷古)는 '금릉의 옛 자취를 돌이켜 생각한다'는 뜻이다.

제3폭 유장경(劉長卿)의
「송장십팔귀동려(送張十八歸桐廬)」[60]

歸人乘野艇　　돌아갈 사람 거룻배를 타고
帶月過江村　달빛을 맞으며 강 마을을 지나네
正落寒潮水　　막 찬 물결이 밀려 나가니
相隨夜到門　물 따라 밤이면 문 앞에 이르리

제3폭, 신사임당 │ 44.2×33.5cm, 강릉
시오죽헌 · 시립박물관 소장

제4폭 대숙륜(戴叔倫)의
「희류고십일명부(戲留顧十一明府)」[61]

江南雨初歇　　강남의 비 처음 그쳤건만
山暗雲猶濕　산 어둑하고 구름도 젖어 있네
未可動歸橈　아직 돌아가는 배 움직이지 않고
前溪風正急　앞 시내 바람이 정말 거세네

제4폭, 신사임당 │ 44.2×33.5cm, 강릉
시오죽헌 · 시립박물관 소장

60　송장십팔귀동려(送張十八歸桐廬)는 '동려로 돌아가는 장십팔을 배웅하며'란 뜻이다.

61　희류고십일명부(戲留顧十一明府)는 '고씨 집안의 열한 번째인 고태수에게 놀러와 머
　　물며'란 뜻이다. 명부는 태수를 높여 이르는 말이다.

제5폭 이백(李白)의
「별동림사승(別東林寺僧)」[62]

東林送客處	동림사 손님 보내는 곳에
月出白猿啼	달이 뜨면 흰 잔나비 운다네
笑別廬山遠	웃으며 헤어지매 여산 멀어지니
何須過虎溪	어찌 꼭 호계를 지나리요

제5폭, 신사임당 │ 44.2×33.5cm, 강릉
시오죽헌 · 시립박물관 소장

제6폭 황보염(皇甫冉)의
「송왕옹신환섬중구거(送王翁信還剡中舊居)」[63]

海岸畊殘雪	바닷가에서 잔설 밭을 갈다가
溪沙釣夕陽	시냇가에서 해질 무렵 고기를 낚지
家貧何所有	집이 가난하니 무엇이 있으리
春草漸看長	봄풀만 점점 자라고 있네

제6폭, 신사임당 │ 44.2×33.5cm, 강릉
시오죽헌 · 시립박물관 소장

---

62 별동림사승(別東林寺僧)은 '동림사 승려와 작별하며'란 뜻이다.

63 송왕옹신환섬중구거(送王翁信還剡中舊居)는 '친구들을 보내고 회포를 적다'란 뜻이다.

여섯 폭 친필 병풍에 써 붙인 이형규의 발문을 살펴보면, 「초서병풍」을 만들게 된 경위와 그 가치를 공경하는 마음을 엿볼 수 있다.

이 여섯 폭은 율곡 선생의 어머니 사임당 신씨의 글씨다. 율곡 선생의 외가가 강릉이기 때문에 부인의 필적이 강릉에 많이 있다. 이것은 바로 이 고을 큰 집안인 최씨가 간직한 것인데 최씨의 고조모로 부인의 이종 손녀 되는 분이 얻은 것을 자손에게 전한 것이 이제 수백 년이 되었다. 그 사이에 이웃 고을 사람의 꾐에 빠져 그것을 잃어버리고 미처 찾아오지 못했었다. 내가 이곳에 부사가 되어 오죽헌을 찾으니 이곳은 바로 부인이 용꿈을 꾸던 곳이요, 또 송담원(松潭院)을 찾으니 이곳은 바로 율곡 선생을 제사하는 곳이라, 거기서 율곡 선생과 부인의 친필 필적을 얻어 자세히 감상해 보니 저 삼연 선생(三淵 先生, 김창흡(金昌翕))의 시에 이른바 '그 어머니였기에 그 아들을 낳았다'는 그대로라 사람으로 하여금 더욱 경탄하게 하는 것이다. 최씨의 손자가 마침 그 집에서 간직했던 부인의 필적을 이웃 고을 사람에게 잃어버린 채 아직껏 못 찾고 있어 참으로 애석하다는 이야기를 자세히 말하는 것이다. 나는 곧 이웃 고을에 공문을 보내어 급히 명령하여 찾아와 보니 좀이 먹어 상하고 연기에 그을려 더러워져서 거의 글자 획을 분별하지 못하게 되었는데 곧 표구사에 명하여 자그마한 병풍을 만들어서 최씨에게 주어 오래 전하도록 하였다. 오호라! 율곡 선생의 외가 고장이라 어느 누가 공경하지 않을 것이랴. 내가 이

병풍을 강릉에 두는 것도 바로 그 까닭이니 뒷날 이것을 보는 이들도 반드시 진기한 물건으로만 보지는 않을 것이다.**122**

◉ 활활 타는 불길에서 구해 낸 등꽃

이후 고종 5년(1868년)에 윤종의(尹宗儀, 1805~1886)가 강릉 부사로 부임하여 최씨 집안의 병풍을 보고 또한 감격하였다. 이 글씨를 본 윤종의는 병풍으로 보존하기에는 마음이 놓이지 않아 판각을 할 결심을 했다.

그런데 이 무렵 최씨 집안에 불이 일어나 이때 최씨 집안의 할머니가 타오르는 불 속으로 뛰어들어 사임당의 글씨 병풍을 먼저 꺼내고 다시 불 속으로 뛰어들어 율곡의 친필 글씨가 든 궤짝을 끌어내다가 불 속에 쓰러진 채 세상을 떠나고 말았다. 아무리 집안의 가보라 한들 활활 타오르는 불 속을 어느 누가 쉽게 뛰어들어 구할 수 있을까. 이러한 희생 뒤에 건져 낸 사임당의 친필 유적은 그런 고난의 역사까지 거쳤기 때문에 더욱더 빛나는 것이다.

이 일이 있은 지 두 달 후에 윤종의는 사임당의 글씨를 영구히 보존하고자 나무판에다 본래의 글씨를 그대로 본떠 새겨서 판각을 만들었고 새로 만든 이 판각을 대대로 오죽헌을 지켜온 권씨 집안에 주어 몽룡실에 간직하도록 하였다. 그러므로 사임당의 이 초서 여섯 폭짜리 병풍이 오늘날까지 전해 내려오게 된 데에는 여러 사람의 노고가 있었던 것이다. 윤종의의 발문을 살펴보면 그 사실을 알 수 있다.

… 과연 그 필적에 이르러서는 정성 들여 그은 획이 그윽하고 고상하고 정결하고 고요하여 더욱 더 부인께서 저 옛날 문왕의 어머니 태임의 덕을 본뜬 것임을 우러러볼 수 있다. 어허! 삼연 선생의 시에 '그 어머니였기에 그 아들을 낳았다'고 한 것은 실로 공경하고 감탄해서 한 말이며 사람으로 어느 누가 어머니가 없으리요마는 율곡 선생처럼 이름을 날려 어버이를 영광스럽게 하는 그런 효성을 바치지 못하는 것을 부끄러이 여기는 것이다. 진실로 선생의 마음으로써 마음을 삼아 유연히 효심이 우러나서 내 어버이 그리워하는 사랑을 가지고 스승을 사모하는 데 미치는 자라면 과연 이것을 경외해야 할 이유를 알 수 있을 것이다. 그러므로 이제 그 글씨를 올려 새겨 놓은 이 판본은 길이 보배가 될 것이다.[123]

이형규의 발문에서도 언급되었고, 또 윤종의의 발문에서도 언급된 삼연 김창흡의 시는 삼연이 오죽헌에 와서 지은 시다. 6구는 율곡의 다섯 살 적 이야기로, 사임당이 병환으로 고통스러워하는 것을 보고 어린 율곡이 집 뒤에 있는 외조부 사당 앞에 가 엎드려서 '어머님 병환을 속히 낫게 해주십시오.'하고 기도했던 사실을 노래하고 있다.

儒賢所出大瀛濱 어진 학자 나신 고을 동해 바닷가
故老相傳孟氏隣 전하는 말 예가 바로 길러 내신 곳
是母眞能生是子 그 어머니였기에 그 아들 낳아

斯文何幸有斯人　그분 계심이 얼마나 다행인고

咿唔竹裡硏經夕　저 대숲엔 저녁마다 글 읽던 소리

匍匐祠前禱疾晨　사당 앞은 모친 병환 기도하던 곳

几閣猶留要訣草　책상 위엔 '요결' 초고 상기도 남아

試看心畫摠精神　획마다 맑은 정신 배어들었네

　시의 마지막 구절처럼 획마다 사임당의 맑은 정신이 배어 있어
그 뜻이 아들 율곡은 물론 7남매 모두에게 전해졌으리라 생각된
다. 조선 후기의 문신 윤종섭(尹鍾燮, 1791~1870) 또한 시를 지어
다음과 같이 예찬했다.

先生胎敎本乎心　선생의 받은 태교 어머니 마음 하나

堂號嵷然學摯任　당호조차 훌륭하여 지임[64]을 배우나니

嶽降溟州留大道　산정기 명주에다 크신 도를 머물렀고

天垂藥國嗣徽音　하늘이 예국에다 좋은 전통 있게 했네

草書入妙藤花古　신묘한 초서 글씨 등꽃처럼 예스럽고

體變如雲筆彩深　구름같이 체를 변해 붓 솜씨 찬란하니

太守神明登顯刻　저 태수 현명하여 판각에 올려 새겨

寄來經幌不勝欽　내게 한 벌 보냈기로 삼가 받아 공경하네.[124]

<hr>

"구름같이 체를 변해 붓 솜씨 찬란하니"와 같이 정식 교육도 받지 않은 규방 규수의 글씨가 과연 어느 정도였기에 이 같은 예찬시가 전해질까. 사임당의 초서 글씨의 경지를 가늠할 수 있을 만한 일이다.

현재 이 「초서병풍」은 오랜 세월, 우여곡절을 거친 탓에 벌레 먹은 곳도 있고 더렵혀진 자국도 있고 그래서 흐릿해지고 타락된 점획을 보충한 자취도 있다. 그러나 앞서 살펴보았듯이 '서여기인'이라 했다. 글씨는 곧 그 사람이다. 그렇기에 붓은 사람과도 같다. 왜냐하면 붓에도 마음(心)이 있기 때문이다. 심(心)은 인(仁)과 다르지 않고 인(仁) 또한 인(人)과 다르지 않기 때문에 결과적으로 용필의 오묘함은 마음에서 비롯된다고 하였다.[125] 그리하여 청나라의 학자 유희재(劉熙載, 1813~1881)는 이렇게 말했다.

서예는 닮는 것이다. 그 사람의 학문을 닮고, 그 사람의 재주를 닮고, 그 사람의 뜻을 닮는다. 종합하여 말하면 그 사람을 닮을 뿐이다.[126]

유희재의 말은 서예 작품 속에 글씨를 쓰는 사람의 모든 것이 담기게 된다는 뜻이다. 그렇기에 서예 작품을 감상할 때에는 그 외형적 조형만을 감상하는 것이 아니라 그 내면 속에 담겨 있거나 때론 감추어져 있는 품격과 격조를 음미하고 이해해서 마음으로 감상하는 것이 무엇보다 중요하다. 사임당의 글씨 또한 사임당을 그대로 닮았음이 분명하다. 오랜 세월에 그 빛은 퇴색되었지만, 사

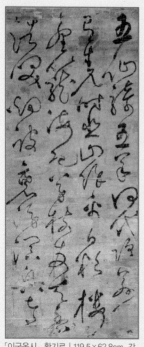

「이군옥시」, 황기로 | 119.5×62.8cm, 강릉시오죽헌·시립박물관 소장

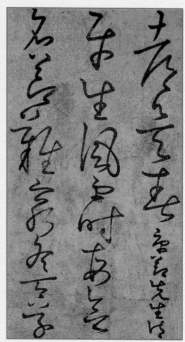

「송시」, 신사임당 | 27.8×15.4cm, 강릉시오죽헌·시립박물관 소장

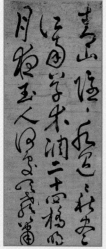

「두목시」(좌), 이우 | 84.9×35.9cm, 강릉시오죽헌·시립박물관 소장

「이백시」(우), 백광훈 | 32.7×22.5cm, 강릉시오죽헌·시립박물관 소장

임당의 높은 학식과 올곧은 도덕적 인격과 정신은 세월을 더해 지금 우리에게 또 다른 가르침을 주고 있는 것이다.

앞서 말했듯 사임당의 필적 중에서 가장 많은 자료가 전하는 것이 이 초서이다. 사임당 이전에는 중국 당나라의 장욱과 회소의 영향을 받아 획의 굵기와 길이에 차이를 많이 주고 비스듬한 사선을 길고 강렬하게 표현하며 좌우로 붓을 흔들어 강한 동세를 구사하는 등의 역동적인 초서풍이 유행하였다.

그러나 16세기에 들어와서는 이와 달리 깔끔한 필획과 짜임으로 단아한 서풍을 보이는 초서풍도 등장하는데, 그 정점에 위치했던 인물이 바로 신사임당이다.

사임당을 이렇게 평가하는 이유는 「초서병풍」의 서체가 그 이전의 어느 명필의 글씨에서도 보기 어려운 독특한 서체의 풍격을 지녔기 때문이다. 그 뒤 이러한 서풍을 따르거나 유사하게 구사하는 명필이 등장하게 되는데, 후대의 학자들이 이를 '사임당서파(師任堂書派)'라고도 명명한 것[65]을 보면 사임당의 붓 솜씨는 과연 그 일파를 이루고도 남을 위상을 점하고 있는 것이다.

---

65 서예사를 공부하는 이완우는 2004년에 강릉시오죽헌 · 시립박물관에서 기획한 〈신사임당 탄신 500주년 기념 특별전〉을 계기로 「사임당 신부인의 초서」라는 글을 전시 도록에 기고했다. 「사임당 신부인의 초서」에서 이완우는 사임당의 여러 전칭작을 다루며 사임당 초서풍의 특성을 살펴보았고, 그러한 서풍을 따른 후대의 명필을 소개하면서 그들을 '사임당서파(師任堂書派)'라고 명명하였다.

현재 '사임당서파'라고 명명된 이들은 당시의 초서 명필로서 신사임당의 서풍을 뚜렷하게 따랐거나 부분적으로 수용한 사람들로 사임당의 넷째 아들인 옥산 이우와 신사임당과 사돈지간이었던 고산 황기로, 옥봉 백광훈(玉峯 白光勳, 1537~1582)과 송호 백진남(松湖 白振南, 1564~1618) 부자(父子), 그리고 석봉 한호(石峯 韓濩, 1543~1605) 등이 있다. 신사임당을 비롯해 16세기 중후반과 17세기 초에 활동했던 '사임당서파'라고 불리는 초서 명필들의 글씨는 간단하고 깨끗한 점획, 단정한 짜임, 원필과 직필의 조화 등이 그 특징이다. 이처럼 신사임당은 16세기 초기에 초서풍의 한 계통인 사임당 서풍을 연 것이다.

한 시대를 풍미할 정도의 초서체를 이끈 이가 바로 조선 시대의 규방 규수였던 사임당임을 우리는 잊지 말아야 할 것이다. 그리고 그러한 업적을 이룰 수 있었던 것은 사임당의 진심(盡心)이 글씨에 그대로 녹아들어 있었기에 가능했다는 사실 또한 간과하지 말아야 하겠다. '등꽃처럼 예스럽고 글자체의 변화가 구름 같아 글씨의 빛깔이 깊다.'는 윤종섭의 극찬을 다시 한 번 음미해 본다.

◉ 저녁에 외는 경구(警句)를 쓰다

사임당의 해행서 작품은 지금 한 폭만이 전한다. 종이에 먹으로 쓴 것으로, 규격은 길이 33cm, 너비 50cm이다. 이 작품은 해서를 위주로 쓰면서 행서 기운을 가미했기 때문에 해행서로 평가되고 있다.

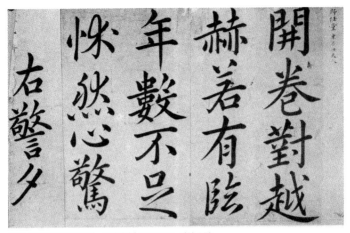

「해행 사언잠(楷行 四言箴)」, 신사임당 | 33×50cm, 개인 소장

開巷對越　책을 펼치면 성인을 대하는 듯

赫若有臨　황홀히도 위에서 내려다보는 듯하여라

年數不足　기약은 크옵건만 햇수가 모자라니

怵然心驚　문득 움칫하고 마음이 놀라도다

－우경석(右警夕)－　저녁에 외는 경구

　해서(楷書)는 어지럽고 난무하여 표준이 없는 초서의 서체를 바로잡을 목적으로 일점일획(一點一劃)을 정확히 독립시켜 쓴 서체로, 한나라 말기부터 시작되었다가 위진남북조 시대에 성행하였으며 당나라에 들어와 점점 자리를 잡게 되어 지금까지 통용되고 있는 서체이다. 가장 많이 알려져 있고 흔히 쓰이는 서체가 바

로 이 해서체이다. 행서(行書)는 해서를 약간 흘린 서체로, 해서와 초서의 중간 형태에 해당한다. 좀 더 효율적이고 빠르게 글자를 쓰기 위해 나타난 것으로 해서에 비해 쓰기도 쉽고, 초서처럼 해독도 어렵지 않아 사랑받아 온 서체이다.

특히 사임당의 이 해행서 작품은 '말발굽, 누에머리의 마제잠두(馬蹄蠶頭) 체법'에 의한 본격적인 글씨로 평가받고 있다. 마제잠두 체법이란 'ㅡ' 자의 처음과 끝의 모양을 뜻하는 말로, 마제(馬蹄)는 'ㅡ' 자의 앞부분 모양이 말발굽처럼 생긴 것을 말하고, 잠두(蠶頭)는 끝부분 모양이 누에머리처럼 생긴 것을 말한다. 'ㅡ' 자가로획 하나를 그을 때도 어떤 의미를 담아 손끝에 정성을 쏟았을지 그 마음이 고스란히 전해 온다. 그러나 하나의 작품을 가지고 사임당의 해행서풍을 논하기란 쉽지 않음을 밝혀 둔다.

사임당의 이 서체는 왕희지체를 모범으로 하여 그 당시 조선 전기를 풍미했던 서체인 조맹부의 풍격을 따른다고 평가된다. 왕희지는 중국 동진의 서예가로, 한나라와 위나라의 비문을 연구하여서 행서, 초서, 해서의 세 가지 글씨체를 예술적 완성의 영역까지 끌어올려 서성(書聖)이라 불린다. 왕희지의 서체는 '왕희지체'라 불리며, 귀족적이면서도 힘이 있는 것이 특징이라고 할 수 있다.

조맹부(趙孟頫, 1254~1322)[66]는 원나라 때 최고의 서예가이자 시·서·화에도 능했던 사람으로, 특히 서예에서는 왕희지 시대로 돌아가야 한다고 말했을 정도로 왕희지 서체를 받아들였던 사람이다.

그의 서체는 송설체라 하여 고려 말 수입된 이후에 조선 초부터 임진왜란 당시까지 약 200여 년간 해서, 행서에서는 송설체가 지배할 정도로 조선 전기 글씨의 근간을 이루며 발전해 왔다. 이 서체의 특징은 부드러우면서도 힘차고 아름답고 화려하면서도 잘 정돈된 느낌을 준다. 송설체로 유명한 이가 세종대왕의 셋째 아들 안평대군으로 잘 알려져 있다. 안평대군이 「몽유도원도」에 붙인 발문이 대표적인 조선 전기의 송설체로 평가받고 있다.

사임당의 해행서는 이렇게 조선 전기의 근간을 이루었던 왕희지체와 송설체를 바탕으로 해서 쓰인 글씨다. 전칭작이 단 한 편밖에 전하지 않아 평가에 아쉬움은 따르지만 후대의 후학들은 "사임당의 해행서는 자형의 기본적인 결구는 주로 왕희지를 모범으로 하였으나 시대서풍(時代書風)인 조맹부의 풍격도 따르고 있다고 평해진다. 그리고 세부적인 획들에 있어서는 여러 서가들의 혼합 서체에 사임당 자신의 서체를 가미하여 개성이 뚜렷한 편이

---

66 조맹부의 자는 자앙(子昻), 호는 송설도인(松雪道人)이다. 서화시문(書畵詩文)에 출중한 원나라 제일의 문인이다. 진당(晉唐) 이전으로의 복고를 주장하여 왕희지의 글씨를 바탕으로 필법이 굳세고 결구가 정밀하면서도 유려한 서체를 완성했다. 해서와 행서는 물론 초서, 전서, 예서까지도 모두 뛰어났으며, 특히 '송설체(松雪體)'라는 그의 서풍은 중국을 비롯하여 한국과 일본에까지 영향을 주었다. 고려 말 원과의 밀접한 관계 속에서 충선왕이 북경에 세운 만권당(萬卷堂)을 통해 조맹부와 직접 교류가 있었으므로 고려에 그의 서적이 유입되었고, 많은 문인들이 북경을 왕래하며 그의 서법을 배우게 되었다. 이암(李巖), 이제현(李齊賢) 등이 유명하다. 그 후 조선 중기까지 200여 년 동안 해서, 행서는 거의 송설체가 지배할 정도로 한 시대를 풍미했다.

다."**127**라고 평가하고 있다.

사임당의 이 필적은 말미에 '우경석(右警夕, 저녁에 외는 경구)'이라 적혀 있는 것으로 보아 일상을 경계하는 잠언(箴言) 즉, 늘 가까이 두고 새기고 싶은 말임을 알 수 있다. 잠언의 잠(箴) 자는 옛날에 떨어진 옷을 깁거나 자루를 꿰맬 때 쓰던 대나무 바늘을 의미하는 것으로, 사람도 자신의 잘못이 있으면 끊임없이 깁고, 터진 곳을 꿰매듯 스스로를 경계한다는 뜻이 담겨져 있다.

때로는 짤막한 한 줄의 잠언이 긴 가르침보다 더 큰 깨달음을 주기도 한다. 그래서일까? 이 해행서 작품에는 사임당의 교육 사상이 그대로 투영되어 있는 듯하다. 옛 성인을 대하듯 책을 대했으니 그 경(敬)의 마음을 짐작해 볼 수 있다. 사임당은 아마도 그녀가 읽었던 많은 책을 정말로 성인을 대하듯 공경의 마음으로 읽어 냈을 것이다. 여기에 공자가 『시경』을 읽고 느꼈던 '사무사(思無邪)'의 마음**128**까지 담아 읽어 냈음이 틀림없다. 사무사는 '생각에 사특함이 없다.'는 뜻으로, 공자가 『시경』의 시 300편을 읽고 시의 효용은 "사람들로 하여금 바른 성정(性情)을 얻는 데로 돌아가게 할 뿐이다."라고 말하며, 사무사라는 말 한마디로 그 뜻을 충분히 다 덮을 수 있다고 한 데서 유래한 말이다.

학문적 소양이 깊었던 사임당이 남긴 시와 「저녁에 외는 경구」의 글귀만 보더라도 그녀가 얼마나 진정으로 공경하는 마음으로 자신을 성찰하고, 끊임없는 수양을 통해 바른 성정을 얻고, 인생의 참된 목표에 도달하기 위해서 노력했는가를 엿볼 수 있다. 유교 경전에 해박했던 사임당은 공자가 말한 사무사의 의미도, 또 스스로 수양의 근거가 되는 경(敬)의 마음도 모두 삶의 작은 지표로 삼았을 것이다. 그리고 한평생 그것을 실천하기 위해 부단히 노력하며 인내하며 그렇게 살아갔을 것이다. 명대(明代)의 항목(項穆)이라는 학자는 사무사와 경(敬)의 가르침을 다음과 같이 말하고 있다.

> 유공권은 '마음이 바르면 붓도 바르다'고 하였는데 나는 지금 '사람이 바르면 글씨가 바르다'고 하겠다. 마음은 사람을 거느리는 것이니 마음이 바르다면 사람도 바른 것이다. 붓은 글씨로 충족되어지는 것이니 붓이 바르면 일이 바르게 된다. 사람은 마음으로 바르게 되고 글씨는 붓으로 바르게 된다. 그러므로 『시경』에서는 '생각함에 사악함이 없다(思無邪)'고 하였으며, 『예기』에서는 '공경하지 않음이 없게 하라(毋不敬)'고 하였다. 이는 서예의 큰 가르침으로, 이 한마디로 모든 것을 포괄할 수 있는 것이다.[129]

여기서 말하는 '바름'은 '사무사'와 '경'으로 귀결되고 있음을 보여 준다. 또한 이것이 서예의 큰 가르침이라고도 말하고 있다. 조선에서는 앞서 보았듯 서화는 단순히 글씨를 쓰는 것이 아니었다. 글을 쓰면서 높은 학식은 물론이고 도덕적인 인격 완성까지 중시하였다. 사임당 역시 글을 쓰며 자신이 소망하는 군자에 이르고, 성인에 한 발짝 다가서기 위해 한 획 한 획 온 정성을 기울였음을 짐작해 볼 수 있다.

● 섬세한 붓 속에 철을 품다

다음으로 사임당의 전서(篆書)[67]를 살펴보자. 지금 사임당의 전칭작으로 전하는 전서는 비단 바탕에 먹으로 쓴 보(保), 안(安), 흔(昕), 여(與), 리(履), 귀(貴), 춘(春)의 일곱 자이다. 어떤 시문의 일부로 짐작되기도 한다.

현재 전칭작으로 남아 전하는 사임당의 글씨로 초서작품이 가장 많아 주로 초서를 즐겨 썼을 거라 추측하는데 사임당이 중국 주나라 고대 한자서체인 선 굵은 전서 작품을 남긴 것을 보면 서예에도 상당한 수준의 경지에 올랐음을 짐작할 수 있다. 전서는 상당히 복잡해서 문자학의 지식 없이는 쓰기 힘든 서체이기 때문이다.

일반적으로 전서는 넓은 의미로 말할 때 예서 이전의 모든 서체를 가리킨다. 좁은 의미는 주로 대전(大篆)과 소전(小篆)을 가리킨다. 여기에서 대전이란 소전 이전의 문자나 서체, 즉 갑골, 금문, 주문과 육국고문을 가리킨다. 이에 반하여 소전이란 진시황 때 이사(李斯, ?~기원전 208)가 대전의 복잡하고 번잡한 획들을 간단하게 만든 글씨체의 하나이다.

사임당의 전서는 소전의 형체를 따르고 있다고 평가된다. "소전의 형체는 둥글면서도 정제되어 있고, 둥글고 모나고 곧바른 획들

---

67 전서(篆書)는 한자(漢字) 서예에서, 획이 가장 복잡하고 곡선이 많은 글씨체다. 대전(大篆)과 소전(小篆)으로 구별한다. 도장(圖章)이나 전각(篆刻)에 흔히 사용된다.

은 모두 법에 맞으며, 붓을 씀에 있어서는 마치 붓 속에 철을 품고 쓴 것 같으며, 부수와 변이 일정한 법칙을 가지고 있으며 필획의 둥근 것이나 직선이 모두 단선으로 되어 있고 굵고 가는 정도가 변하지 않으며 비교적 둥근 획으로 간격이 고르고 조금 길쭉한 형태를 취하고 있는 것이 특징이다."[130]

전서를 보면 번잡한 획들을 간단하게 줄여 만든 글씨이기 때문에 쓰기 쉬워 보인다고 할 수도 있겠다. 그러나 모든 획들은 법에 맞아야 하고, 붓 속에 철을 품은 듯 써야 한다고 했다. 과연 붓 속에 철을 품은 듯 쓰려면 어떻게 써야 하는 것일까.

율곡학회에서 발행한 한 책에서는 사임당의 전서에 대해서 대단한 평을 하고 있다. 이를 인용해 보면, "사임당의 전서는 일정한 굵기의 붓 맛이 남기는 적절한 균제미, 거침없는 붓길이 스쳐 지나면서도 부드러운 곡선을 자랑하는 여성 특유의 섬세함이 그대로 드러난다. 옛 서체를 그대로 모방한 것이 아니라 서예가의 독특한 세계관과 철학의 깊이가 담겨 있는 것이 서예다. 그래서 붓글씨를 서필(書筆)이라 이름 짓지 않고 서예(書藝)라 하여 예술로 높여 부르는 것이다. 이 글씨를 통해 사임당의 글씨는 초서뿐만 아니라 해서나 전서에도 일가를 이루었음을 미루어 알 수 있으니 예술적 재능의 차원을 넘어 예술혼을 뿜어낸 대가였던 것이다."[131] 라고 평하고 있다.

사임당의 전서 작품에 대한 자료는 매우 불충분하다. 물론 전칭 작으로 일곱 자 남긴 것을 보고 너무 과한 평가를 내리는 것이 아니냐는 반발도 나올 수 있다. 하지만 문자학의 지식 없이는 쓰기 힘들다는 전서를 쓰면서 과연 사임당은 몇 번의 붓놀림을 했을까 상상해 보자.

붓을 쓰는 것은 그 사람에게 달려 있다고 한다. 그래서 글씨를 잘 쓰는 사람은 붓을 사용하는 것이고, 글씨를 잘 쓰지 못하는 사람은 붓에게 쓰인다고 한다. 붓을 마음대로 움직일 줄 알아야 제대로 된 글씨를 쓸 수 있음인데, 몇 번의 붓놀림만으로 전서를 제대로 쓸 수 있었을까. 수많은 붓놀림이 있은 후에야 붓에 부림을 당하지 않는 것이다. 자료도 불충분했을 시절에 이와 같은 전서를 써서 전칭작을 남겼다는 것 자체가 대단한 의의가 될 수 있다고 생각한다.

「보(保)」, 신사임당 | 15.7×11.6cm | 강릉시오죽헌 · 시립박물관 소장

「안(安)」, 신사임당 | 15.7×11.6cm | 강릉시오죽헌 · 시립박물관 소장

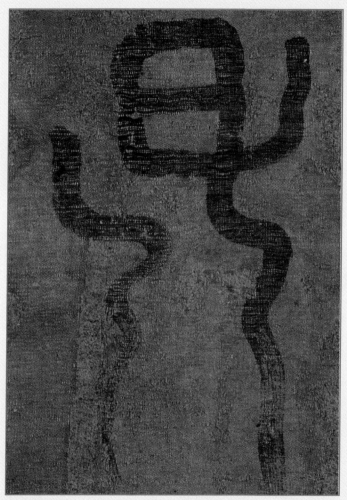

「흔(昕)」, 신사임당 | 15.7×11.6cm | 강릉시오죽헌 · 시립박물관 소장

「여(與)」, 신사임당 | 15,7×11,6cm | 강릉시오죽헌 · 시립박물관 소장

「리(履)」, 신사임당 | 15.7×11.6cm | 강릉시오죽헌·시립박물관 소장

「귀(貴)」, 신사임당 | 15.7×11.6cm | 강릉시오죽헌 · 시립박물관 소장

「춘(春)」, 신사임당 | 15.7×11.6cm | 강릉시오죽헌·시립박물관 소장

생명의 힘을 그리다

화가 사임당 ●

그림을 그리는 데는 여섯 가지 회화육법(繪畵六法)이 필요하다. 이는 중국 남조 제(齊)나라의 화론가이며 작가인 사혁(謝赫, ?~?)[68]이 진(晉)나라의 화가 27명을 품평한 『고화품록(古畵品錄)』의 서문에서 회화를 비평하는 여섯 가지 기준을 말한 것에서 비롯되었고, 이후 오랫동안 중국 화평이 기준이 된 것이다.

여섯 가지 기준 중 가장 낮은 단계는 '전모이사(傳模移寫)'로 이는 대상을 있는 그대로 재현해 내는 것이다. 즉 옛 화가들의 그림이나 선생의 그림을 그대로 베끼는 것을 말한다. 다섯째 단계의 요령은 '경영위치(經營位置)'로서 그림에서 화면의 구상과 배치를

---

[68] 조사혁은 인물화를 그리는 데 모델을 앉혀 놓지 않고도 그려 냈다고 한다. 한 번 보기만 하여도 생김새나 모습의 세밀한 점까지 상기해 가며 똑같이 그렸다. 기운정령(氣韻精靈)이라는 점에서 보면 생동감이 결여되고 필치가 섬약하여 웅장하고 아담한 맛은 없었으나, 진(晉)나라 중흥(中興)(318년) 이래 그에 미치는 자가 없었다고 한다. 화가로서도 유명했지만 회화 이론가로서도 유명해 '육법(六法)'은 오랫동안 중국 화평(畵評)의 기준이었다.

말한다. 다음 네 번째 단계의 수준은 '수류부채(隨類賦彩)'의 요령인데, 이는 종류별로 같은 부류의 색채와 수식을 입히는 것이다. 다음으로 '응물상형(應物象形)'의 단계는 그 물(物)의 속성을 가장 잘 드러내 주는, 그 순간적으로 포착된 이미지를 형상화하는 것이다. 즉 보이는 대상을 그대로 옮겨 놓은 것이 아니라, 대상 속에 숨어 있는 힘을 부각시키는 일이다. 다음 단계에서 요구되는 것은 '골법용필(骨法用筆)'로 붓놀림에 힘이 있어야 함을 뜻한다. 마지막 단계로 사혁이 가장 중요하게 여긴 '기운생동(氣韻生動)'은 작품 속에 깃든 작가의 예술 정신 혹은 예술혼이다. 이는 기술적인 측면보다는 작가의 정신적인 측면, 생명력, 멋스러움 등의 표현이 작품을 만드는 데 더욱 중요하다는 것을 뜻한다.

조선 전기의 회화는 고려 시대 회화의 전통을 계승하고 또 중국의 화풍을 수용하여 다양한 한국적 화풍을 형성하였다. 그 중심에 사대부들의 영향이 매우 컸으며 그들은 성리학적 사상 아래 수양의 한 방법으로 회화를 선택하여 발전시켰다. 이러한 회화의 활발한 움직임은 조선 건국 후 정치, 사회, 경제가 안정되면서 세종, 성종 등의 후원 아래 조선 전기 회화를 주도하였다.

사대부(士大夫)들의 미술로는 수묵산수화(水墨山水畫)가 주류를 이루었다. 이는 그 당시의 회화 정신을 표현한 것으로 시화일치(詩畫一致), 서화일치(書畫一致) 사상에서 발효된 문인수묵화를 기본으로 삼아 발전하였다. 시와 그림 모두 우주 만물의 이치와 천지조화의 자연법칙과 같이 작가 자신의 내면의 진리로 창작해야 한다는 것이다. 이 시기는 주객이 합일된 상태로 작가의 마음과 사물의 참모습을 표현하는 것이 가치 있다고 생각한 사대부들의 예술 사상이 결부되어 문인수묵화가 가장 많은 발전을 이룩한 시기였다. 사회의 주도권을 장악하고 있었던 사대부들이 그린 작품들은 산수화(山水畵), 사군자(四君子)가 우선적이었다.

사임당의 예술가로서의 면모는 시·서·화 다방면에 걸쳐 있는데, 그중에서도 가장 많은 작품이 전하면서도 뛰어난 면모를 보인 분야가 바로 그림이다. 앞서 살펴보았던 율곡의 「선비행장」을 통해 우리는 사임당이 15세기 우리나라 제일의 도화서 화원이었던 안견의 그림 양식을 따른 산수화를 그렸으며, 한·중·일 삼국에서 문인화의 주요 화목 가운데 하나인 묵포도(墨葡萄)도를 그렸다는 점도 알게 되었다. 산수화와 묵포도도 이외에도 그녀가 그렸다고 전해 오는 그림들은 풀벌레, 화조, 어죽, 묵죽, 묵매 등 그 소재가 폭넓게 분포되어 있다. 사임당의 작품으로 전칭된 화목은 우리나라의 다른 여류 화가들에 비해 아주 다양하다.

그중에서도 가장 많은 작품이 전하는 것은 채색초충도이다. 지금 전하는 조선 시대의 초충도는 거의 사임당의 작품이라 해도 과언이 아닐 정도로 초충도 화목에서의 사임당의 위상은 매우 높다. 이런 소재들을 그린 사임당의 그림은 마치 생동하는 듯한 섬세한 사실화로서 후세의 시인과 학자들은 사임당의 그림에 발문을 붙여 침이 마르도록 절찬하였다. 절찬의 이유야 여러 가지가 있다고 할 수 있겠으나 그만큼 후세의 절찬이 더할 수 있었던 이유는 처음부터 아름다운 모습을 재현하고자 그린 그림이 아니기 때문일 것이다. 그림을 그리며 그 안에 생명력을 담고, 사랑하는 마음을 담았기에 감동 또한 함께 살아 숨 쉬어 세월과 함께 할 수 있었던 것이다. 이는 사혁이 회화육법 가운데 가장 중요하게 생각한 기운 생동의 힘, 그림에 생기와 풍격, 그리고 의미를 부여하는 사임당의 정신적인 힘이 있었기 때문에 가능했을 것이다.

사임당의 정신적인 힘, 즉 예술 정신이 어떻게 그림에 드러났는지 현존하는 기록과 발문을 통해 알아보자. 사임당의 회화에 관한 문헌 기록은 크게 두 부류로 나누어 볼 수 있다. 그 첫째는 아들 율곡 이이가 「선비행장」을 통해 남겨 놓은 글과 사임당과 동시대를 살았던 어숙권이나 소세양 등이 남긴 짧은 기록들이고, 둘째는 현재 사임당의 것으로 전칭된 그림들에 쓰인 발문들이다. 이들 발문은 대부분 17세기 이후 율곡 성리학의 추종자들이 쓴 것이다. 그 수나 분량으로 보면 두 번째 부류의 기록들이 훨씬 더 많다. 그러나 17세기 이후 쓰인 발문들은 사임당 그림 자체의 예술적인 모습에 대한 발문이기보다는 율곡의 어머니라는 선입관에 크게 지배받아 그녀의 예술에 대한 올바른 판단을 흐리게 한 한계점을 지니고 있다. 그렇다고 하여도 사임당이 율곡의 어머니였기 때문에 예의로 과찬한 것이라고 보기에는 그 예술성이 너무나 뛰어났음을 배제하지 말아야 할 것이다.

일곱 살 때부터 안견의 그림을 모방하여 산수화를 그렸을 정도로 사임당의 그림 솜씨는 비범하였다. 물론 이것은 사임당이 남달리 익히는 재주가 뛰어난 탓도 있겠지만 사임당의 천재성도 부인할 수 없는 일일 것이다. 이러한 사임당의 천재성에 감탄한 발문들을 먼저 살펴보자.

먼저 사임당이 가장 많이 그렸던 초충도에 전해지는 발문 중 가장 이른 시기로 알려진 우암 송시열이 「가을 풀과 나비 떼(秋草群蝶圖)」에 쓴 발문을 살펴보자.

> 이것은 고(故) 증찬성 이공의 부인 신씨의 작품이다. 이 그림에 표현된 것은 사람의 손으로 그렸다고는 믿을 수 없을 정도로 매우 자연스럽고 인력이 범할 수 없는 것이다. 이와 같을진대 오행(伍行)의 정수(精髓)를 얻고 원기(元氣)의 융화(融和)를 모아 이로써 참다운 조화(造化)를 이룸에야! 마땅히 그가 율곡 선생을 낳으심이 당연하다.[132]

이 발문은 오행의 정수를 얻고 원기의 융화를 모아 참다운 조화를 이룬 신묘한 작품으로 그림의 위상을 전하고 있다. 그러나 송시열의 이 발문은 신사임당이 율곡의 어머니임을 내세움으로써 이후 쓰인 발문에 화가로서의 사임당의 모습보다는 율곡의 어머니로서의 사임당의 모습이 주로 등장하도록 영향을 미쳤다. 이 그림은 현재 전해지지 않으며, 발문만이 송시열의 문집을 통해서 알려져 있다.

또 다른 발문을 살펴보자. 영조 때 문신 조귀명(趙龜命, 1693~1737)[69]이 쓴 「의진이 간직한 신부인의 그림첩에 적는다」는 제목의 발문은 의진이란 이가 간직했던 화초 8폭에 써 붙인 것인데, 이 발문 또한 주인을 잃은 상태다. 그림은 없어지고 발문만 전해 아쉬움이 크다. 조귀명은 발문에서 "붓 솜씨가 그윽하고 고우면서 고상하고 명랑하니 그 그윽하고 고운 것은 여성인 까닭이요. … 채색 칠하는 것도 더욱 형언하기 어려우니 이 어찌 그림 법에나 맞추려고 애쓴 것이랴. 역시 그 천재가 높았기 때문이리라."**133**라며 사임당의 천재성을 칭송하고 있다. 다음으로 영조 때 이조판서를 지낸 홍양호(洪良浩, 1724~1802)**70**가 지은 「사임당 신씨의 그림 폭에 적는다」를 살펴보자.

　　그림으로써 세상에 드러난 사람이 이루 헤아릴 수 없지마는 모두 남
　　자요 부인은 아주 없으며, 또 잘 그리는 이는 많아도 신묘한 경지에
　　들어간 이는 드문데 부인으로서 그림을 잘 그려 신묘한 데 들어간 이
　　야말로 오직 우리나라 사임당 신씨가 그분이다. 그렇기 때문에 사임

69　조귀명은 풍성(豊城) 사람으로 자는 석여(錫汝), 호는 동계(東谿)이다. 34세 때 문과 시험장에서 시험관 정익형(鄭益亨)으로부터 멸시를 당한 뒤로 다시는 과거를 보지 않고, 벼슬에 나가지도 않았다. 그의 저서로는 『동계집(東谿集)』이 있다. 민족적 주체성에 대한 자각도 대단했는데, 그는 모화사상(慕華思想)을 단호히 배격했으며, 조선이 당당한 문화 중심지라는 자부심 또한 대단했다 전한다. 사임당의 화초 그림첩에 쓴 발문은 1737년에 쓴 것으로 그가 죽기 전 마지막 해에 남긴 글이다.

70　홍양호(洪良浩)의 본관은 풍산(豊山), 초명은 양한(良漢), 자는 한사(漢師), 호는 이계(耳溪)이다. 벼슬은 판중추부사(判中樞府事)에 이르렀으며 그보다도 그는 해박한 학문으로써 유명했다. 청나라 조정에서도 그의 학문과 시와 문장을 높이 평가했으며, 서예에도 능하여 진(晉)·당(唐)의 체법을 얻은 이라는 정평이 있다.

당의 그림이 세상에서 진귀하게 여김을 받는 것이 저 값진 구슬과 같을 뿐만이 아닌 것이다.**134**

이 글은 홍양호가 지니고 있던 4폭 그림첩에 스스로 지어 붙였던 발문인데 그림은 어찌 되었는지 확실하지 않다고 한다. 이 발문 뒷부분의 내용으로 미루어 보아 제1폭은 「대와 학」, 제2폭은 「버들과 꾀꼬리」, 제3폭은 「산수」, 제4폭은 「꽃과 나비」로 이루어져 있었다고 기록되어 있다. 그러나 홍양호의 발문 이후에는 그 그림이 어떻게 되었는지 전혀 자세하지 않고, 또 이 발문에 따른 그림이라 전하는 것도 아직 사임당의 전칭작이라 확정되지는 않아 확인할 수 없다. 더 많은 연구가 이어져 주인을 기다리고 있는 모든 그림이 제자리를 찾았으면 하는 바람이다.

1830년 무렵 형조판서를 지낸 신석우(申錫愚, 1805~1865)[71]가 매화 그림 8폭에 붙인 발문 또한 살펴보자.

부인은 천품 자질이 순정하고 효성 있고 지조가 단정 순결하며 말이 적고 행실을 삼가서 하며 어려서부터 경전과 사기에 통하고 문장을 능히 하며 바느질과 자수에 모두 아울러 지극히 정묘할뿐더러 그림

---

[71] 신석우(申錫愚)의 자는 성여(聖如), 호는 해장(海藏), 평산(平山) 사람이다. 온유한 성격에 효성과 우애로 평판이 높았으며 벼슬은 경상도 관찰사를 지나 형조판서에까지 이르렀고 죽은 뒤에 문정(文貞)이라 시호하였다.

에 이르러서도 또한 신품을 만들었다고 적혀 있었다. 내가 어렸을 적에 내 종가 직암공 신경 후손의 집에서 부인의 그림을 보고 경모 완상한 일이 있어 그 그림 속의 정경이 아직도 눈앞에 삼삼한데 이제 또 이 그림에 눈을 붙이게 되니 참으로 다행한 일이다. 부인은 선비의 집안에서 생장하고 도덕 있는 가문에 출가하여 세상에 이름을 떨친 큰 현인을 낳고 키워 그 정통 근원과 곁으로 퍼진 갈래들이 늘실늘실 흐르고 통하여 지금껏 모두들 앙모하여 말지 않는 것이다.[135]

사임당의 재능은 물론이고 좋은 가문에서 율곡을 낳고 키워 후세에 끼친 영향까지 그 범위를 넓혀 칭송하고 있다. 이 발문 역시 17세기 이후 19세기의 발문으로 사임당을 모성의 대명사로 추앙하고자 주도했던 평산 신씨 집안의 발문이다. 앞에서 살펴본 발문들 모두 17세기 이후 율곡 성리학의 추종자들이 쓴 발문으로 사임당의 천재성을 높이 평가하면서도 율곡의 어머니임을 전면에 내세우고 있다. 그 당시의 정치 환경의 영향으로 신사임당이 주체적인 모습보다는 객체적인 모습으로 우리에게 남아 있는 것 같아 조금은 쓸쓸해지기도 한다. 그렇기에 이 장에서는 누군가의 어머니가 아니라 사임당 본연의 모습을 보여 주고 싶다.

전칭작으로 전하는 사임당의 작품을 크게 수묵화와 초충도로 나누고, 먼저 산수, 난초, 매화, 화조, 화초어죽, 포도 등 수묵화를 살펴본 후 초충도가 지니는 상징적 의미와 그림 안에 담아 전하는 '인(仁)의 마음'까지 미루어 보자.

● 엷은 먹빛이 전하는 탐스런 풍취 | 묵포도도(墨葡萄圖)

사임당이 특히 절묘하게 잘 그렸다고 칭송되는 그림 중 하나가 바로 「묵포도도(墨葡萄圖)」다. 율곡의 「선비행장」에 "포도를 그렸는데 세상에 시늉을 낼 수 있는 사람이 없었다."고 전하는 것처럼 포도 그림에 있어서는 그 진위를 알 수 없는 전칭작이 여러 폭 전할 정도로 사임당의 명성은 이미 높다. 앞서 언급한 어숙권의 『패관잡기』에도 포도화를 잘 그려 안견에 버금간다고 전해지고 있다.

현재 사임당의 전칭작이라 전하는 네 폭의 포도 그림 가운데 간송미술관에 보관되어 있는 「묵포도(墨葡萄)」가 가장 대표적인 작품이다. 이 그림의 바탕은 종이이고 묵화로 되었는데, 길이는 31.5cm, 너비는 21.7cm이다. 조금 잘린 듯한 느낌을 주고 있어서 원래의 그림 크기는 현재의 크기보다 조금 컸을 것으로 예상된다. 하지만 명품의 가치에는 전혀 손색이 없다고 평가받고 있다.

커다란 포도송이의 무게 때문에 넝쿨이 축 늘어져 있는데, 포도송이를 부분적으로 가리는 풍성한 잎을 담묵(淡墨, 엷은 먹빛)으로 묘사하고 그 위에 농묵(濃墨, 짙은 먹빛)의 예리한 필선으로 엽맥을 처리한 전형적인 몰골법(沒骨法)을 보여 준다. 또한 포도 열매 하나하나에도 먹의 어울림에 변화를 주어 입체감을 내었고, 덩굴손의 끝부분도 탄력 있는 필선으로 율동감 있게 처리한 점 등에서 높은 경지의 작품으로 평가된다.[136] "사임당의 묵포도도는 조선시대의 묵포도도 전통의 선구적인 역할을 한 것으로 그 가치가 더 부각된다."[137]라는 평가도 이 작품의 가치를 한 단계 높이고 있다.

「묵포도」, 신사임당 | 31,5×21,7cm, 간송미술관 소장

또 삼성미술관에 소장되어 있는 「포도도」도 그 명성이 높은데, 이 작품에는 이병연(李秉淵, 1671~1751)[72]의 「사임당 포도에 붙이는 시」라는 발문이 전한다.

父師嚴訓不髭鬚　아버지 교훈 아래 자라난 부인

成就吳東亞聖流　우리 동방 어진 인물 낳으셨나니

馬乳數叢人獨愛　사람들은 포도 그림만 좋다 하면서

女中還道李營丘　부녀 중의 이영구라 일컫는구나

이병연이 일컫은 송나라 화가 이영구(李營丘)[73]는 '먹을 아끼기를 금과 같이 했다'고 전할 정도로 아주 엷은 먹빛으로 광활한 평야와 험준하게 우뚝 솟은 산, 수목 등의 경치를 잘 그려 송나라 산수화의 모범으로 불리고 있는 사람이다. 이병연이 사임당을 이영구에 비유했음은 그와 짝할 수 있을 정도로 솜씨를 칭찬했음은 물론이고 사임당의 작품을 조선 포도화의 모범으로 세우고자 한 의

---

[72] 이병연(李秉淵)은 조선 후기의 시인으로, 자는 일원(一源)이고 호는 사천(槎川) 또는 백악하(白嶽下)이다. 음직(蔭職)으로 벼슬이 부사에 이르렀으며 삼연(三淵) 김창흡(金昌翕)에게 글을 배웠다. 평소에 시를 잘하여 일만(一萬) 수를 넘겼다 하며, 시집 한 권이 세상에 전한다.

[73] 이영구(李營丘)라 불리는 이성(李成, 919~967)은 북송(北宋) 수묵산수화의 대가로 칭송받는 화가이다. 일생이 불우하여 시와 그림과 술로써 소일했으나 그의 산수화는 천하의 명품이라 모두들 그를 존경하는 뜻으로 이름을 부르지 않고 이영구라고 불렸다.

도도 있었다고 생각된다.

이 포도도에는 또 하나의 발문이 전하는데, 영조 때 사람 유언길(兪彦吉)은 사임당의 고향까지 들춰 가며 그 가치를 평가하고 있다. 발문과 찬하는 시가 함께 있다.

내가 율곡 선생 어머니의 행적을 읽어 보니 부인은 일곱 살 때부터 안견의 산수 그림을 모방해 그렸는데, 그가 그린 포도는 남들이 도저히 흉내 내기 어려운 천재성이 넘쳐 나는 작품이다. 신사임당의 성품은 지극히 효성스러워 저 대관령 위에서 구름을 바라보며 읊은 시를 읽는다면 효자들로 하여금 눈물을 짓게 할 만하므로 저 옛날 정자의 어머니 후부인의 「기러기」 시와 함께 바른 성품과 감정에서 우러난 것이라 어찌 경모하지 않을 것이냐. 이제 그가 그린 그림첩을 강릉 사람 □ □이 지닌 것인데 대개 부인이 어려서부터 중년에 이르기까지 어머니 곁에 있어, 생각건대 그가 붓을 놀릴 적에 꽃, 과일, 풀벌레 따위가 살아 움직이고, 날고뛰는 듯하여 족히 늙은 어머니의 주름 잡힌 얼굴을 환하게 펴지게 하는 재주가 되었던 것이니 이것으로써 부인의 그림이 효심에서 우러난 것임을 알 수 있다. 만일 그렇지 않다 하면 규방 속에서 그린 필적을 어찌 남이 얻어 완상할 수 있을 것이며 또 다만 강릉 사람에게만 끼쳐 있을 것이냐. 이 화폭은 또한 마땅히 저 후부인의 시첩과 함께 보배로이 간직할 만한 것이다.

蝌珠磊落間龍鬚 구슬인 양 동글동글 사이사이 용수염이

淡葉輕陰色欲流 맑은 잎새 가벼운 그늘 푸른빛 흐르누나

不有霜絹留手澤 흰 깁 위에 그 솜씨 끼치지 않았던들

魯人何得識尼丘 강릉 사람 무엇으로 사임당을 알았으랴

영조(英祖) 14년(1733년) 2월 상순 기계 유언길 삼가 절하고 씀.**138**

「묵포도도」, 황집중 | 27.7×22.1cm, 국립중앙
박물관 소장

유언길은 사임당 그림의 원천을 그림을 그려 어머님을 기쁘게 해드리려 했던 지극한 효심으로 보고, 그녀의 바른 성품과 인격을 깊이 존경하고 사모하고 있다. 이 작품은 먹으로만 그린 수묵화임에도 포도의 탐스러운 풍취가 생생하게 전해진다. 도화서 화원이 포도를 그린들 이 정도 솜씨를 뽐낼 수 있었을까. 이 정도면 포도 그림으로 당대 최고의 기량을 자랑했던 황집중(黃執中, 1533~?)[74]에 견주어도 손색없을 것이다.

---

[74] 황집중은 포도 그림에 있어서 절도 있는 줄기와 생동감, 고매한 열매의 모습을 담은 변각 구도의 절지풍 포도도로 조선 시대 문인화로서의 포도도의 정형을 이룩한 사람이다. 농도를 달리하는 여러 먹색을 서로 대비시킴으로써 변화감을 자아냈는데, 이러한 기법은 단순하면서도 대담한 구도와 소재 처리 방식과 더불어 그의 뛰어난 격조와 기량을 보여 준다. 이정(李霆, 1554~1626)의 묵죽, 어몽룡(魚夢龍, 1566~?)의 묵매와 함께 삼절로 일컬어졌다.

또한 사임당의 포도 그림에는 사임당의 인품을 확인할 수 있는 재미있는 일화가 전해 오는데, 사임당이 강릉에서 살 때 있었던 일이다.

어느 날 이웃집에 잔치가 있어 사임당도 초대를 받아 갔다. 그런데 심부름을 하던 계집종이 음식 그릇을 어느 부인의 비단 치맛자락에 쏟았다. 사실 이 부인의 옷은 이웃집에서 빌려 입고 온 것이라 크게 걱정을 하였는데, 이때 사임당은 그 집 주인에게 벼루와 붓을 좀 가져다 달라고 하고는 얼룩진 비단 치마를 펼쳐 놓고 그 위에 그림을 그리기 시작하였다. 그 그림은 싱싱한 잎 속에서 탐스럽게 익어 가는 포도송이를 그린 정교한 그림이었다. 사임당은 이 치마를 부인에게 돌려주면서 시장에 가지고 가서 팔아 그 돈으로 새 비단 치마를 사도록 했다.

사임당에게서 포도송이 그림 치마를 받은 부인이 곧장 시장으로 치마를 팔러 나가자 지나가던 사람들이 모두 모여 이 포도송이 그림 치마를 유심히 살폈다. 그중 한 부인이 "이 그림은 누가 그린 것입니까?" 하고 묻자 사임당이 그린 것이라는 말에 그 부인은 얼굴에 기쁜 빛을 나타내며 많은 돈을 내고 사 갔다. 그래서 이웃집에서 옷을 빌려 입고 왔던 부인은 그 돈으로 비단 치맛감을 사서 치마 임자에게 새 감으로 돌려주고도 몇 감이 더 남았다고 하는 일화가 전한다. 이 일화를 보면 사임당은 이미 그 지역에서 그림을 잘 그리는 이로 정평이 나 있었음을 알 수 있다.

그림은 마음을 수양하는 예술이라 생각했던 사임당은 그림을 팔아 돈을 만들지는 않았으나 다만 그때는 그 부인의 딱한 사정을 보고 도와주려는 따뜻한 마음에서 그림을 그렸을 것이다. 인간의 마음에는 모두 하늘로부터 부여받은 덕이 있다. 이 덕은 인간 자신에 의해 부단히 갈고 닦아야 빛나게 되는 것이다. 사임당의 부단한 수양으로 완성된 이 덕이 치마폭에 실려서 실현된 아름다운 일화라 생각한다.

● 줄기와 잎사귀가 마치 이슬을 머금은 듯 | 화초어죽(花草魚竹)

사임당의 화초어죽은 수박, 대나무, 오이, 쏘가리의 네 폭으로 구성된 화첩으로 길이 50cm, 너비 35cm로 그림 바탕은 비단이고 묵화로 그려져 있다.

이 그림은 6 · 25 전쟁 때 소장자 윤석오가 땅 속에 묻어 두었던 관계로 많이 퇴색되었다고 한다. 지금은 현 소장자에 의해서 이들이 모두 횡으로 연결되어 수암 권상하(遂菴 權尙夏, 1641~1721)의 발문과 함께 액자 형태로 꾸며져 있다.

발문에 의하면 이 화첩은 옥산 이우의 집안으로부터 그의 외손자들에게 전해졌다고 한다. 수암 권상하는 호를 우암(尤庵)을 따른다는 의미로 수암(遂菴)이라고 지었을 만큼 송시열을 존경한 사람이며 따라서 율곡계 성리학을 계승한 또 한 명의 유명한 학자이다. 이 발문 역시 율곡의 칭송과 함께 그 어머니임을 잊지 않고 칭송한 발문이다. 그 일부를 살펴보자.

사임당 신씨 부인의 그림은 필력이 살아 움직
이고 모양을 그린 것이 똑같아 줄기와 잎사귀
는 마치 이슬을 띤 것 같고 풀벌레는 날아 움직
이는 것 같으며, 오이와 수박은 보다 말고 저도
몰래 입에 침이 흐르니 참으로 천하에 제일가
는 보배다. … 어허! 율곡 선생은 과연 백대의
스승이라 내 일찍 저 태산과 북두성처럼 우러
러 받들더니 이제 또 그 어머님의 필적을 보고
나매 그 경모되는 바가 과연 어떻다 할꼬.[139]

「수박」, 신사임당 | 50
×35cm, 개인 소장

「대나무」

이 발문은 현재 네 폭의 수묵화(수박, 대나무,
오이, 쏘가리)와 더불어 한 액자에 표구되어 있
다.[140] 첫째 폭 수박은 둥그렇고 육중한 모습으로
화면의 왼쪽 구석에 무게를 주고 있으며, 그 위
로는 강아지풀이 부드러운 필선으로 묘사되었
다. 오른쪽으로는 수박 덩굴이 가볍게 뻗어 올
라가는 모습을 볼 수 있다. 수박은 사임당의 자
수나 다른 채색화에도 자주 등장하는 소재이다.
그러나 이 수묵화만큼 자연스럽고 섬세한 묘사
는 보기 드물다는 평이다. 덩굴이 나선형으로
꼬이는 모습, 강아지풀의 잎이 가볍게 끊어졌
다 다시 연결되는 비백(飛白)묘사나 공간을 느

「오이」

「쏘가리」

끼게 하는 방향 전환 묘사, 토파(土坡, 흙으로 쌓아 올린 둑)의 엷은 몰골법의 담묵 처리 등의 기교가 돋보인다고 평가되고 있다.[141] 여기에서 덩굴이나 강아지풀의 미세하고 탄력이 풍부한 필선은 서로의 연결을 자연스럽게 하여 깊은 운치를 느낄 수 있게 한다.

둘째 폭 묵죽(墨竹)은 죽간(竹竿)이 비교적 가느다란 두 그루의 대나무가 각각 농묵(濃墨)과 담묵(淡墨)으로 그려져 그 변화가 풍부하다. 담묵으로 된 대나무는 겨우 보일 정도로 그림자와도 같은 역할을 하고 있다. 대나무 잎은 주로 네 개가 한 조를 이루고 있으며 그중에서 한 잎은 아주 작아 대조적이어서 공간 감각과 변화미가 있다. 사임당의 묵죽은 거의 직선으로 약간 끝이 올라간 자연스러운 모습을 보인다. 용필의 조세(粗細)와 필묵(筆墨)의 농담을 간략하고 담백하게 표현했다는 평가를 받는다. 대나무는 모든 식물의 잎이 떨어진 추운 겨울에도 푸른 잎을 계속 유지하는 사군자 중의 하나로 전통적으로 절개를 뜻하지만 효도의 의미도 있다.

중국 전국시대에 맹종(孟宗)이라는 효자가 겨울에 늙은 어머니께서 죽순을 먹고 싶어 했지만 아직 죽순이 나오지 않아 구할 수 없자 대나무 숲에 들어가 슬피 우니 땅속에서 죽순이 솟아나 어머니께 가져다 드렸다는 고사로부터 대나무는 효도를 의미하게 되었다. 신사임당은 대나무를 그릴 때에는 아마도 돌아가신 아버지 신명화를 떠올렸을 것이다. 권세와 위복을 좇아 붕당을 짓는 입신양명보다는 끝까지 학문에만 전념하여 스스로 '수신제가치국평천하'의 근본을 가정 내에서 먼저 실천한 올곧은 성품의 아버지에 대한 그리움이 대나무 잎 하나하나에 깃들어 있는 듯하다.

세 번째 오이 그림 역시 상태는 좋지 않지만, 수박 그림에서처럼 엷은 먹으로 표시한 토파위에 오이 몇 개를 무게 있게 안치하고 섬세한 필치로 잎사귀의 잎맥을 그렸으며, 넝쿨 사이로 가느다란 풀을 부드럽고 자연스럽게 섞어 놓았다.[142]

마지막 네 번째 쏘가리 그림 역시 상태가 좋지 않다. 네 폭 중 그 훼손 상태가 가장 심하다. 사임당의 그림처럼 쏘가리(鱖)가 단독으로 그려진 경우는 '쏘가리 궐(鱖)'이 '궁궐 궐(闕)' 자와 발음이 같기 때문에 쏘가리를 궁궐로 여겨 '과거에 급제하여 대궐에 들어가 벼슬살이를 한다.'는 의미를 담아 그렸다. 어떤 경우에는 낚싯바늘에 꿰인 쏘가리를 그리기도 하는데, 이것은 '벼슬자리를 꼭 잡고 놓치지 않는다.'는 뜻이 내포되어 있다. 그러나 쏘가리를 그릴 때 한 화면에 두 마리를 그리는 것을 피하는데, 그 이유는 쏘가리가 두 마리이면 궐(闕)자가 둘이 들어가 궁궐이 둘이 되는 형국이며, 이는 임금이 둘이라는 의미와 통하기 때문이다. 이렇게 보면 쏘가리도 잉어와 마찬가지로 장원급제나 관직 등용의 의미를 가지고 있었음을 알 수 있다.

사임당의 쏘가리 그림은 또 다른 특징을 하나 갖고 있다. 그 당시 대부분의 화가들이 쏘가리를 그릴 때 중국의 그림본 그대로 중국의 쏘가리를 베껴서 그렸는데, 사임당은 우리 하천에 사는 쏘가리를 그렸다. 우리 하천에 사는 쏘가리는 중국의 쏘가리에 비해 무늬가 잘고 폭이 넓지 않은 것이 특징인데, 사임당이 그린 쏘가리가 바로 그러했던 것이다. 우리의 자연을 사랑한 사임당의 마음을 엿볼 수 있는 부분이다.

◉ 천지 만물이 제자리를 얻다 | 산수화(山水畵)

산수화는 조선 시대 여류 화가들이 비교적 적게 다루었던 화목이지만 사임당의 경우는 몇 점의 전칭작이 전한다. 그중 가장 잘 알려져 있는 것이 국립중앙박물관에 소장되어 있는 산수도 2폭, 즉 「월하고주도(月下孤舟圖)」이다. 그 외의 전칭작은 양식상 후대의 것으로 보이는 작품과 현재 상태가 지극히 나빠 거의 알아볼 수 없고 대신 발문으로 사임당의 전칭작이라 칭하고 있는 작품이 있다.

사임당은 이미 7세 때부터 화가 안견의 그림으로 모방 또는 사숙하기 시작했음은 앞에서 살펴보았다. 이는 훗날 사임당이 회화에서 두각을 드러낼 수 있는 큰 힘이 되었을 것이다. 이러한 사실은 사임당의 산수화로 전칭되는 「월하고주도」를 보면 알 수 있는데, 그림의 구도나 공간 처리가 안견의 산수화 작품과 매우 흡사하다. 안견의 산수화는 흩어진 경물(景物)들이 서로 조화를 이루고 있으며 확 트인 것 같은 공간을 느끼게 해준다.

또한 산이나 바위를 처리할 때 짧은 선이나 점을 많이 이용하였고 구도 면에서 보면 두 가지로 나누어 볼 수 있는데 하나는 화폭의 중심을 기준으로 하였을 때 한쪽에 치우치는 편파 구도를 지녔고 또 하나는 좌우가 대칭을 이루는 대칭 구도를 지녔다. 안견의 영향을 받은 사임당은 산수화에서 편파적인 구도를 사용하였으며 공간의 처리와 조화감을 뛰어나게 표현하였다고 평가된다.

『한국회화사』의 저자 안휘준은 "사임당은 눈앞의 경물들을 사실대로 표현해 가는 과정에서 자신의 노력과 자발성을 첨가하여 전개시킴으로써 사임당 특유의 독특한 분위기를 창출해 내고 있다. 즉, 사임당의 산수화는 필묵(筆墨)과 준법(峻法)[75]에 있어서 절파(浙派)의 영향을 가미한 절충 형식으로 16세기 산수화단의 새로운 화풍을 대변해 주는 작품으로 평가받고 있다."[143]라고 책에서 밝히고 있다. 여기서 말한 필묵과 준법의 절파 영향이란 대진(戴進, 1388?~1462?)에 의해 창시되어, 15세기 초기 중국의 절강성을 중심으로 번성한 산수화 양식으로, 특징은 화면을 대각선으로 나누었을 때 아래쪽, 즉 근경(近境)에는 무게 있는 구성 요소가 집중되어 있고 반대편 원경(遠境)은 멀리 안개에 쌓여 경물이 보일락말락 생략적으로 표현하여 먹의 농담 차이가 뚜렷하게 표현되는 양식의 그림을 말한다. 여기에 사임당만의 노력이 첨가되어 16세기 산수화단의 새로운 화풍을 점했을 정도라 평가받고 있으니 과연 사임당의 산수화 실력이 매우 뛰어났음을 알 수 있다.

사임당의 산수화 「월하고주도」는 2008년 사임당의 후손인 덕수 이씨 문중의 서울대 이창용 교수가 기증한 것으로 현재는 국

---

[75] 준법은 동양화에서 산악, 암석 따위의 입체감을 표현하기 위하여 쓰는 기법이다.

립중앙박물관에 소장되어 있다. 두 폭 병풍에는 모두 가운데 접힌 자국이 있어 이들이 원래는 화첩의 그림이었다는 것을 보여준다. 이들 그림의 한편에는 각각 오언 당시(伍言 唐詩)를 초서로 쓴 제시가 있다. 현재 6면의 병풍에 장황되어 있는데, 앞쪽 2면에는 평산 신씨 인물들과 관련된 고문서가 장황되어 있고, 그 뒤 4면에는 그림이 연폭(連幅)으로 장황되어 있다. 제시는 앞쪽 폭엔 당나라 시인 맹호연(孟浩然, 689~740)의 오언절구 「숙건덕강(宿建德江)」[76]이 오른편에 배치되어 있고, 뒤쪽 폭의 왼편에는 이백의 오언율시 「송장사인지강동(送張舍人之江東)」[77]의 구절이 각각 쓰여 있다. 첫째 폭에는 맹호연의 다음과 같은 화제시(畫題詩)[78]가 있다.

移舟泊烟渚　배를 저어 안개 자욱한 물가에 정박하네
日暮客愁新　해질 무렵 나그네의 근심은 새롭고
野廣天底樹　들판은 넓고 나무는 하늘 끝에 닿는데
江清月近人　맑은 강물에 비치는 달은 사람들에게 가까이 가네

76　숙건덕강(宿建德江)은 '건덕 강에서 묵으며'란 뜻이다.

77　송장사인지강동(送張舍人之江東)은 '강동으로 가는 장사인을 배웅하며'란 뜻이다.

78　화제시는 그림에 써넣은 시를 일컫는 말로, 그림으로 다 나타낼 수 없는 부분을 보완하는 역할을 한다. 작가의 창작 동기와 감정을 돋보이게 하기 위해 써넣기도 하고, 작품에 대한 감상과 평가를 표현하기 쓰기도 한다.

맹호연의 시가 담긴 「월하고주도」, 신사임당 | 34.2×62.2cm, 국립중앙박물관 소장

　이 시 내용을 그대로 표현한 듯 화면의 왼쪽 강에는 외로운 나그네가 앉아 있는 배 한 척이 정박해 있고, 중간쯤의 하늘에는 달이 높이 떠 있으며 언덕 위의 큰 나무, 먼 산 뒤로 보이는 나무들은 하늘에 닿은 듯 아련히 보인다. 물안개가 피는 저녁 무렵, 배에서 내린 나그네의 쓸쓸한 마음을 읊은 시의 느낌을 그림으로 나타냈다고 할 수 있다. 뒤쪽 폭의 왼편에는 이백의 화제시가 쓰여 있는데, 해질 무렵 배를 타고 멀리 떠나가는 친구를 바라보며 작별하는 장면을 그린 그림이다. 원래 이백의 시는 오(吳)나라 사람 장한(張翰)이 멀리 낙(洛) 땅의 제왕 밑에서 대사마(大司馬)란 벼슬을 하던 중 가을바람이 불어오자 문득 고향 오나라의 향채나물, 순채국, 농어회를 생각하며 "인생이란 제 생각대로 하는 것이 귀한데, 어찌 수천 리 떨어진 곳에서 벼슬살이에 매여 명성과 작위를 구할까?"라고 하고는 바로 가마를 내라고 명하여 집으로 돌아갔다는

일화를 배경으로 쓴 오언율시 40자[79] 가운데 사임당이 장한이라는
사람과 관련된 구절만을 취해 써놓았다.

天晴一雁遠 맑은 하늘에 외기러기 멀리 날고

海闊孤帆遲 넓은 바다에 외로운 배 천천히 가네

白日行欲暮 밝은 해는 뉘엿뉘엿 저물어 가고

滄波杳難期 푸른 물결 아득히 재회는 기약이 없네

---

[79] 이백의 오언율시 전문은 다음과 같다. "張翰江東去, 正值秋風時, 天晴一雁遠, 海闊孤帆
遲, 白日行欲暮, 滄波杳難期, 鳴洲如見月, 千里幸相思." '장한이 멀리 강동으로 떠나가
니 / 마침 가을바람 불어올 때라네 / 맑은 하늘에 외기러기 멀리 날고 / 넓은 바다에 외
로운 배 천천히 가네 / 밝은 해는 뉘엿뉘엿 저물어 가고 / 푸른 물결 아득히 재회는 기
약이 없네 / 오 땅의 물가에서 달을 보거든 / 천 리 밖 이 몸을 생각해 주게나'로 해석할
수 있다.

이 그림에서도 역시 산 너머로 저물어 가는 해, 시원하게 펼쳐진 넓은 바다에 외롭게 떠가는 돛단배 등 이백이 시로 읊었던 장면이 잘 표현되어 있다. 위의 시는 사임당 자신의 시는 아니지만 문인화에서 시상을 그림으로 표현하는 전통에 입각하여 이 시에 묘사된 정경을 그림에 잘 포착한 일종의 시의도(詩意圖)라 할 수 있다.[144] 당시 조선 화단을 이끌었던 시와 그림이 하나의 예술이라는 '시화일치' 사상이 잘 표현된 그림이다.

다음으로 중종 때의 유명한 문장가 양곡 소세양(陽谷 蘇世讓, 1486~1562)[80]이 시를 써 붙인 사임당의 산수화 그림이 있는데, 그림을 정확히 읽을 수 없을 만큼 상태가 나빠 거의 알아볼 수 없다. 어떠한 경로로 시를 써 붙였는지는 알 수 없으나, 이 그림 상단에 소세양의 시뿐만 아니라 백헌 이경석(白軒 李景奭, 1595~1671)의 발문과 우암 송시열(1607~1689)의 발문도 전한다. 산수도 그림에 있는 소세양의 시는 일부만 겨우 읽을 수 있을 정도로 훼손이 심하지만, 소세양의 문집『양곡집(陽谷集)』에 해당 시가 수록되어 있기 때문에 시 내용이 알려졌다. 그림의 진위 여부에 대한 의견

---

80 양곡(陽谷) 소세양(蘇世讓)은 조선 중기의 문신으로 병조, 이조판서, 우찬성 등을 역임했다. 성주사고(星州史庫)가 불타자 왕명에 따라 춘추관(春秋館)의 실록을 등사, 봉안하였다. 문명이 높고 율시에 뛰어났으며, 송설체를 잘 썼다. 전하는 문집은『양곡문집(陽谷文集)』이 있고, 글씨는「임참찬권비(任參贊權碑)」,「소세량부인묘갈(蘇世良夫人墓碣)」등이 있다.

은 분분하나 사임당과 동시대인인 소세양의 시가 남아 있다는 것은 사임당의 진작이라고 판단할 수 있는 근거가 된다. 하지만 훼손 정도가 너무 심해 자료로서 크게 부족함도 사실이다. 사임당의 인품과 그림의 위상을 보여 주는 소세양의 시를 살펴보자.

百折溪流千疊山	시냇물 굽이굽이 산은 첩첩 둘려 있고
岩廻木老路紆盤	바위 옆에 늙은 나무 감돌아 길이 났네
樹林霧靄空濛裡	숲에는 아지랑이 자옥이 끼었는데
帆影煙雲滅沒間	돛대는 구름 밖에 뵐락 말락 하는구나
落日板橋仙客過	해 질 녘에 도인 하나 나무다리 지나가고
圍棊松屋野僧閑	막 속에선 늙은 중이 한가로이 바둑 두네
芳心自與神爲契	꽃다운 그 마음은 신과 함께 어울렸나니
妙思奇蹤未易攀	묘한 생각 맑은 자취 따라잡기 어려워라

소세양은 사임당의 꽃다운 마음과 맑은 자취는 따라잡기 어렵다며 사임당의 높은 인격을 칭송하고 있다. 그러나 이 시는 후에 송시열에게 호된 뭇매를 맞게 된다. 다음으로 이경석의 발문을 살펴보자.

상고하건대 우리 인간으로 천지의 빼어난 기운을 모아 출생한 이는 남녀를 물론하고 하나의 큰 이치를 투철히 알면 온갖 것을 다 알게 되어 가슴속이 환하며 조화가 그 손에 있어 붓을 들고 먹을 뿌림에 있어서도 어느 것에나 신묘한 데 이르게 되는 것이라 애초부터 정신을 괴롭히고 생각을 허비함이 아니요 그저 자연으로 그렇게 되어지는 것이다. 삼가 신부인의 산수 그림을 열람해 보매 구름과 모래 아득하고 숲에는 연기가 자욱하며 멀리 첩첩한 산봉들과 굽은 물 긴 모래톱이 솟고 둘린 채 감돌고 휘굽어 기이하되 날카롭지는 않으며 담박한 채 남은 맛이 있다. 그리고 암자며 초가며 끊어진 벼랑과 위태로운 다리들이 있는 듯 없는 듯 보일 듯 말 듯한 형상이 털끝을 가려 내도록 섬세하여 모두 붓 밖의 뜻이 있어 그 그윽하고 조용하고 단단하고 깊은 덕(德)이 역시 저절로 그 사이에 나타나 있으매 이것이 어찌 배워 가지고 될 수 있는 일이겠느냐. 거의 하늘이 주어 얻은 것이리라.[145]

이경석의 발문에 나타나듯이 하나의 큰 이치를 알아 모든 조화를 알고 먹을 뿌림에 신묘하지 않음이 없고, 여성답게 섬약하고 섬세한 선의 처리에서조차 깊은 덕이 절로 느껴짐은 천재성을 타고 났기 때문이라고 평가하고 있다.

그윽하고 담백한 채 진한 여운이 전하는 이유는 사임당의 깊은 덕이 그대로 그림에 전해지고 있기 때문이다. 모든 존재가 제자리를 얻고, 그 자리에서 제 빛을 드러낼 수 있는 천지(天地)와 인간의 이치를 모두 알아 그 손에서 조화된 아름다움이 탄생하게 된 것이다. 모든 만물과 모든 생명이 서로 잘 어울려 조화된 아름다움을 발하고 있음을 알고, 그것을 화폭에 그대로, 아니 더한 어울림을 입혀 담아낼 줄 알았던 그 마음이 사임당의 진정한 아름다움이 아닐까 생각한다.

이 산수도에는 우암 송시열의 발문이 하나 더 전하는데, 이 발문은 또한 덕으로 완성된 아름다움은 중국의 태임에 견주어도, 정명도와 정이천의 어머니 후부인에 견주어도 전혀 손색이 없음을 발문 앞부분에 보이고 있다. 먼저 앞부분의 내용을 살펴보자.

> 생각해 보건대 저 신부인의 어진 덕이 큰 명현을 낳으신 것이 저 중
> 국 송나라 때 후부인이 정명도, 정이천 두 분을 낳은 것에 비길 만합
> 니다.[146]

앞부분에 이어 송시열은 사임당이 이원수의 간청에 의해서 유기 쟁반에 그림을 그려 손님 앞에 내보인 일화를 들어 부녀자들의 글이나 글씨가 남에게 전하는 것을 그릇된 일이라 여긴 사임당을 칭송하고 있다. 사임당이 주자의 성리학 사상에 영향을 준 정명도, 정이천의 어머니인 후부인과 견주어 전혀 손색이 없다고 말한 것은 율곡 이이의 학문적 정통성을 정명도, 정이천에 견주려 함이었을 것이다. 이렇게 앞부분의 칭찬일색과는 달리, 뒷부분에서는 산수화가 정말 사임당의 작품인지 의심스럽다고 말하며 소세양의 무례함을 표현하고 있다. 송시열의 발문 뒷부분의 내용을 살펴보자.

전일 내게 인편으로 던져 보이며 발문을 요청하신 그 족자는 받았습니다. 그런데 거기에 서로 의논하여 고쳐야만 할 점이 있었으나 인편이 막혀서 여태껏 천연되어 참으로 유감스럽습니다. … 이제 이 족자는 전혀 그림에 전공하는 화가의 규모와 같고 저 한때 우연히 장난삼아 그리는 이의 그림 같지는 않은즉 그 당시 어버이의 엄격한 명령 아래 억지로 그리던 그림치고는 좀 다른 점이 있지 않은가 생각됩니다. 또한 솔 아래 의관한 사람을 그린 것도 그다지 분명치는 않은데 소공의 시에는 바로 중이라고 했은즉 더구나 부인에게는 마땅치 않은 것입니다. 그리고 남녀의 구별이 지극히 엄격해서 비록 일가친척이라도 역시 무슨 물건을 서로 빌어 가지도 못하며 심지어 한 우물물도 같이 먹지 못하거늘 이제 부인의 도장을 찍어 놓은 종이에다가 소공이 자기 손으로 그 위에 시를 적어 놓았다는 것은 참으로 미안한 일이며 또 그 시에 이른바 '꽃다운 마음'이니, 이른바 '맑은 자취'니 한 말도 그윽하고 고요한 덕을 노래하는 뜻에는 맞지 않은 것 같고 더구나 이른바 '따라잡기 어렵다'는 것은 남녀가 서로 엄격하고 경외해야 하는 점으로 보아 부당한 말인 것입니다.

소공의 위인이 어떠한지는 알지 못하나 그 무례하고 공손치 못함이 과연 이럴 수가 있겠습니까. 또 모를 일은 소공이 무슨 인연으로 이 그림을 얻어 보고 감히 그 위에다 시를 썼던 것인지요. 가령 저 후부인의 글씨가 있다 합시다. 명도 선생 형제는 반드시 어버이의 뜻을 어기어 남에게 그것을 전해 보이고 또 시인을 시켜 그 원본 속에다 시를 쓰게 하지는 않았을 것이니 이것은 아무래도 의심스런 것입니다. 그래도 그렇지 않다 하고 이 그림이 과연 부인의 손에서 나왔고 또 소공이 시를 쓴 것마저 과연 곡절이 있어 그런 것이라고 한다고 해도 위에 내가 말씀한 바와 같이 모두 나의 어지럽혀진 마음에는 긍정되지 않는 바이오니 바라옵건대 자세히 가르쳐 주셔서 이 막힌 소견을 열어 주신 연후에라야 그때 가서 전일의(발문) 명령을 받들겠습니다. 마음속에 의심스런 바를 감히 그대에게 숨길 수 없이 이같이 잔 말씀을 드려 도리어 죄송스럽습니다. 「집안에 전하는 서첩」에서

147

송시열은 아마도 이 산수화를 사임당이 그린 산수화로 인정하기 싫었던 모양이다. 소세양의 시에 "늙은 중이 한가로이 바둑 두네"라는 구절이 있는데, 이를 본 송시열은 "부인의 그림에 승려를 운운하는 것은 마땅치 않다."라면서 불교와 연관되는 것 자체를 강력히 반발한 것이다. 이렇게 송시열은 사임당의 그림을 유교적인 틀에 맞추어 해석하고자 했고, 사임당을 화가보다는 대유학자 율곡 이이의 어머니로만 인정하려고 한 것이다.

서인의 영수였던 송시열의 이 발문 이후에는 이 그림에 더 이상 발문이 붙지 않았다. 조선 여성으로서는 드물게 남긴 산수화 그림이었건만 산수화가 사임당은 자취를 감추고, '율곡의 어머니' 사임당만이 모든 발문에 등장하기 시작했다. 그 뒤 사임당 그림에 대한 발문은 대부분 초충도에만 치중해 붙게 되었다.

사임당의 또 다른 산수화라 전칭되는 두 점의 산수화 또한 실물

은 전하지 않고 소세양의 화제시만 『양곡집』에 전한다. 이 그림에 대한 진위 여부에 대해서는 "안견의 그림을 답습했다고 하나 신사임당 특유의 새로운 화법을 보여 주고 있는 그림으로 특히 그 그림 위에 당의 시 절구를 그림의 화제로 쓴 것이 신사임당의 글씨임에 틀림없으므로 최순우와 한학자 임창순 등의 고증에 의하여 이 산수화를 진품으로 감정하게 되었다."라고 이은상의 『사임당과 예술』에 비교적 소상히 전해지고 있다. 이 화제시 또한 사임당의 빼어난 인품과 절묘한 그림 솜씨를 예찬하고 있다.

粧匳塵掩坐春慵	노곤한 봄날이라 먼지 덮인 경대 앞에
睡起紗窓日射紅	자다가 깨어나니 붉은 햇빛 창을 쏘네
一片江山生眼底	한 조각 강산 풍경 눈 아래 벌어지고
萬重烟樹吐胸中	만 겹이나 엉킨 연기 가슴속에 피어나네
尋眞徑繞層崖轉	그윽한 산길은 절벽으로 굽이돌고
撒網舟從曲岸通	그물 치는 고깃배는 기슭 따라 돌아가네
數尺氷紈幽意足	두어 자 비단 폭에 그려 넘친 그윽한 뜻
信知神筆奪天工	알괘라 신묘한 붓 하늘 조화 빼앗았구나

　두어 자 비단 폭으로는 그 뜻이 모자라 차고 넘치고 넘쳐, 하늘의 조화도 빼앗고, 인간의 마음까지 빼앗았으니 사임당은 그녀의 인격으로 하여금 모두에게 사랑받는 이였다. 소세양은 사임당과 동시대를 살아간 인물이다. 사임당 사후 백여 년 후에 율곡 이

이의 성리학 추종자들이 쓴 발문들은 모두 그녀가 율곡 이이를 낳은 어머니임을 부각시켰지만, 소세양은 다르다. 율곡의 어머니가 아니라 인간 사임당의 예술성을 그대로 시로 표현해 보여 주고 있다. 소세양의 시를 읽고 있노라면 사임당이 그렸을 산수의 정경이 눈에 그려지는 것 같고, 거기에 그녀의 인격까지 그윽하게 차고 넘쳐 마음이 편안해짐을 느낄 수 있다. 끊임없이 자신의 내면을 들여다보고 갈고닦아 자신의 본성을 눈부시게 발현한 진실하고 아름다운 사람이 바로 사임당이 아니었을까 싶다.

◉ 차가운 꽃술을 그리며 군자를 꿈꾸다 | 매화도(梅花圖)

우리의 옛 선비들은 추위가 물러나기 전인 이른 봄눈이 덮여 있는 매화나무 가지에 처음 피는 꽃을 찾아 나서는 것을 '심매(尋梅)' 혹은 '탐매(探梅)'라 하여, 그저 매화를 보고 즐기는 여행에 그치는 것이 아니라 추운 겨울 매화의 곧은 선비 정신을 찾아 애틋하고도 간절한 마음이 담긴 여행을 떠났다고 한다. 혹독한 추위를 이기고 나무 가득 화사하게 꽃을 피우고 먼 곳까지 향기를 내뿜는 매화의 모습에서 곧은 절개를 간직한 군자의 덕성을 배우기 위함이었으리라.

사임당은 아마도 매화를 굉장히 사랑했던 것 같다. '작은 사임당'이라 불리는 큰딸 이름을 '매창(梅窓)'이라 한 것도 그렇고, 어릴 때 작품이 유일하게 남아 있는 것도 매화 습작임을 보면 말이다. 아마도 어린 시절 매화를 사랑한 어린 사임당은 그녀의 손에서 수없이 많은 매화꽃을 피워 냈을 것이다. 사임당은 문인화의 주 소재였던 사군자를 그리며, 군자의 모습을 실천했을 것이고, 특히 그중에서도 추운 겨울을 지나 도도하고 단아한 자태를 드러낸 짙은 매화 향기에 흠뻑 취해 화폭에 그 향기까지 담고자 했을 것이다.

사임당의 매화 그림은 어릴 적 매화 그리는 법을 배울 때 습작했던 「매화 습작 6폭」과 「매화 8폭」, 그리고 「매화 1폭」이 전한다.

「매화 습작 6폭」은 사임당이 어려서 처음으로 매화 그리는 법을 배울 적에 습작했던 것이라 한다. 종이에 묵화로 그렸는데 규격은 6폭이 모두 같다. 그림 한 폭은 책뚜껑이 되어 있어 그 그림 위에 '서호지(西湖志)'라고 적었고 그 아래 '동(冬)'자와 '하(夏)'자를 쓴 것을 보면 춘하추동(春夏秋冬) 중의 일부분만 전하는 것을 알 수 있다. 그리고 그림 6폭을 넘기면 뒤에 율곡의 6대손 되는 이언유(李彦愈, 1711~?)의 발문과 또 고종 때 사람 송근수(宋近洙, 1818~1903)의 발문이 붙어 있다. 이 발문들에는 그 그림의 보관 내역 등이 자세히 기록되어 있다. 이언유와 송근수의 발문을 차례로 살펴보자.

> 선조 할머니 사임당은 어려서부터 붓 먹을 가지고 놀았으며 채색 그림을 더욱 잘 그렸으나 부녀자의 할 일이 아니라 하여 장성함에 미쳐서는 도무지 손을 대지 않아 그 때문에 (작품) 전하는 것이 드물고 …
> 그래서 그의 끼친 서화를 널리 구해 본즉 고을의 남쪽에 사는 선비

김성열의 집에 먹으로 그린 매화 열여섯 폭이 있는데 앞머리 두 폭에 해서로 '서호지(西湖志)'라는 석 자를 썼고 또 각각 '동(冬)' 자와 '하(夏)' 자(책표지에 春夏秋冬)를 매기는 것은 '가나다라'와 같은 것임을 매겨 두었다. … 둘이 서로 모두 처녀로 있었을 적에 이것을 구해서 간직했던 것인데 이제 여러 대를 지나 자못 좀이 먹기는 했어도 그 휘어진 가지 차가운 꽃술(매화를 이름)에는 오히려 생기가 돈다. 어허! 저 시경에 일렀으되 '저 뽕나무와 가래나무도 반드시 공경할지어다'라고 하여 대개 선대의 손으로 심은 나무도 오히려 공경한다 하거늘 하물며 선대에 (할머님) 손수 그린 꽃을 어찌 사랑하고 아끼지 않을까 보냐.**148**

「습작묵매도」 중 1폭(좌), 4폭(우), 신사임당 | 각 22.1×14.9cm, 강릉시오죽헌 · 시립박물관 소장

사임당이 친히 그린 매화 그림 여덟 첩 열여섯 장을 얻어 보매 과연 그 손가락 밑에서 떨어진 기묘한 품격이 거의 조화의 솜씨를 뺏은 듯하니 그게 바로 '원만하게도 자연을 이루어 사람의 힘을 빌어서 된 것은 아니라'는 그것일런가. 옛날 오도자(鳴道子, 당나라 현종 때 사람으로 이름은 도현이요, 화성(畫聖)이라고 일컫는 이인데 특히 부처 그림을 잘 그렸음)가 그린 부처 그림도 오히려 저 소씨(송나라 때 문장가 소동파를 이름) 집안의 자랑거리가 되었거늘 하물며 (부인의 그림은) 그 눈얼음같이 맑은 이(매화를 이름)야 어찌 저 (오도자가 그린) 한 개의 '중의 얼굴'에 비길 뿐이겠으며 또 더구나 그것이 저 상곡군군(上谷郡君, 송나라 학자 정자의 어머니 후부인)과 짝할 만한 그런 분에게서 나온 것이랴.[149]

어려서 습작한 매화 그림은 오랜 세월에 빛도 바래고 좀도 먹었지만 오히려 그 정신은 더 오랜 세월 살아남아 지금 전하고 있음이 그저 감사할 따름이다. 이언유의 발문에서 『시경』을 인용하여 공경한 뽕나무와 가래나무는 옛날에 집 담장 아래에 선조가 심어서 그 자손에게 물려주어 누에 먹이를 공급하고, 용기(그릇)를 마련하게 한 것으로 조상의 은덕을 칭송한 것인데, 이 내용을 사임당의 매화 그림에 비유하여 칭송한 것이다. 조상이 심어 남긴 한 그루의 나무에도 공경의 마음을 전하여 칭송하는데, 조상의 덕과 인품이 함께 살아 숨 쉬는 그림에 대한 공경의 마음은 지나온 세월보다 더 긴 세월 그 가치와 덕이 빛나게 될 것이라 확신한다.

「고매첩」 중 1~4폭, 傳 신사임당 | 각 52.5×36.4cm, 이화여자대학교박물관 소장

송근수는 송시열의 후손으로 이 발문 처음에는 송시열이 난초 그림에 쓴 발문을 인용하여 그림의 신빙성을 높이고 있다. 그리고 그 뒷부분에는 송시열과 마찬가지로 송나라의 후부인에 견주어 율곡의 어머니임을 잊지 않고 칭송하고 있다. 송근수는 사임당의 작품이 사람의 힘을 빌어서 된 것이 아닐 것이라는 대단한 칭송을 함께 적고 있다. 매화 향기가 500여 년의 세월 속에서도 여전히 짙은 향기를 내뿜고 있는 듯하다.

다음으로 「매화 8폭」은 종이에 묵화로 그려져 있고, 규격은 8폭이 모두 길이 52.5cm, 너비 36.4cm로 같다. 여덟 폭의 그림이 현재 두 폭씩 짝이 되어 화첩의 두 면에 연결되어 있어 하나의 구도를 형성하고 있는 것처럼 보인다. 화면 상단에 붙인 두 발문의 글씨는 해서체로 같은 필적이므로 이 화첩을 꾸밀 때 각각 다른 종이에 적혀 있던 두 발문을 현재와 같이 긴 종이에 옮겨 적은 것으로 보인다. 지금은 신석우(申錫愚, 1805~1865)와 신응조(申應朝, 1804~1899)의 발문, 또 1950년대 이후 작성된 이관구(李寬求, 1898~1991)의 발문과 함께 이화여자대학교 박물관에 소장되어 있다.[150]

19세기의 발문을 통해 나타난 신사임당의 평가는 주로 모성의 대명사로 사임당을 평가하고 있는데 그 중심에는 평산 신씨 집안 사람들이 그것을 주도하였다고 평가받는다. 그 대표적인 두 문신이 바로 신석우와 신응조이다.

신석우 발문의 내용은 율곡을 낳아 그 정통과 근원을 널리 펼쳤음을 우러러 그리워하고 있음을 강조하고 있다. 그리고 특히 신씨 가문의 사람임도 잊지 않고 적고 있다. 이 그림에 붙어 있는 또 다른 신씨 가문의 사람인 신응조의 발문도 사임당을 송나라 정명도, 정이천 형제의 어머니인 후부인과 동일시하여 극찬하고 있다. 19세기에 주로 작성된 사임당의 그림에 대한 평가는 주로 사임당 신씨 가문사람들이 주도하였다고 해도 과언이 아닐 정도로 여러 편의 발문을 남겼다. 개인보다 가문이 중시되었던 사회였으니 이해는 하지만 그런 가문에 가려 사임당의 예술성은 제대로 된 평가를 받지 못하고, 사임당은 그저 율곡의 어머니로 굳어져 버리게 되었다. 율곡의 어머니로 가려 버리고 사임당의 그림 솜씨는 보려고도 하지 않았던 것은 아닐까.

이처럼 19세기 사임당의 그림 평가는 '팔은 안으로 굽는다.', '피는 물보다 진하다.'의 전형을 보여 주는 것 같아 발문을 읽는 내내 씁쓸함을 감출 수 없다. 그 자체로 뛰어난 예술성은 가문에 가려 보이지 않았나 보다. 아니 아마 보려고도 하지 않았을지도 모를 일이다. 이제라도 사임당 그림의 평가를 제대로 하여 두 발문 말미의 내용처럼 사임당의 그림이 오백 년을 넘어 천지가 뒤덮여질 때까지 영원하기를 소망해 본다. 신석우의 발문은 사임당의 그림에 대한 칭송 부분에, 신응조의 발문은 사임당의 시 세계 부분에 소개되어 여기에는 소개하지 않는다.

다른 발문으로는 근현대 언론인으로 활동한 이관구의 발문이다. 이 발문에는 6 · 25 전쟁이란 큰 위기를 겪고 난 후 보관의 어려움과 함께 후대에도 보배로이 남아 있기를 바라는 마음이 고스란히 전하고 있다.

> "양주 고향 집이 경인(1950년) 6·25 동란 때에 불타 버려 모두가 거칠고 쓸쓸해져 다시는 옛날 모습을 찾을 수가 없는데 다만 이 그림만이 홀로 그 먹 향기를 보전한 것은 신명의 도움이겠으나 앞으로 또 몇 번이나 변하는 세상을 만날지 몰라 나같이 볼꼴 없는 자손으로서는 보배로이 간직하기가 어렵다." 하면서 나더러 주인을 바꾸지 말고 잘 보관해 달라는 것이다. … 과연 이 그림은 세상에 이름난 것이라 이 그림을 감상하는 자는 참으로 집 보배를 삼을 것이요 만금을 주어도 바꾸려 하지 않을 것이다.[151]

이처럼 세 사람의 발문이 딸린 사임당의 「매화 8폭」은 매우 간결한 구도에 고졸(古拙)[81]한 필치를 보인다고 평가받고 있다.[152] 그림을 그림에 있어 기교보다는 자연과 합일하고 화해하는 마음이 바탕이 되어 소박하고 자연스럽게 그렸기 때문일 것이다. 특히 사임당의 매화 그림을 자세히 보면 굵은 가지마다 활짝 핀 매화꽃이 하늘을 향해 뻗어 올라가는 듯한 생동감을 느낄 수 있다. 500여 년을 견뎌 온 어머니의 힘이 응축된 것은 아닐까.

---

81 고졸(古拙)은 기교는 없으나 예스럽고 소박한 멋이 있다는 뜻이다.

마지막으로 「매화 1폭」은 종이 바탕에 길이 32cm, 너비 29.5cm의 규격으로 그려진 그림이다. 이 그림첩은 전남 보성 박태선이 지니고 있던 것인데 그의 아들 하주가 가지고 서울로 오르내린 일이 있었다. 때는 일제강점기여서 우리나라 옛 서화들이 모두 일본인들의 손아귀 속으로 팔

「매화」, 신사임당 | 32×29.5cm, 개인 소장

려 들어갈 무렵인데 하주는 거액의 돈을 주면서 바꾸자고 해도 승낙하지 않았다고 한다. 거기에 감격한 석농 오진영(石農 鳴震泳, 1868~1944)은 발문을 지어 그 그림에 붙여 주었다.

진영이 일찍 들으니 사임당 신부인은 일곱 살 적에 안견이 그린 매화 그림을 얻어 마음으로 사랑하여 그대로 본떠 보아 마침내 세상에 절등한 명작품을 이루게 된 것이라 한다.

이제 친구 박태선 군으로 인하여 그것을 얻어 보매 과연 '성긴 그림자가 가로 빗겼고 그윽한 향기가 떠서 움직인다.'는 그대로라 이것이 실물인가 그림인가를 깨닫지 못할 만하니 참으로 절등한 작품이다.

과연 부인의 천재는 거의 '나면서부터 안다.'는 그것에 가까이 간 분으로 무릇 세상에서 일컫는 문학, 예술 등에 대하여 모두 배우지 않고 능히 이룬 것 아닌 것이 없으나 일찍이 남에게 나타내 보이지 않았으며 또 평생의 언행이 어디로 가든지 저 문왕의 어머니 태임과 같

이 '단정하고 순일하고 진실하고 장중'하지 않은 적이 없었으니 그가 '태임을 본받는다.'는 뜻으로 '사임당'이라고 호를 정한 것이야말로 과연 자기 본면목을 이름이라 하겠다.

그러므로 그가 우리 율곡 선생을 낳고 안으로 가르쳐 만세에 도학의 근원을 밝히게 한 것이 과연 마땅한 일이니 어허! 어찌 그리 장하신고. 여기 다시 생각해 보건대 이 그림첩이 마땅히 율곡 선생의 종손 집에 있어야만 할 것인데 무슨 인연으로 남이 간직하게 되었느냐는 것이다. 그러나 요즘에 와서는 세상에 이름난 작품들이 저 '더러운 똥구덩이(일본인들을 가리킴)에 떨어진 꽃'이 되지 않은 것이 없는데 다만 이것이 옛 전통을 지키는 선비의 집안에서 깨끗이 있어 단정하고 고상한 인사의 경건스레 완상함이 되어 있는 것을 보매 어찌 세상에 다행하고 불행한 것이 있지 않다 할 것이랴.[153]

이 발문을 지은 오진영 또한 서슬 푸른 일제의 강압 아래 살아가면서 단발도 하지 않고 왜정과 타협하지 않은 선비였음을 볼 때, 사임당의 매화 그림이 일제의 손에 넘어가지 않고 지켜진 것에 대해 얼마나 감사하는 마음이었는지 발문에서 고스란히 느껴진다.

오진영의 발문은 신사임당의 천재성은 물론이고, 안견의 그림을 사숙했던 내용, 태임을 본받고자 당호를 지은 일, 율곡을 가르쳐 도학의 근원을 밝힌 장한 어머니에 이르기까지 사임당의 모든 면을 칭송하고 있어 다소 부담스럽게 읽히기도 한다. 그러함에도

'그윽한 향기가 떠서 움직인다.'는 구절처럼 석농도 매화 향기에 취해 그 향기를 후세에 전하고자 함이었으리라 생각해 본다.

◉ 소망을 담은 그림 | 할미새, 백로, 물소

신사임당의 작품 중에서 명품으로 잘 알려진 화조(花鳥)[82] 「새 그림」을 살펴보면, 긴 꼬리를 까닥까닥하며 물가에 앉은 할미새의 움직임이 금방이라도 날아오를 듯 느껴진다. 살아 있는 것 같은 생동감은 물론이고, 물가의 잡초를 자신감 있는 대담한 붓놀림으로 그린 것이 느껴진다.

할미새는 척령(鶺鴒)이라고 하며, 형제간에 서로 도우며 우애롭게 살아야 한다는 제(悌, 공경할 제) 문자의 그림으로 많이 그려졌다. 제(悌)를 상징하는 그림에는 척령(鶺鴒)이라고 하는 할미새와 상체(常棣)라고 하는 산앵두나무가 등장한다. 할미새와 산앵두나무가 형제간의 우애를 상징하게 된 것은 『시경』의 내용에서 비롯된 것인데, 『시경』 「소아(小雅)」의 내용을 살펴보자.

常棣之華 鄂不韡韡　환하게 빛 넘치는 산앵두꽃 피었네

凡今之人 莫如兄弟　세상 사람들 중에서 형제 같음 또 없네

鶺鴒在原 兄弟急難　들의 할미새 호들갑 떨듯 형제 어려움 급히 구하네

---

82 화조(花鳥)는 꽃과 새를 함께 그린 그림이나 조각을 뜻한다.

「새 그림」, 傳 신사임당 | 18.7×14.5cm, 이화여자대학교박물관 소장

每有良朋 況也永歎　아무리 좋은 벗 있어도 그럴 땐 탄식만 하리

宜爾家室 樂爾妻帑　집마다 화목하여서 처자들 즐거우려면

是究是圖 亶其然乎　형제의 도리 생각해 보게 그게 앞섬을 알게 되리

　　이 시로부터 할미새는 제(悌)의 상징이 되었다. 할미새가 걸어갈 때는 꼬리를 흔들고, 날아갈 때는 울기를 끊이지 않는데, 이 모양을 매우 급한 일에 서로 경계하며 돕는 듯하다 하여 이 시에서는 형제간의 갑자기 닥친 어려운 일에 비유하고 있다. 이후로 할미새는 형제의 우애를 상징하는 것으로 간주되었다. 현재 남아 있는 할미새 그림 대부분은 이런 관념적인 성격을 담아 그려졌다 한다. 그림의 목적이 할미새의 외형을 충실히 묘사하는 데 있었던 것이 아니라, 할미새가 지니는 상징성에 더 관심을 가지고 있었기 때문이다. 사임당도「새 그림」을 그리면서 7남매가 모두 우애 있게 자라기를 진심으로 기도했을 것이다.

　　다음으로 살펴볼 화조화「백로」는 수묵화 작품으로 대표작이라 할 수 있다. 물가의 한가로운 모습이 정겹게 느껴지는 작품이다. 백로의 자태가 사실적이고 생동감 있게 그려져 있다. 백로의 주위를 약간 어둡게 처리한 기법이 새롭다고 평해진다. 백로는 연꽃과 함께 그려져 상징적인 의미를 갖는 소재이다. 백로 한 마리와 연밥이 있는 연꽃은 '일로연과(一鷺蓮果)'라 하여 같은 발음의 '일로연과(一路連科)' 즉 한 번에 연달아 초시와 복시의 과거시험에 급제하라는 의미를 지니고 있다. 연꽃 열매와 백로를 함께 그리는

「백로」, 신사임당 | 22×18.8cm, 서울대학교박물관 소장

뜻은 '향시와 전시, 두 번의 과거에 연이어 합격하라'는 것이다. 백로 두 마리를 그리는 것은 두 번 치르는 과거를 상징한다.[154] 또한 백로의 흰 생김새로 인하여 '백두해로(白頭偕老)' 즉 흰머리 될 때까지 함께 해로하기를 기원하는 의미도 있다. 신사임당은 이「백로도」를 그리면서 남편 이원수가 하루라도 빨리 벼슬길에 나아가기를 소망하였을 것이고, 함께 정답게 백년해로하기를 소망하여 온 정성을 손끝에 모아 그림을 그렸을 것이다. 그림 속의 부군을 향한 마음이 고스란히 전해진다.

마지막 수묵화 작품으로「물소」는 살찐 소가 몸을 굽혀 물을 먹고 있는 자세를 포착하여 그린 그림이다. 고대 사회에서부터 소는 주로 제천의식의 제의용이나 순장용으로 사용되었다. 이러한 풍습은 고려, 조선 시대까지 이어져 풍년을 기원하는 의례에서 소를 제물로 바치고, 발굽의 상태를 관찰하여 점을 치기도 하였다. 장사하는 집이나 일반 여염집 대문에 소고삐나 소뼈를 걸어 두면 악귀의 침입을 막을 수 있다고 믿었다. 자기 아닌 남을 위해 자신의 안위와 이익을 버리는 행위를 일컬어 '희생(犧牲)'이라 하는데 이 또한 본디 하늘에 제사 지내는 제물에서 유래한 말로 모두 소를 지칭하는 말이다. 소의 희생으로 신은 소의 기운을 누리고, 인간은 그 희생의 힘으로 악귀를 물리치는 축귀(逐鬼)의 힘을 누릴 수 있다고 믿은 것이다. 이처럼 소는 예부터 부(富)를 불러오고 화(禍)를 막아 주는 우리 민족에게 있어 가장 친숙한 존재이면서 고마운 존재였다.

「물소」, 신사임당 | 21×14.7cm, 강릉시오죽헌 · 시립박물관 소장

또한 소의 성격은 순박하고 근면하며 우직하고 충직하다. 『삼강행실도』의 「의우도(義牛圖)」, 「의우총(義牛塚)」 이야기나 눈먼 고아에게 꼬리를 잡혀 이끌고 다니면서 구걸을 시켜 살린 우답동 이야기에는 소의 우직하고 충직한 성품이 잘 나타난다. 특히 의우총 이야기는 소의 충성스러움을 가장 잘 보여 주는 일화이다.

옛날 문수점에 사는 김기년(金起年)이라는 사람이 암소 한 마리를 길렀는데, 어느 해 여름 밭을 갈고 있을 때 갑자기 호랑이가 소에게 덤벼들었다. 이때 김기년이 괭이로 호랑이를 치려 하자 이번엔 호랑이가 김기년에게 덤벼들어 소가 뿔로 호랑이를 여러 번 찔러 도망가게 만들었다. 그러나 20일 후에 상처가 깊어 김기년은 죽었는데, 죽기 전에 가족에게 말하기를 "내가 호랑이에게 잡아먹히지 않은 것은 소의 힘이니, 내가 죽은 후 소를 팔지 말고 늙어 죽어도 그 고기를 먹지 말고 반드시 내 무덤 옆에 묻어 달라."고 하고는 숨을 거두었다. 소는 김기년이 누워 있을 때는 스스로 논밭일을 하더니 주인이 죽자 그때부터 3일간 먹이도 먹지 않고 울부짖더니 죽고 말았다고 한다. 죽어서 의리를 지킨 의우총 이야기는 사람들 사이에 알려져 그 의로움에 감복하여 비석도 세워 주고, 후에는 그림으로도 그려지게 되었다. 신의를 헌신짝처럼 여기는 현 사회의 풍토 속에서 소의 충직한 의로움은 우리에게 많은 교훈을 준다.

사임당은 이런 소의 의로움을 누구보다 잘 알고 있었을 것이다. 그것을 그림으로 간직하고자 했음은 그녀 자신이 그 의로움을 마음속에 간직하고 있었고, 또 그 의로움을 지키고자 누구보다 노력하였기 때문이리라. 또한 사임당은 7남매를 대하고 교육시킴에 있어 의(義)에서 벗어나는 일 없이 실천했음이 분명하다. 단순히 소를 그리는 일에 지나치지 않고, 소의 의로움을 직접 실천했기에 그릴 수 있었던 그림이었다고 평가하고 싶다.

◉ 가장 작은 자연을 사랑한 화가

초충도는 풀과 벌레를 소재로 한 그림으로 초화(草畵)와 충화(蟲畵)를 총칭해서 말하는 것이다. 초충도에 자주 등장하는 소재로는 들국화, 원추리, 모란, 맨드라미, 산나리 등을 포함한 들풀과 꽃류, 사마귀, 벌, 메뚜기, 매미, 나비, 잠자리 등의 곤충들이다.

이런 소재들은 생활 주변에서 늘 접할 수 있는 친근한 것들로 애정 어린 관심으로 세심하게 관찰을 해야만 형체를 정확히 파악할 수 있는 작은 미물들이다. 다시 말해 초충도는 가장 작은 단위의 자연을 그린 그림이라 말할 수 있다. 비록 다른 소재의 그림들에 비해 표현 공간은 작지만 그 속에서 우주의 신비와 자연의 섭리, 생명의 경이로움, 생활의 향기마저도 느낄 수 있는 그림이다. 일찍부터 자연을 사랑하고 자연에 순응하는 삶을 살았던 우리 민족은 자연스럽게 초충을 소재로 하여 그림을 그렸고, 곤충이나 동물의 순수하고 천진한 모습에서 삶의 지혜를 터득했다.

지금까지 전하는 문헌상의 기록이나 선행 연구들을 통해서 볼 때 회화의 한 분야로 초충도가 처음 등장한 것은 중국의 화조화에서 전해진 것으로 곤충의 개별적인 이름으로 사용되었다. 그러다가 북송 대에 '초충'이란 용어가 미술 서적에 처음 나타났으며 청대에 이르러서야 독립된 화목으로 자리 잡게 된다. 우리나라의 초충도는 중국 회화와 교섭이 폭넓게 이루어지던 고려 시대부터 회화 양식으로 성립되면서 활발하게 전개되어 즐겨 그려졌으리라 추측되나, 그 기록만 남아 있을 뿐 진작(眞作)이 없어 파악하기는 어렵다. 그러나 12, 13세기 청자에서 드물긴 하지만 초화문(草花文)을 찾아볼 수 있는 사실로 보아 이 시대부터 초충도가 그려졌을 거라 추측한다.

우리나라에 초충도가 진정한 회화 작품으로서 남겨진 때는 한국 미술 사상 가장 눈부신 발전을 이룬 조선 시대라 할 수 있다. 초충도는 화본(畫本)이 아니더라도 주변에서 흔히 접할 수 있는, 그렇기에 눈에 익은 친숙한 소재의 식물들이며 곤충들이기에 쉽게 그릴 수 있었을 것이다. 이것은 자연의 이치를 따르며 생활하고자 하는 꾸밈없고 소박한 우리 민족의 심성이 화폭에 담겨 표현된 그림이다.

초충도들은 한결같이 단순한 주제에 간결한 구도와 섬세하고 여성적인 표현, 그리고 산뜻하면서도 한국적 품위를 지닌 색채 감각 등을 특징으로 지니고 있다. 본질적으로 수본(繡本)으로 사용되도록 제작되었음이 확실하고 따라서 조선 시대에는 이와 유사한 그림들이 다수 제작되었음이 분명하다.[155] 이처럼 초충도는 조선 시대에 와서 우리 고유의 양식으로 정립되면서 형태보다는 이들 소재가 주는 의미에 중점을 두고 그려졌다. 자연과 합일하는 삶을 이상으로 삼고, 자연 친화적인 세계관을 지향하는 것에 그 상징적 의미가 있다. 자연의 작은 부분인 초충의 생태에서 꾸밈없는 생명력과 아름다움을 발견하여 거기에 상징성을 부여함으로써 현세의 행복을 염원했던 것으로 생각된다. 이것은 자연이 지니는 조화의 사상과 친화력을 소중히 여기고 그것을 삶의 지표로 삼고자 했던 우리 조상들의 염원이었을 것이다. 그러나 초충도에 나타난 자연합일 정신은 급격한 현대화의 물결에 떠밀려 위기로 내몰리고 있으며 미술 장르에서조차도 소외되고 있는 실정이다. 그렇지만 초충도가 담고 있는 상징성과 전통적 정신은 상당한 가치가 있다. 초충도는 한국인의 독특한 색채 의식이 담겨 있고, 한국적인 미감을 드러내고 있을 뿐만 아니라 그러한 전통을 계승하는 작품이기 때문이다.

초충도는 섬세함을 요하는 그림이므로 사실적 묘사 기법에 뛰어난 화원(畫員)들에 의해 많이 그려졌다. 그러니 규방의 신사임당이 조선 시대 제1의 초충도 화가로 자리매김한 것은 매우 예외적인 일이다. 그녀의 타고난 천재성과 빼어난 그림 솜씨가 이를 가능하게 했음이 분명하다. 사임당의 그림 중에서 가장 많은 부분을 차지하고 있는 것이 바로 초충도이다. 단순히 초충도를 잘 그렸다는 데에만 국한하지 말고 사임당이 초충도에 가장 많은 애정과 천재성을 보였음을 알아야겠다.

● 미물의 생명에서 인간을 발견하다 | 초충도 소재의 상징적 의미

　초충도에 등장하는 소재들은 앞서 말했듯이 대상 자체보다는 소재가 갖는 상징적 의미에 더 중점을 두었다. 상징성이란 특정 사물이 다른 세계를 연상시킨다든가 다른 사물과 흡사하다는 것에 근거를 두고 거기에 현실적인 욕망을 실어 그것이 성취되기를 비는 주술적 사고 원리이다. 이러한 상징성은 변함없이 지속되는 것이 아니고 세월이 흐르고 시대가 변하면서 그 의미 또한 변화를 겪게 된다. 또한 상징성은 우리네의 삶과 밀접한 관계가 있는 동·식물들의 긍정적인 모습과 부정적인 모습으로 양면성을 띠면서 나타난다. 우리 민족의 상징 세계는 다양한 모습들로 나타나기도 하며, 조상들이 인간과 자연의 조화를 소중히 여기며 지키고자 한 생명성과 정신성을 엿볼 수 있다.

　우리 민족은 자연과의 조화로운 삶을 극대화하여 자연 순응의 미를 가꾸고 사랑하였다. 자연을 인간의 내면세계와 만나도록 늘 일상에 머물도록 하였다. 그중 식물이나 곤충을 그리게 된 동기는 우리 인간사와 그들이 살아가는 모습이 닮았다고 생각했기 때문이다. 작은 씨앗에서 싹을 틔우고 자라 꽃을 피우고 열매를 맺고 하는 일들이 우리의 삶과 유사하다. 이름 모를 들풀과 들꽃들은 화려하거나 짙은 향기가 없어 많은 사람들의 시선을 끌지는 못하여도 나름대로 자신들의 소중한 생명을 지키며 살아가는 방법을 터득하여 살아가고 있는 그 모습 또한 유사하다. 특히 야생풀과 야생의 꽃은 언제 어디서든 쉽게 접할 수 있으며 어느 환경에서나

잘 적응하며 살아가는 그 특징이 우리 민족의 기질, 정서, 감성과 많이 닮아 민족의 또 다른 모습으로 인식되었다. 또한 꽃과 풀은 아름다움의 상징으로 미의 근본을 탐구하는 예술가들에게는 무한한 창작의 대상이 되어 왔다. 어떤 대상을 그린다는 것은 단지 그 대상의 외형을 그린다기보다는 그 외형을 통한 내면세계를 표현하여 나타낸다고 할 수 있다.

신사임당의 초충도는 우리 생활 주변에서 쉽게 만날 수 있는 친근하고 소박한 여러 가지 풀들과 그 위를 자유롭게 오가는 벌레나 곤충들에게 상징성을 부여하고 소중한 생명력과 의지를 보여 주고 있다. "사임당의 초충도는 가지, 수박, 포도 등을 소재로 하여 우주의 생명을 그린 그림이다. 수박을 그리되 수박 하나가 아니라 수박밭을 그렸으며, 또한 수박밭을 그리는 데 그치지 않고 우주 속의 수박을 그렸다. 그것은 동양화에서 「초충도」는 단순한 사실 묘사가 아니라 이름과 생명을 지닌 생명체 자체를 그리는 것이기 때문이기도 하며, 상징도상이기 때문에 단순한 사실 묘사의 차원을 넘어선다."[156]고 평가받는다.

지금 우리나라에 현존하는 초충도는 대부분 신사임당의 것으로 알려져 있다. 이는 초충도 분야에서 신사임당의 명성이 워낙 높았기 때문이다. 조선 초기에 속하는 이른 시기임에도 불구하고 상당량의 초충도가 사임당의 것으로 지칭되는 것은 이 분야에 있어서 사임당이 점하는 위상을 분명히 알려주는 것이기도 하다. 그러나 신사임당의 초충도라고 전해지는 작품들은 모두 작가의 낙관이 결여되어 있는 전칭작이라는 한계점 또한 지니고 있음도 밝혀 둔다.

신사임당의 초충도 작품은 「수박과 석죽화」, 「꽈리와 잠자리」, 국립중앙박물관 소장의 「초충도 8폭」, 율곡기념관 소장의 「풀벌레 8폭」 정도가 대표적인 전칭작으로 전하고 있다. 그러면 먼저 이 작품들에 등장하는 꽃과 벌레, 풀과 곤충들이 상징하는 의미가 무엇이었는지 살펴보자.[157]

① 수박 : 수박은 참외나 오이처럼 덩굴식물이다. 덩굴식물은 '자손이 덩굴처럼 번창하라'는 의미를 지니고 있다. 또 수박은 씨가 많은 열매인데, 씨가 많은 수박을 쥐가 갉아먹은 부분은 '자손 번창'을 의미한다. 그 외에도 수박의 발음은 '수복(壽福)'과 같다. 그렇기에 장수를 기원하기도 한다.

② 패랭이꽃과 구절초 : 패랭이꽃은 '석죽화(石竹花)'라고도 하며, 토종 카네이션으로 마치 고운 분가루로 치장한 아리따운 시골 처녀와 같은 자태를 가진 꽃이라 하여 '젊음' 혹은 '청춘'을 상징하는 꽃이다. 구절초는 머리가 희게 되는 것을 방지하는 효능이 있어, 나이 들어도 청춘처럼 머리가 희어지지 말라는 의미를 담고 있다. 그래서 패랭이꽃과 같은 의미로 젊음을 상징하는 것으로 알려져 있다.

③ 맨드라미 : 맨드라미는 '계관화(鷄冠花)'라 하는데, 그 꽃이 장닭의 벼슬같이 생겨서 붙여진 이름이다. 장닭은 정수리에 돋은 벼슬의 모양 때문에 '관을 쓴 것 같다'고 하여 관직에 오른 사람을 '볏을 한

다'고 하다 '벼슬하다'는 말이 생겼다고 한다. 그러한 연유로 장닭을 '관계(冠鷄)' 혹은 '공계(公鷄)'라 부른다. 또한 닭에게는 오덕(伍德)이 있다고 생각했는데, 첫째가 싸움에서 물러나지 않으니 용(勇), 둘째가 먹이가 있으면 서로 불러 대니 인(仁), 셋째가 밤과 새벽을 놓치지 않고 알려 주니 신(信), 넷째가 머리에 벼슬을 이고 사니 학문을 한다는 뜻의 문(文), 다섯째가 발가락이 세 갈래 삼지창이니 무(武)라 했다. 그렇기에 닭이나 맨드라미를 그린 그림은 입신출세를 뜻한다.

④ 양귀비 : 양귀비는 연약하나 꽃이 아름다워서 예로부터 요염한 미인을 상징하였다.

⑤ 원추리 : 원추리는 부인이 허리끈 속에 차고 있으면 아들을 낳는다는 속신이 있어서 어머니의 상징이며, 안채의 뒤꼍 그늘에서 잘 자란다고 해서 '훤당(萱堂)'이라고도 한다. 훤당은 남의 어머니를 높여 부르는 말로, 어머니들이 거처하는 뒤뜰에 원추리를 많이 심기 때문에 붙여진 이름이다. 원추리나물을 많이 먹으면 취해서 의식이 몽롱하게 되고 무엇을 잘 잊어버린다고 해서 근심과 걱정까지 날려 보내는 꽃이라 하여 망우초(忘憂草)라 불리기도 한다. 또 의남초(宜男草)라고도 하는데 이는 사내아이를 많이 낳은 부인을 상징한다.

⑥ 석류와 포도 : 씨가 많은 석류와 포도 등은 다자(多子)를 뜻한다. 포도와 같은 덩굴식물을 가리키는 한자어가 만대(蔓代)인 까닭에 옛사람들은 덩굴식물이 상징하는 바를 만대(萬代)로 여기고 모든 것이 이어져 단절되지 않음의 의미로 사용하였다. 회화 작품 중 가장 많

이 그려지는 덩굴식물인 포도는 열매가 마디마디 주렁주렁 열리므로 자손이 끊이지 않고 늘어나라는 뜻을 담고 있다. 또한 포도 덩굴은 단절되지 않음을 의미하기 때문에 자손이 창성하기를 축원하는 의미도 갖고 있다. 장수 또는 기쁨을 의미하는 나비와 함께 그리면 만대까지 장수하기를 축원하거나 자손이 번성하는 기쁨을 기원하는 의미였다.

㉠ 나비 : 나비는 동서양을 막론하고 즐거움과 행복, 그리고 자유연애와 남녀 사이의 호감을 상징한다. 동양에서는 장자(莊子)의 '호접몽(胡蝶夢)'에서 연유하여 남녀 화합의 상징으로 여긴다. 즉 장자가 꿈속에서 나비가 되어 아름다운 낙원을 날아다니며 달콤한 꿀을 빨아 먹으면서 즐거움을 만끽하는 데서 나비는 즐거움의 상징이 되었다고 한다. 나비와 장자 자신이 물아일체(物我一體)가 되고자 했던 '호접몽'은 차별적이고 유한적인 인간의 세계에서 벗어나 참된 자유의 무한적 세계에서 노닐 수 있는 소요(逍遙)의 단계에 도달하여 무위자연(無爲自然)의 진리를 얻고자 함이었을 것이다.

또 한 젊은이가 나비를 잡으려고 어느 대갓집 뜰에 뛰어들었다가 미인을 만났다는 이야기가 있는데, 그래서 나비는 남녀 화합의 상징이 되었다. 유교적 봉건사회에서도 인간의 원초적인 욕망인 자유연애의 욕구가 사라질 수는 없었나 보다. 만물이 회생하는 봄날 자유롭게 날아다니며 짝을 찾아 생(生)을 구가하는 나비가 젊은 청춘 남녀들에게는 부러움의 대상이 아닐 수 없었을 것이다.

반면 나비와 고양이가 함께 등장하는 문양의 경우는 앞에서 말한 것과는 사뭇 다른 의미를 지닌다. 이 경우 나비는 고양이와 더불어 장수(長壽)의 의미를 지닌다. 고양이를 가리키는 한자 '고양이 묘(猫)' 자가 70세 노인을 나타내는 '늙은이 모(耄)' 자와 발음이 같아서 옛 그림 속 고양이는 70세 노인을 나타낸다. 또한 '나비 접(蝶)' 자는 80세를 뜻하는 '늙은이 질(耋)' 자와 한자음이 같아서 80세 또는 장수를 의미한다. 그래서 고양이와 나비를 함께 그린 그림은 일흔을 넘어 여든 살까지 장수하라는 의미를 담고 있다.

⑧ 잠자리 : 잠자리는 커다란 눈과 그물 모양의 맥이 있는 투명한 두 쌍의 날개, 가느다랗고 기다란 배를 가졌으며 벌레를 잡아먹어 사람에게 이로운 곤충이다. 예부터 길쭉한 생김새 때문에 남근(男根)을 의미한다고 한다. 남근을 상징하는 다른 상징물들이 그러하듯이 이는 곧 다자(多子), 득남(得男)을 염원하는 마음을 담고 있는 것으로 풀이할 수 있다. 『동의보감(東醫寶鑑)』에는 잠자리를 '청령(蜻蛉)' 또는 '청낭자(靑娘子)'라 했는데, 잠자리의 성질이 약간 서늘하며 독이 없어, 양기를 강하게 하고 음경을 따뜻하게 한다고 하여 옛 사람들은 잠자리를 정력제로 사용하였다고 한다.

⑨ 개구리 : 알에서 올챙이로 변신했다가 꼬리가 작아지면서 온전한 모습으로 되는 개구리는 변신한다는 특징 때문에 예부터 상서로운 동물로 여겨졌다. 유년기를 물에서 보내다가 제 모습을 다 갖추게 되면 육지로 올라와서 사는데, 특히 성장기에도 물과 육지의 두 세계를 서로 오가며 살 수 있는 능력을 갖추고 있었기에 범상치 않은 양성의 존재였다. 이렇게 변신한다는 특징을 상서롭게 여겼기 때문에 옛 사

람들은 개구리를 왕과 같이 존귀한 인물의 탄생설을 만드는 데 활용했다. 부여의 금와왕(金蛙王)은 해부루가 산천에 빌어서 얻은 아들인데, 금빛 개구리 모습이었다고 전해진다. 이처럼 왕권의 후계자를 금빛 개구리로 상징화한 것은 금빛의 신성함과 개구리의 다산(多産)이라는 생물학적 특성의 결합을 통해 왕권의 신성함과 왕족의 흥성을 기원한 것이라고 할 수 있다. 또한 『삼국유사(三國遺事)』 선덕여왕조에는 개구리 떼의 울음소리를 듣고 잠복해 있던 적군을 몰살시켰다는 기록이 나오는데, 이는 당시 사람들이 개구리를 예언적 능력을 지닌 신령스런 동물로 여겼음을 보여 준다. 특히 문인들이 애용하던 문방구의 하나인 연적을 개구리 형태로 만들었던 것은 학문적인 성취를 기원하기 위한 의도라 보이는데 이는 움츠렸다가 멀리 뛰는 개구리의 행동에서 비롯된 것이라 할 수 있다. 또한 '개구리가 집에 들어오면 복이 들어온다.'는 민간의 속신은 우리 민족이 개구리를 재복신(財福神)으로 여겼던 좋은 예이다.

⑩ 매미 : 매미는 '매미 선(蟬)' 자가 '신선 선(仙)' 자와 같은 발음으로 읽히는 까닭에 신성하게 여겨진 곤충이다. 매미는 높은 나무에까지 올라 양(陽)에 접근하며 공기와 이슬만 먹고 산다고 하여 예로부터 고결의 상징으로 여겼다. 또 매미의 생명은 7년이 넘기 때문에 행복과 영원한 청춘을 상징하며, 또한 애벌레에서 번데기로, 번데기에서 껍질을 벗고 성충으로 변신하는 능력을 불사불멸의 상징으로 보기도 하였다. 또한 매미는 부활의 상징이었다. 그래서 중국에서는 매미의 모양을 옥으로 조각해서 죽은 사람의 입에 넣거나 시신의 입가

에 놓았다. 매미는 또한 오덕(伍德)을 갖추고 있다고 하는데, 매미의 입이 곧게 뻗은 것은 마치 선비의 갓끈이 늘어진 것을 연상케 하므로 선비처럼 학문을 닦는다 하여 문(文)을, 이슬이나 나무의 진을 먹고 사는 식생은 청(淸)을, 농부가 가꾼 곡식이나 채소를 해치지 않는 것은 염(廉)을, 다른 곤충과 달리 집이 없으니 검소하다 하여 검(儉)을, 철 맞춰 허물 벗고 때맞춰 떠날 줄 아는 신의가 있다 하여 신(信)을 상징한다고 한다. 그래서 유교에서는 문·청·렴·검·신의 오덕을 갖춘 군자지도(君子之道)를 상징하였다. 또한 한나라 때에는 고관들의 관을 표범 꼬리와 매미 무늬로 장식하였다. 이 관을 일러 선관(善冠) 또는 익선관(翼善冠)이라고 불렀는데, 이는 뒤에 인품의 고결함과 지체의 고귀함을 지칭하게 되었다. 옛사람들은 '이슬을 먹고 밥을 먹지 않는다.'고 하는 등 자신의 고결함을 매미에 비유하여 말하기도 하였고 악(惡)과 탐욕(貪慾)에 대한 경계를 의미하기도 했다. 또한 우리나라에서는 여성의 의상을 장식하는 노리개나 생활 도구의 장식 무늬로 많이 사용되었다. 매미는 7년간이나 땅 속에서 있다가 태어난다고 하여 환생이나 영생을, 이슬을 먹고 산다고 하여 정결을 뜻하기도 하였다.

⑪ 개미 : 덕행(德行)을 상징하는 개미는 화훼초충도(花卉草蟲圖)에 가끔씩 등장하는 소재다. 예부터 순종을 잘하는 곤충이라 하였는데, 덕행과 애국심을 상징하며 보은, 의리의 곤충으로 존재하는 동시에 사리사욕과 부당이득을 취하려는 검은 속마음을 가리키기도 한다.

⑫ 귀뚜라미 : 자손의 출세를 의미하는 귀뚜라미는 중국이나 우리나

라에서 여름의 상징이면서, 용기의 상징으로도 여겨 왔다. 귀뚜라미는 한자로 실솔(蟋蟀) 또는 괵아(蟈兒)라고 하는데, 괵아는 중국어로그 읽는 음이 관아(官衙)와 비슷하다. 그래서 난초와 귀뚜라미가 그려진 그림이나 무늬는 '자손이 관아에 들다'라는 의미를 지니게 되었다. 난초에 잎이 길게 뻗어 보랏빛 꽃을 피운 것을 손이라 하는데 그부르는 음이 자손 손(孫) 자와 같아서, 난초와 귀뚜라미가 함께 그려진 그림은 손자를 본 사람에게 축하하는 의미로 보내졌다.

⑬ 사마귀 : 탐욕의 전령으로 불리는 사마귀 즉, 당랑(螳螂)은 괴상하게 생긴 곤충이지만 메뚜기, 방아깨비, 귀뚜라미 등과 같이 옛 화가들이 그린 화훼초충도에 자주 등장한다. 사임당의 초충도에서도 찾아볼 수 있는 곤충이다. 사마귀는 덤불 꼭대기와 꽃이 피는 나무 위에 서식하는데, 예전 사람들은 매미까지 잡아먹으려고 덤벼든다고하여 사마귀를 탐욕과 집착의 전령으로 간주하였으나, 식물의 줄기나 풀줄기 사이에 정지해 있다가 곤충의 접근을 기다려 앞다리로 날쌔게 잡아먹는다 하여 인내심을 의미하기도 한다.

⑭ 벌 : 벌을 상징하는 한자 '벌 봉(蜂)'은 '송곳 봉(鋒)' 자와 '벌레 충(虫)' 자가 합하여 이루어진 것으로, 침을 지닌 벌레를 뜻하는 것이다. 벌에 대한 의미는 '정돈하다', '질서가 있다'는 의미로 주로 해석된다. 벌은 사회성 곤충이며 나름의 규칙이 있다는 특징을 반영한 것인데 다른 문화권에서도 상징적 형상으로 나타나기도 하나 그 의미에서는 차이를 보인다. 다른 나라 문화에서 벌은 존경, 감탄, 두려움의 대상이고, 예배 의식의 재료, 탄생, 죽음, 영혼의 믿음의 대상이기

도 하다. 벌은 조심스러움이나 경계를 의미하고 청결함을 상징하는 데 그 이유는 그들이 꽃에서 먹을 것을 섭취하고 단성생식을 하기 때문이다. 벌은 꿀을 저장하는 습성 때문에 산업적으로 많이 활용되기도 하였고 황금빛의 줄무늬와 비행하는 힘 때문에 고대 이집트에서는 파라오에 의해서 벌이 영혼과 태양으로 그려지기도 하였다. 벌은 전 세계적으로 토착 신화에서 자주 발견되는데, 보통 선행이나 미덕의 상징으로 나타나며 풍요를 상징하기도 한다.

벌이 대변하는 또 하나의 의미는 군중심리다. 우선 일반적으로 '군중'이라 함은 개인의 집단을 말하며 국적이나 직업, 남녀의 구분, 모이게 된 동기에 구애받지 않는다.[158] 우리는 흔히 많은 사람들이 무리 지어 있는 것을 '벌 떼'에 비유한다. 또 서로 어울릴 수 없는 친구 관계를 꿀과 기름에 빗대어 말하기도 한다. 아름다운 꽃이 있는 곳은 반드시 벌과 나비가 있기 마련이다. 따라서 초충도 병풍 이외에도 민화나 자수초충도 병풍, 자수보자기, 나전 초충무늬경대, 청화백자 초충무늬 항아리, 화각 실상자 등에서도 부지런히 꿀을 나르는 벌들이 쌍쌍이 넘나드는 정겨운 풍경을 묘사한 그림을 볼 수 있다.

⑮ 쥐 : 농경 사회에서 부자가 되는 지름길은 풍요로운 수확을 거두는 것이다. 그런 점에서 식량을 모으기 위해 끊임없이 움직이는 쥐는 부(富)를 상징한다. 또한 쥐는 번식력이 월등한데 임신 기간이 30일에 불과할 뿐 아니라, 한 번에 6~9마리를 낳는다. 또한 출산하고 나서도 몇 시간이 지나면 곧 발정하기 때문에 일 년에 6, 7회 정도 새끼를 낳을 수 있다. 이러한 번식력은 다산(多産)의 상징이 된다. 여성이

생산신의 의미로 표현된 것도 자식을 낳을 수 있기 때문인데, 쥐는
생산의 기능이 강하다는 점에서 풍요의 상징으로 여겨졌다.

앞서 살펴본 것처럼 초충도는 동아시아 전통의 자연애호 사상
이 상징적으로 표출된 회화 양식이다. 자연과 조화를 이루고 거기
에 귀의하는 삶을 이상으로 삼는 동양인들은 초충도의 소재적인
식물과 곤충을 단순한 물적 대상이 아닌 유기적인 생명체로 인식
하고 거기에 상징성을 부여하였다. 그리고 그것을 통해 불완전한
현실의 문제를 극복하고 이상 세계를 기원 하였다. 이것은 자신의
현재 상태를 벗어나고자 하는 인간의 욕구가 구체화되어 반영된
것이다.[159]

특히 한국의 초충도는 단순한 회화 양식상의 표현만이 아니라
상징으로서의 의미를 더 많이 담고 있는 그림이다. 초충도에 등장
하는 소재에는 한국인의 정신이 상징이라는 형태로 숨어 있음을
되짚어 볼 수 있다. 상징적 의미를 모르면 그 마음을 느낄 수 없다.
사임당 역시 수박을 그리며 7남매가 넝쿨처럼 번창하기를 소망하
고, 맨드라미를 그리며 부군의 입신출세를 기도했을 것이고, 원추
리를 그리며 어머니의 건강과 안녕을 빌었을 것이다.

◉ 온화한 빛으로 풀벌레를 비추다 | 초충도에 깃든 색채

앞에서 초충도(草蟲圖)의 초(草)와 충(蟲)의 상징적 의미를 살
펴보았다. 초충(草蟲)의 상징성에 이어 그것에 깃들어진 색의 상

징성을 살펴보자. 색이란 "태양으로부터 와서 눈을 거쳐 우리의 마음속에 감성으로 자리 잡는 주체"이다.[160] 색은 모두 빛이며 사물과의 관계에 내재된 성격이나 특성, 그리고 다양성을 표현하는 수단이다. 색채는 색이 무늬로 형상화되거나 아름답고 곱게 칠해진 것을 말하며, 색을 무늬화해서 배색해 놓은 것이라 할 수 있다. 회화에 있어 색채는 단순히 사물을 재현시키는 일에 머무르지 않고 작가의 품성이나 인성을 알 수 있는 중요한 요소로서 인간의 감정을 유발시켜 창작 의욕을 고취시키기도 한다.

우리 조상들은 색을 배색할 때 시각적인 아름다움을 추구하기보다 음양오행(陰陽伍行) 사상[83]에 기초한 오방색(푸른색, 붉은색, 검은색, 흰색, 노란색) 상호간의 관련 또는 상생(相生), 상극(相剋)을 따져 색이 상징하는 바를 중요시하였다. 일곱 살 때부터 그림 공부를 시작한 사임당은 아마도 이런 음양오행 사상에 의한 색의 의미까지 알고 있었을 것이다. 신사임당의 초충도에 쓰인 색채를 살펴보면 녹색과 붉은색의 보색대비를 적극적으로 활용함으로써 극적 효과를 높이고 있으며, 거기에 중간 색조인 청색을 가미함으로써 극적인 효과의 딱딱함과 단조로움을 보완하고, 색채의 섬세함과 다양함을 보여 주고 있다.[161] 풀과 벌레의 간결한 형태에 깔끔

---

83 음양오행(陰陽伍行)이란 우주와 인간 사회의 모든 현상을 음(陰)과 양(陽)으로 설명하는 음양설(陰陽說)과 이를 기초로 만물의 생성과 소멸을 목(木)·화(火)·토(土)·금(金)·수(水)의 변전(變轉)으로 설명하는 사상이다.

하고 고운 색을 서로 겹치는 일 없이 하나하나 정성스럽게 그려
내고 있다. 그럼 오방색은 어떤 상징적인 의미를 담고 있는지 살
펴보자.

붉은색(赤)은 따뜻한 남쪽을 뜻하므로 만물이 무성하고 양기가
왕성하여 태양과 생명을 의미한다. 그래서 생명에 대한 증거물이
되고 생명을 지키는 힘으로 상징화되었다. "적색은 황색기를 띠면
따뜻한 느낌이 더해지고, 청색기가 있으면 찬 느낌이 들고 감정적
으로 냉정함이 더해진다."고 하였다.[162]

파랑색(靑)은 청색, 녹색, 남색 등의 개념으로 청록을 말한다.
청색은 살아 있는 그 자체를 말하며 무성(茂盛), 생식(生殖), 창조
(創造) 등을 뜻하기 때문에 강한 양기를 말한다. 파란색이 어두침
침한 색과 어울리면 안락하고 편안한 느낌을 주기 때문에 이 색은
전 세계를 통틀어 매우 애호되고 있다.[163]

노란색(黃)은 광명(光明)의 상징이며 오행설에서 흙을 상징하
며 생명의 원천이다. 동서남북의 중앙에 위치하여 천하를 통치하
는 천자(天子)를 상징한다. 또한 황토는 비옥함을 나타낸다. "계란
의 노른자는 뱃속의 병아리를 먹이는 부위에 해당하니, 결국 생명
의 원천이며 생산과 재생산을 상징한다."고 한다.[164]

검은색(黑)은 음기(陰氣)가 강한 색으로 생명의 종식(終熄)을
뜻한다. 방위로는 북쪽을 나타내어 만물의 생사(生死)를 관장하는
신으로 여겼다.

마지막으로 우리 조상들은 백색(白)을 말할 때 '아주 희다'는 뜻

으로 순백(純白) 또는 수백(粹白), 백정(白精), 정백(精白) 그리고 때로는 선명하게 희다고 해서 선백(鮮白)이라고 표현했다. 이처럼 흰색은 결백과 진실, 낮, 순결 등을 나타내고 계절로는 여름이다. 그리고 우리 민족은 예부터 백의(白衣)를 즐겨 입었다. 백의는 무색, 소색(素色)의 이미지이며, 무색의 인간 생활이 공수래공수거(空手來空手去)[84]의 사상과 일치하는 즉 자연에의 동화이며 그 자체인 것으로 여겨졌다. 시인 육당 최남선은 그의 저서인 『조선상식문답』에서 "우리 민족이 백의를 숭상함은 아득한 옛날부터이며, 이러한 풍속은 우리 민족이 옛날에 태양을 하느님으로 알고 하느님의 자손이라고 믿었으며, 태양의 광명을 표시하는 의미의 흰빛을 신성하게 알아 흰옷을 자랑삼아 입다가 나중에는 민족의 풍속을 이루었다고 하며, 우리나라뿐만 아니라 세계 어디서나 태양을 숭배하는 민족은 모두 흰빛을 신성하게 알고 또 흰옷을 입기 좋아하니 애급(埃及)과 바빌론의 풍속이 그것이다."라고 말하기도 했다.[165] 상중(喪中)에 입는 백의는 사별(死別)을 뜻하기도 하지만 세속을 벗고 새로운 삶의 세계를 바라는 기원의 의미도 있다.

---

84 고려시대의 승려인 나옹화상(懶翁和尙, 1320~1376)의 누님이 동생인 나옹에게 읊어 주었다는 시에 나오는 한 구절로 태어남과 죽음을 한 조각 뜬구름의 기멸(起滅)에 비유하였다. "빈손으로 왔다가 빈손으로 가는 것 이것이 인생이다. 태어남은 어디서 오며 죽음은 어디로 가는가. 태어남은 한 조각 구름이 일어남이요 죽음은 한 조각 구름이 사라지는 것인데 뜬구름 자체는 본래 실(實)함이 없나니 태어남과 죽음도 모두 이와 같다네. 여기 한 물건이 항상 홀로 있어 담연히 생사(生死)를 따르지 않는다네."라는 내용이다.

위에 나타나는 색들은 다른 회화와 일상생활에까지 영향을 끼치게 되고 동양 미술의 바탕이 되는 사상이라고 할 수 있다. 따라서 오행(伍行)에 의한 청색, 백색, 적색, 흑색 그리고 중앙의 황색이 기본색으로 우주 생성의 오원색(伍原色)에 해당하며 오채(伍彩)라고 부른다. 이처럼 동양의 색은 기본적으로 인간의 사상이나 감정 작용을 바탕으로 하고 있으며, 동시에 우주 질서의 상징적 표현 수단으로서 존재한다. 그리고 색을 사용함에 있어서는 음양오행 사상을 기초로 한 자연, 우주와의 조화와 합일을 의미하는 것이다.

즉 한국인의 미의식 속에 잠재해 있는 전통적인 색채감각은 그다지 화려하지도 않으면서 우아하고, 온화한 색채감각이라는 점이며, 이는 신사임당의 색채감각과 일치한다고 할 수 있다.[166] 또한 색채는 화가가 그의 의식 속에서 나타내고자 하는 바를 표현하기 위한 가장 원초적 행위를 위해 사용되어 왔다. 그런 만큼 채색화의 색채는 이루 헤아릴 수 없을 만큼 무궁무진하다.

그 수많은 색채 속에서 사임당은 자연만을 선택한 것 같다. 단순히 눈에 보이는 색이 아닌 대상에서 뿜어져 나오는 내면의 아름다움에 치중하여 그녀만의 주관적인 색의 가치를 추구하였다고 볼 수 있다. 세월의 풍파 속에서 우리 눈에 보이는 색은 빛이 바랬지만 그 고유의 색감은 변하지 않고 우리의 가슴속에 그대로 전해지고 있다.

◉ 앞마당에 나가 볼까

사임당의 초충도 작품은「수박과 석죽화」,「꽈리와 잠자리」, 국립중앙박물관 소장의「초충도 8폭」, 강릉시 오죽헌 시립박물관 소장의「풀벌레 8폭」등 18폭이 대표적인 전칭작으로 전하고 있다.

먼저 국립중앙박물관에서 소장하고 있는「초충도 8폭」을 살펴보면, 모두 채색 그림으로 바탕은 종이고, 규격은 다 같은데 길이 32.8cm, 너비 28cm이다. 이 그림은 원래 노저 이양원(鷺渚 李陽元)의 집에 보관되어 있었던 모양인데, 그 뒤 일백 수십 년이 지나 영조 때에 와서 이양원의 자손이 그것을 팔자 조선 후기의 문신인 직암 신경(直菴 申暻, 1696~1766)이란 자가 그것을 사서 보관해 오다가 서울 이용희의 소유가 되었고 다시 정해영의 소유가 되었다가 국립중앙박물관에 기증하였다.[167]

이 그림은 비슷한 구도의 초충이 그려진 여덟 폭의 병풍인데, 현재는 열 폭으로 꾸며져 있다. 그림이 아닌 나머지 두 폭에는 신경과 오세창(吳世昌, 1864~1953)[85]의 발문이 적혀 있다. 평산 신씨의 후손인 직암 신경의 발문과 근대 서화 감식 분야에 있어 뛰어난 활동을 한 오세창의 발문으로 인해 전칭작이긴 하나 사임당의

---

85 오세창(吳世昌)은 조선 말기와 대한제국의 문신, 정치인이자 계몽운동가이자 언론인, 독립운동가이며 서화가이다. 일제강점기에는 3·1 운동에 참여하였으며, 서화와 고미술품 감식에 뛰어났다. 한국 역대 왕조의 서화가 인명사전인『근역서화징(槿域書畫徵)』을 썼다.

진작(眞作)이 확실한 작품 중 하나이다. 신경과 오세창의 발문을 차례로 살펴보자.

사임당 신부인은 내 선조 문희공의 후손이요 율곡 이 선생의 어머니이시다. 선생이 편찬한 부인의 행장에 그 덕행과 재예를 아주 자상히 적었다. 덕행은 행장에 의해서도 가히 상고해 알 수 있는 동시에 다시 율곡 선생을 보면 과연 저 이른바 '예천(醴泉)도 근원이 있고 지초(芝草)도 뿌리가 있다.'는 말임을 알 수 있다. 그리고 재주와 예술로 말하면 행장 가운데 일렀으되 '경전에 통하고 글씨를 잘 썼으며 바느질과 수예에 솜씨가 있었고 산수화 풀벌레를 그리되 모두 극히 정묘하여 병풍과 족자가 세상에 많이 전한다.'고 하였다. 이제 이 풀벌레 그림 여덟 폭은 바로 부인의 손으로 그린 것인데 이양원(李陽元) 공의 집안에서 보배로이 간직해 왔던 것이니 이 공은 선생과 같은 때에 나서 그를 사모하던 사람이라 그가 이것을 얻어 간직했다는 것은 사실이 또한 그럴 만한 것이다. … 이제 이 그림첩과 정(鄭) 공의 화본이 비록 종이 넓이에 크고 작은 차이는 있다 할지라도 그 그림 그린 법과 물건들은 똑같은 규모요 조금도 다를 것이 없으므로 분명히 이것이 부인의 손에서 나온 것임을 의심할 것이 없다. 그 품격의 고상한 것으로 말하면 선생의 이른바 '모두 지극히 정묘하다(俱極精妙)'라는 넉 자로써 다 말했으며 …**168**

이용희(李用熙) 군이 이 그림첩을 보여 주기로 나는 그것을 들여다

보니 그 신묘한 채색이 오히려 반짝반짝 내 눈에 아롱지는 것을 느낀다. 또 종이의 바탕도 오랜 세월을 거쳐 우중충한 빛깔이 짙은 것을 보니 참으로 여러 백 년 전 유적인 것이 분명하다. 그 붓 솜씨가 지극히 정교하고 세밀하긴 하면서도 웅건한 맛은 없으니 그건 역시 안방에서 수놓던 손을 잠깐 멈추고 붓을 적셔 그려 낸 것인 때문일런가. 늙고 나이든 나는 평소에 망령되이 평하는 것을 좋아하지 않는다. 그러나 이것만은 진본임을 단정해 말하는 바 또한 내게 눈 복이 있음을 기뻐하는 바이다.[169]

이 작품이 특이한 점은 한 화면에 비교적 많은 종류의 풀과 벌레가 등장한다는 것인데 화면의 중앙에 두세 가지의 식물을 그린 다음에, 그 주변에 흔히 볼 수 있는 각종 풀벌레를 배치하여 좌우 균형을 꾀하였다. 사임당은 자연의 구도가 좌(左)와 우(右), 음(陰)과 양(陽)으로 엄격한 질서가 있는 것으로 본 것이다.

또 화면의 가운데를 중심으로 평면적으로 나열되어 형태가 단순하고 간결한 것이 특징이다. 이렇게 중앙 중심 구도의 특징은 조선 전기 초충도의 특징을 그대로 보여 주는 예라고 할 수 있다. 한 폭, 한 폭마다 사임당의 섬세한 관찰력으로 완성된 여덟 폭 모두 따뜻한 우리의 앞마당을 보듯 편안한 느낌을 주고, 저절로 미소가 배어 나오는 작품이다.

병풍으로 꾸며져 있는 현재 순서는 1)수박과 들쥐, 2)가지와 방아깨비, 3)오이와 개구리, 4)양귀비와 도마뱀, 5)원추리와 개구리,

6)맨드라미와 쇠똥벌레, 7)산차조기와 사마귀, 8)어숭이와 개구리 순으로 되어 있으나 실제로는 각 폭마다 2종 이상의 식물과 곤충이나 동물이 묘사되어 있다.

「수박과 들쥐」에서는 쥐 두 마리가 수박을 갉아먹고 있고, 수박은 빨간 속살을 드러내며 씨를 토해 내고 있다. 씨가 많은 수박을 쥐가 갉아먹는 그림은 '자손 번창'을 의미한다. 나비도 수박을 향해서 날아오고 있다. 그 옆엔 빨갛게 핀 패랭이꽃, 수박의 넝쿨도 보인다. 앞에서 초충의 상징적 의미를 살펴본 것처럼 나비는 금슬 좋은 부부를 상징하기도 하며, 나비 접(蝶) 자는 80세를 뜻하는 '늙은이 질(耋)' 자와 한자음이 같아서 80세 또는 장수를 의미한다. 이렇게 덩굴식물과 나비는 자손 번성의 기쁨을 의미한다. 즉 장수와 다산의 소망이 어우러져 있는 작품이다.

이 작품은 사임당의 초충도 작품 중 가장 많이 알려진 작품이 아닐까 생각된다. 수박에 들쥐에 그리고 나비와 패랭이꽃까지 여러 소재가 한 화폭에 담겨 있지만 수박이 한가운데 배치되어 안정감을 주는 작품이다. 빨간 속살을 드러낸 커다란 수박은 자기 것을 다 내어 주고도 행복한 우리네 어머니를 닮았다.

「가지와 방아깨비」는 잘 익은 가지가 힘겹게 달려 있고 하늘에는 나비가 정연한 모습으로 날고 벌 두 마리가 가지를 향해 달려들고 있다. 땅에는 민들레와 쇠뜨기가 자라나고 개미들이 민들레를 향하고 방아깨비가 쇠뜨기에게 다가가고 있다. 여기서 가지는 한자로 가자(茄子)로 표기되는데, 이는 자식을 많이 낳는다는 가

「수박과 들쥐」, 신사임당 | 32.8×28cm, 국립중앙박물관 소장

「가지와 방아깨비」, 신사임당 | 32.8×28cm, 국립중앙박물관 소장

자(加子)의 의미와 같아 자식을 많이 낳으라는 의미로 그려졌다. 방아깨비 역시 알을 많이 낳기 때문에 자손이 크게 번성하라는 뜻이다.

우리 옛 선조들은 이런 가지를 득남의 상징으로 여겨 여자의 노리개 등에 많이 사용하였다. 자손의 번성을 의미하는 가지와 방아깨비를 화폭에 담아내며 온갖 정성을 기울였을 사임당의 마음이 고스란히 느껴지는 아름다운 작품이다.

「오이와 개구리」는 커다란 오이가 수직으로 달려 있고, 하늘에는 벌 한 마리가 오이로 다가오고 있다. 땅에는 땅강아지를 개구리가 쫓아가고 있다. 오이는 넝쿨식물로 자손이 끊이지 않고 번창하기를 바라는 그림에 쓰인다.

또한 개구리는 존귀한 인물의 탄생설을 만드는데 활용했는데, 다산을 상징하고 학문적인 성취를 기원하는 그림에 그려 넣었다. '개구리가 집에 들어오면 복이 들어온다.'는 속신으로 재복을 의미하기도 한다. 화폭에 오이와 개구리를 함께 그린 것만으로도 7남매의 어머니 사임당의 소망을 느낄 수 있다.

「양귀비와 도마뱀」은 양귀비 잎이 바람개비 모양으로 돌아가는 가운데 꽃이 소담스럽게 피어 있다. 그 주위에는 나비가 날고 아래는 도마뱀과 쇠똥구리가 기어간다. 요염한 미인을 상징하는 양귀비꽃을 소재로 한 이 그림은 꽃처럼 아름다운 삶을 소망하는 마음을 담은 그림으로 해석하고 있다. 도도하게 뻗어 올라간 양귀비꽃 한 송이가 사임당 자신의 모습은 아니었을까.

「오이와 개구리」, 신사임당 | 32.8×28cm, 국립중앙박물관 소장

「양귀비와 도마뱀」, 신사임당 | 32.8×28cm, 국립중앙박물관 소장

「원추리와 개구리」에는 원추리꽃에 나비며 벌이며 매미가 날아들고, 그 아래에는 개구리의 모습도 보인다. 예부터 원추리는 아들을 많이 낳은 부인을 상징하여 다산의 의미로 많이 그려졌고, 개구리 또한 알을 많이 낳아 다산을 의미한다.

원추리는 또한 망우초, 훤초라고도 부르는데, 이 말은 『시경』에서 유래한 것으로 근심을 잊고 답답함을 푼다는 의미를 지니고 있다. 거기에다 매미는 오덕을 갖춘 군자의 모습을 상징한다. 사임당은 이 그림을 그리며 여성 군자의 모습을 갖추어 나갔을 것이다. 또 한편으로는 권씨에게 마음을 뺏긴 남편을 생각하며 그 슬픔을 잊기 위해 원추리꽃에 그 눈물을 함께 그렸을지도 모를 일이다.

「맨드라미와 쇠똥벌레」는 맨드라미가 솟아 있고 하늘엔 세 마리 나비가 삼각형을 이루며 날아들고 있다. 땅에 있는 국화꽃과 그 아래의 쇠똥구리 역시 삼각형 구도를 이루고 있는데, 맨드라미의 자연스러운 모습이 삼각형의 도식적인 구도를 해소하고 있다고 평가되는 그림이다. 맨드라미는 계관화라 하여, 닭 벼슬을 닮은 꽃으로 벼슬길에 오르기를 기원하는 마음을 표현한다. 사임당 역시 남편 이원수와 아들들이 벼슬길에 오르기를 소망하며 그렸을 것이다.

「산차조기와 사마귀」는 S 자형으로 구부러져 피어올라간 꽃 주위로 잠자리와 벌이 날아들고, 땅 위에 사마귀가 기어가고 있는 모습이다. 고개 숙인 산차조기는 그 모습으로 겸손을 의미함을 알수 있다. 산차조기를 감고 올라가 꽃을 피운 푸른 나팔꽃과 붉게

「원추리와 개구리」, 신사임당 | 32.8×28cm, 국립중앙박물관 소장

「맨드라미와 쇠똥벌레」, 신사임당 | 32.8×28cm, 국립중앙박물관 소장

「산차조기와 사마귀」, 신사임당 | 32.8×28cm, 국립중앙박물관 소장

익어 가며 고개를 숙인 산차조기 열매가 잘 어울리는 그림이다. 이 그림은 자식을 훌륭하게 키우는 교육적 의미를 부여하는 경우도 많다. 또한 잠자리는 벌레를 잡아먹어 사람에게 이로운 곤충으로『동의보감』에 청령(蜻蛉)이라 부르며 예부터 정력제로 많이 사용되었다고 한다. 그래서 잠자리가 들어간 그림은 다자(多子), 득남(得男)을 염원하는 그림으로 알려져 있다. 사마귀는 암컷이 수컷의 정충을 받으면 수컷을 잡아먹음으로써 그 영양분을 보충하여 새끼를 보전한다고 한다. 그 의미에 따라 초충도에서는 자식을 위하여 부모의 몸을 희생하는 상징적 의미로 많이 그려졌다고 한다. 아마도 사임당의 7남매에 대한 사랑을 표현한 그림이 아닐까 추측해 본다.

「어숭이와 개구리」는 어숭이가 활짝 피어 있고 그 옆에 도라지꽃이 있고, 이 꽃들을 향해 고추잠자리와 나비 들이 날아들고 있는 모습이다. 그 아래로는 여치가 기어가고 있고 개구리는 꽃을 향한 시선을 떼지 못하고 있다. 어숭이는 부용화라고도 하는데 무궁화와 비슷하게 생긴 꽃이고, 한여름 어른 손바닥보다 크게 피어 더위를 달래 주는 꽃으로 부귀영화를 상징한다고 한다. 이 작품 또한 다산과 학문 성취, 재복을 의미한다.

사임당의 초충도는 평지에서 자생하는 화훼, 초충을 주제로 비교적 단순한 구도와 구성으로 그렸다. 기법은 주로 몰골법을 위주로 하였고, 아름답고 차분한 색채로 여성스럽고 섬세하게 대상을 묘사했다. 이러한 특징들은 조선 전기 초충도에 공통적으로 나타

「어숭이와 개구리」, 신사임당 | 32.8×28cm, 국립중앙박물관 소장

난다. 그렇기 때문에 이 작품들은 여성들을 위한 수본(繡本) 그림들이었음을 알 수 있다.

사임당은 따뜻한 시선으로 주변 자연의 아주 작고 평범한 미물들에게 생명을 불어넣었다. 대상의 묘사도 일정한 틀에 얽매이지 않고 화초나 곤충의 생태를 사실적으로 표현함으로써 사임당만의 초충도를 그렸다. 사임당의 그림에는 그녀의 소박하고 순수한 마음, 가족을 걱정하고 사랑하는 마음, 자연을 사랑하고 그 속에서 함께 살아가고자 한 우리 민족의 정서까지 모두 담겨 있다.

◉ 닭이 종이를 쪼아 먹은 사연

다음으로는 강릉시 오죽헌 시립박물관에 보관되어 있는 「풀벌레 8폭」인 「신사임당초충도병(申師任堂草蟲圖屛)」에 대해 살펴보자. 원래는 화첩으로 되어 있었을 것으로 보이나 현재는 숙종 때의 문신 정호(鄭澔)의 발문 한 폭과 민태식이 옮겨 쓴 이은상의 발문 한 폭을 포함해 총 열 폭의 작은 병풍으로 꾸며져 있다.

각 폭에 그려진 내용을 살펴보면, 1폭 「오이와 메뚜기」, 2폭 「물봉선화와 쇠똥벌레」, 3폭 「수박과 여치」, 4폭 「가지와 범의 땅개」, 5폭 「맨드라미와 개구리」, 6폭 「가선화와 풀거미」, 7폭 「봉선화와 잠자리」, 8폭 「원추리와 벌」의 순서이다. 정호의 발문은 처음부터 그림과 함께 있었던 것이 아니라 신성윤(辛聖潤)의 9대 손인 신명선(辛明善)의 집에 보관되었던 문서 중의 하나이다.

신명선은 발문과 그림을 함께 표구하여 강릉시 강동면 안별리

송담서원에 안치하였다고 한다. 이 발문에는 정호가 1655년(효종 6년) 송담서원을 방문했을 때 이 그림을 보고 사임당의 그림 솜씨에 감격하였다는 내용이 적혀 있다. 송담서원은 조선 인조 때 율곡 이이를 제사하기 위해 세워졌다. 이은상의 발문에 따르면 1804년 3월 3일 저녁에 서원이 불탄 뒤로 이 그림병풍의 간 곳을 몰라 모두들 불타 버린 줄로만 알고 있었는데 1백 60여 년 전 송담서원의 책임자였던 박기수의 후손 집에 보관되어 오던 것을 사임당의 아들 옥산 이우의 후손인 이장희가 이 그림들을 강릉에서 발견하여 율곡기념관에 기증했다고 한다.[170] 현재는 이와 같은 내용의 발문이 모두 그림과 같이 병풍으로 표구되어 강릉시 오죽헌 시립박물관에 보관되어 있다.

그림의 채색은 담묵으로 흐리게 그려졌으며, 거의 모든 화폭이 화면의 중심에 몰골법으로 간단하게 풀 한 포기와 곤충 몇 마리를 평면적으로 그린 것들이다. 1, 5, 8폭에만 지면이 약간 표현되었을 뿐 다른 폭들은 풀들이 그냥 공중에 떠 있는 듯 그려졌다. 소재나 구도는 국립중앙박물관 소장의 「초충도 8폭」과 매우 유사하다. 특히 8폭의 「원추리와 벌」에는 재미있는 일화가 곁들어져 있는데, 여름철이 되어서 그림에 볕을 쪼이고자 마당에 내어놓았더니 닭이 와서 쪼아 먹어 종이가 뚫어졌다고 한다. 그림이 얼마나 정교했기에 닭이 먹이인줄 착각하고 쪼았을까. 다시 들어도 참으로 신기한 이야기다. 이는 그림 안에 생명력까지 함께 담았기 때문에 지금껏 회자되고 있는 이야기일 것이다.

「오이와 메뚜기」, 신사임당 | 48.6×35.9cm, 강릉시오죽헌 · 시립박물관 소장

「물봉선화와 쇠똥벌레」, 신사임당 | 48.6×35.9cm, 강릉시오죽헌 · 시립박물관 소장

「수박과 여치」, 신사임당 | 48.6×35.9cm, 강릉시오죽헌 · 시립박물관 소장

「가지와 범의 땅개」, 신사임당 | 48.6×35.9cm, 강릉시오죽헌 · 시립박물관 소장

「맨드라미와 개구리」, 신사임당 | 48.6×35.9cm, 강릉시오죽헌·시립박물관 소장

「가선화와 풀거미」, 신사임당 | 48.6×35.9cm, 강릉시오죽헌·시립박물관 소장

「봉선화와 잠자리」, 신사임당 | 48.6×35.9cm, 강릉시오죽헌·시립박물관 소장

「원추리와 벌」, 신사임당 | 48.6×35.9cm, 강릉시오죽헌 · 시립박물관 소장

이 병풍에 붙은 정호(鄭澔, 1648~1736)[86]의 발문을 보면 사임당의 그림 실력이 얼마나 절묘하고 신묘했는지 가늠할 수 있다.

옛날 성현들은 인물을 논평하되 도덕이 온전하고 재주를 갖춘 것으로서 군자라 일렀다. 그러나 이 말은 남자들을 위해서 한 말이요 부인에게는 상관없는 말이다. 나는 말하되 사람들은 이같이 여자란 다만 도덕으로서 일컬을 것이요 재주는 일컬을 것이 없다 하지만 여자로도 덕이 이미 온전히 갖추어졌고 재주도 통하지 않음이 없다고 하면 어찌 여자라고 하여 군자라 일컫지 못할까 하는 것이다. 나는 숭정 갑신년 뒤 72년 되는 을미년(효종 6년, 1655년)에 송담서원을 방문했는데 그 서원은 율곡 선생의 위패를 모신 곳이다. 서원의 선비들이 그림병풍 여덟 폭을 내어 보이는데 그것은 선생의 어머니 신사임당의 유묵이었다.

내가 그림 볼 줄 아는 사람은 아니지마는 벌레들의 살아 움직이는 것 같음과 풀포기들의 향기롭고 깨끗해 보임이 어떻게나 핍진한지 그야말로 저 이른바 하늘 조화를 빼앗았다는 그것이 아닌가 싶었다. 생각건대 부인의 높은 도덕과 아름다운 행실은 이루 다 적을 수 없거니와 그의 천재로부터 나온 것이 또한 이 같으니 과연 '여자 중의 군자'

---

[86] 정호(鄭澔)는 조선의 문신이며, 자는 중순(仲淳), 호는 장암(丈巖), 본관은 연일(延日)이다. 정철의 현손이며, 송시열의 제자이다. 문장과 글씨, 시에 모두 능하였다. 저서로 『장암집』이 있으며, 편서로 『문의통고(文義通攷)』가 있다.

라 하여도 손색이 없을 터이다. 큰 인물을 낳고 길러 꽃다운 이름을 백대에 드날렸으니 그 덕을 옛날 정이천 선생의 어머니 후부인에게 비기는 것이 마땅하리라.**171**

정호의 발문에서 사임당은 이미 군자의 모습을 완성한 여인이었다. 그 당시 사회적 배경에서 군자란 남성을 위한 말이었지 여성을 위한 말은 아니었다. 철저하게 남성 위주의 사회였기 때문에 특히 출가한 부인을 군자라 일컬음은 감히 생각할 수도 없는 일이었을 것이다. 그러나 정호는 사임당을 군자라 칭했다. 그것도 덕은 온전히 갖추어졌고 재주까지 통하지 않음이 없는 여성 군자라 일컬은 것이다. 아마도 정호는 이 발문 때문에 크게 곤혹을 치렀을지도 모를 일이다. 남성에게만 군자라는 호칭을 쓸 수 있었던 그 사회에서 여성에게 군자라는 호칭을 썼다는 이유로 말이다. 아무리 백대의 스승이었던 율곡의 어머니라 해도 그 덕과 재능이 미치지 못하였다면 정호도 이러한 발문을 쓰지는 않았을 것이다.

이처럼 신사임당의 그림에 대한 예찬은 일찍이 많은 사람들로부터 기록되었다. 현존하는 그림의 발문에서나, 그림은 없어도 발문의 기록만 남아 있는 것에서나 신사임당의 그림은 이미 정평을 얻고 있었음을 알 수 있다. 그러나 앞서 보았듯 발문을 쓴 대부분의 사람들이 송시열 이후 대학자 율곡의 어머니라는 선입관을 갖고서 쓴 발문임을 잊지 말고, 그 안에서 포장된 사임당의 모습을 벗기고 진면목을 찾는 데 집중해야 할 것이다.

● 이것 고이 간직하고 흔한 그림 대하듯이 예사로 보지 마오

다음으로 사임당의 작품 중 가장 많은 발문이 전하는 「풀벌레 7
폭 그림첩」은 지금은 실물이 전하지 않는다. 아마도 실물이 전하
지 않는 안타까움을 발문이 대신하고 있는 듯하다. 다른 초충도수
병보다 더 많은 발문이 전하고 있다.

먼저 송시열의 문인이었던 광산 김진규(光山 金鎭圭, 1658~
1716)[87]는 발문에서 조선 사회에서 그림을 그린다는 것은 여성의
할 일이 아니었다고 말하고 있다. 여성의 할 일은 그저 베 짜고 길
쌈하는 일이었는데 그러나 사임당의 그림을 보고는 어찌 여자의
할 일이 아니라 업신여길 수 있겠느냐고 답한다. 발문의 일부를
인용해 보면, "벌레, 나비, 꽃, 오이 따위는 다만 그 모양이 꼭 같을
뿐만 아니라 그 빼어나고 맑은 기운이 산뜻하여 산 것만 같아 저
붓이나 핥고 먹이나 빠는 저속한 화가 따위의 능히 미칠 바는 아
닌 것이니 어허 기묘하기도 하다. 그런데 내가 일찍 옛날의 전기
(傳記)를 보니 이른바 여자의 할 일은 아니로되 저 『시경』에 있는
… 더구나 여자가 지은 것으로 「초충(草蟲)」편도 있어 이제 이 그
림이 바로 그것을 그려 낸 것이니 어찌 베 짜고 길쌈하는 이외의
일이라고 업신여길 수 있을 것이랴."[172]라며 『시경』의 시편을 인용

---

87 김진규(金鎭圭)는 조선 후기의 문신으로, 본관은 광산(光山), 자는 달보(達甫), 호는
죽천(竹泉)이다. 송시열의 문인이며, 문집으로 『죽천집(竹泉集)』, 편서로 『여문집성
(儷文集成)』이 전한다.

하여 사임당의 그림을 칭송하고 있다. 김진규가 인용한『시경』의 시편 중「초충」은 주나라 문왕의 교화를 입어 제후국의 대부(大夫)가 부역을 가서 밖에 있자, 그 아내가 홀로 거처하면서 시물(時物)의 변화에 감동하여 그 남편을 생각하면서 기다리는 마음을 표현한 시로, 태평성대를 살아가면서 때에 맞게 변화하는 만물을 보며 읊은 것이다. 김진규는 사임당의 그림첩을 보며 모든 만물이 때에 맞춰 변화하는 자연의 신비로움을 느꼈을 것이고, 더 나아가 태평성대를 살아가는 아름다운 우리네 여성, 아니 백성을 꿈꿨는 지도 모르겠다.

또한 이 그림첩에는 숙종 때의 문인이었던 서암 신정하(恕菴 申靖夏, 1681~1716)의 예찬 시도 함께 전한다.

첫째 폭은 오이 넝쿨 언덕 타고 감겼는데 밑에선
개구리가 더위잡고 올라가네
둘째 폭은 참외들이 온 밭에 깔렸는데 단내 맡은 굼벵이가
흙 속에서 나오는구나
셋째 폭은 수박 위에 찬비가 내리는데
쓰르라미 쓰렁쓰렁 깃을 떨기 시작하고
넷째 폭은 원추리 꽃잎 빛깔 변하는데
그 밑에 귀뚜라미 쉬지 않고 우는구나
다섯째 폭 여섯째 폭 붓 솜씨 더 묘하구나
새빨간 저게 바로 맨드라미 아닐런가

일곱째 폭 붉은 여뀌 다시금 쓸쓸한 채

무거운 꽃 약한 잎새 드리워 한들한들

다시 보매 벌이 있네 그 곁에는 나비로고 꽃에 붙고 잎에 붙고

서로 와서 감도누나

봄바람 그윽하다 붓 아래로 불러들여 찍어 놓은 한 점 한 점

하늘 조화 빼앗았구나

그린 이는 석담 이 선생 그 어른의 어머니요 얻은 이는

동래 사람 정종지가 그분일레

선생을 공경함이 부인께도 미치어서 그림을 만지다가

저도 몰래 경탄하네

생각건대 고이 앉아 종이 위에 붓 던질 제 그림이나

그리자고 한 짓은 아니었고

옛날 문왕 어머님이 시를 지어 읊은 것을 본떠서

그려 내니 소리 없는 시로구나

지금껏 전해 내려 어느덧 2백 년을 먹빛은 바랬건만 정신을 그대론데

정 공에게 이르노니 이것 고이 간직하고 흔한 그림 대하듯이

예사로 보지 마오

진나라 때 위부인과 원나라 때 관부인이 글씨와 그림으로

이름을 날렸지만

슬프다 본시부터 포부는 없었나니

재주 비록 뛰어나되 같이 서진 못하리라

신묘(숙종 37년, 1711년) 5월 초순 동양 신정하 삼가 씀.[173]

신정하의 시만 읽어도 어떤 정경의 그림일지 알겠으니 앞에서 살펴본 초충도 8폭들과 겹쳐져 머릿속에서 다시 살아나는 듯하다. "봄바람을 붓 아래로 불러들여 하늘의 조화도 빼앗고, 2백 년 지나 먹빛은 바랬지만 정신은 그대로"라는 신정하의 예찬이 그 가치를 더하고 더해서 5백여 년이 지난 지금 21세기에도 우리 곁에 그 정신은 올곧이 전하고 있다.

또한 이 그림첩에는 명종 때의 문신 송상기(宋相琦, 1657~1723)의 발문도 함께 전하는데 송상기는 그림의 예찬은 물론이거니와 정숙한 덕(德)과 아름다운 행실을 갖춘 사임당의 인품(人品)까지 칭송하고 있다.

> 내게 일가 한 분이 있어 일찍 말하되 '집에 율곡 선생 어머님이 그린 풀벌레 그림 한 폭이 있는데 여름철이 되어 마당 가운데로 내어다 볕을 쐬자니 닭이 와서 쪼아 종이가 뚫어졌다'는 것이었다. … 이제 정종지(鄭宗之)가 가진 이 그림첩을 보니 꽃, 오이, 곤충들 여러 가지가 정묘한데 곤충과 나비 따위가 더욱 신묘한 솜씨요 그 모양이 살아 움직이는 듯하여 그림 속에 있는 것 같지 않으므로 비로소 내 일가집에 간직한 그것도 이런 것이어서 내가 들은 말이 빈말이 아니었던 줄을 알았다. 그러나 예부터 그림 잘 그리는 이야 어찌 한정이 있으랴마는 다만 그 사람 자신이 후세에 전할 만한 인품(人品)을 가진 연후에라야 그 그림이 더욱 귀한 것이요 그렇지 못하면 그야말로 '그림은 그림대로 사람은 사람대로'인 것이라 어찌 족히 경중을 말할 것이 있다

하랴. … 이 그림첩은 후세에 전하여 저 옛 부녀자들의 역사에 실린

이들과 더불어 무궁토록 같이 빛날 것이다.**174**

송상기의 발문에서는 그림을 잘 그리는 이는 많지만 그 그림이
가치를 더하려면 인품이 더해져야 한다고 말하고 있다. 앞서 보았
듯 예술 작품은 그 사람을 닮는다. 그의 재주만이 작품에 드러나
는 것이 아니라 그 사람의 뜻이 드러난다. 그렇기에 작가의 예술
정신, 즉 생명력이 함께 담겨 완성되는 것이다. 작가의 예술혼이
살아 있지 않다면 그 예술 작품은 이미 그 빛을 잃어버린 것이다.
송상기의 마지막 바람대로 이 그림첩이 후세에 전하여 무궁토록
같이 빛날 수 있어야 하는데 불행히 그 그림을 볼 수 없어 애석하
기만 하다.

아마도 이 그림첩은 앞서 살펴본 두 초충도수병과 비슷할 것으
로 전해지나 그 위상은 조금 달랐던 것 같다. 발문의 수에서도 다
른 초충도수병보다 전해지는 발문도 많고 그 내용도 사임당 예술
의 천재성은 물론 덕까지 칭송한 발문이 대부분이다.

그중에서도 발문의 위상을 더 높여 주는 조선의 제19대 왕인 숙
종(肅宗, 1661~1720)의 발문도 전한다. 숙종은 경은부원군 김주
신을 통해 이 그림첩을 감상하고 그 예술성에 감탄하고 모사하여
병풍을 만들게 한 후 대궐에 보관했다고 전해진다. 숙종의 발문을
보자.

「율곡 어머님이 그린 풀벌레 그림을 모사한 병풍에 적는다-숙종」

惟草惟虫 狀貌酷似　풀이여 벌레여 살아 있는 모양 그대로일세

婦人所描 何其妙矣　부인이 그려 낸 것 어찌 그리 묘하온고

于以摸之 作屛殿裡　그 그림 모사하여 대궐 안에 병풍 쳤네

惜乎闕一 疊摸可已　아깝게 빠진 한 폭 모사 한 장 더하여 놓다

只以采施 此尤爲美　채색만을 쓴 것이라 한결 더 아름다워

其法維何 無骨是耳　그 무슨 법일런고 무골법(無骨法)이 그것일레

歲在 乙未 仲秋 上浣 題　을미(숙종 41년 1715) 8월 상순에 적음.

　풀이며 벌레며 모두 살아 움직이는 듯한 생동감과 한국 여성 특유의 순정(純情)한 색감은 사임당만의 고유한 화풍으로 조선의 초충도를 대표하고 있다. 어린이나 여인의 옷의 아름다운 색동이나 노리개의 장신구에서 보이는 은은한 어울림, 또 어머니의 정성으로 차려 놓은 음식의 빛깔 같은 그런 따뜻함이 사임당의 그림에서는 전해 오는 것 같다. 이런 따뜻함이 한 나라 임금의 마음을 훔치기에도 차고 넘쳤음을 알 수 있는 예찬 시이다.

　마지막으로 이 그림첩에는 앞서 소개한 「풀벌레 8폭」에 대해 이미 사임당을 '여성 군자'라 칭한 바 있는 정호의 발문이 하나 더 전한다. 정호는 이 발문에서도 사임당의 높은 덕과 행실을 칭송하고 있다. 기존의 다른 학자들은 사임당을 정명도, 정이천의 어머니 후부인에 견주고 칭송했지만 정호는 "이제 이 그림첩을 보니 그 천재의 남다름과 묘한 기술의 뛰어남이 일찍이 후부인에게서는 들

지 못하던 것인데 과연 이와 같으니 어찌 이른바 '덕이 갖추지 않음이 없으며 다른 일도 다 능하다'는 그것이 아니겠는가."[175]라고 하며 후부인을 뛰어넘는 예술가로서의 사임당을 칭송하고 있다. 이제 정호는 여성 군자의 모습을 넘어 천재적인 재능으로 빛난 화가 사임당을 보고 있는 것이다. 그 뛰어남의 이유는 역시 사임당의 덕(德)에서 찾고 있다. 이 그림첩이 지금 전하지 않는 것이 참으로 마음 아플 뿐이다. 아마도 국립중앙박물관의 초충도 8폭과 강릉시 오죽헌 시립박물관에 보관되어 있는 8폭과 견주어도 전혀 손색이 없는 작품이었을 것만은 분명하다. 아니 남아 전하고 있다면 그 위상이 더 높았을 거라 생각한다.

다른 작품인 「꽈리와 잠자리」 그림에는 옥산 이우의 8대손 되는 이서의 「집안에 전해 오는 서화첩」의 발문이 함께 있는데, 이 발문은 사임당의 그림과 함께 맏딸 매창의 시와 그림, 막내아들 옥산 이우의 그림이 여섯 폭의 그림과 두어 폭의 시로 꾸며져 있음을 밝히고 있다. 그 일부를 살펴보자.

> … 슬프구나! 사임당의 그 많은 시들은 흩어져 전하지 아니하고 다만 절구 몇 편이 있을 뿐이요 그림으로 말하면 혹은 종이에, 혹은 비단에, 혹은 채색으로, 혹은 묵화로 된 것들이 그 수효가 많은데 두 번이나 난리(임진왜란과 병자호란)를 겪은 후에도 보존될 수 있었던 것은 예술을 사랑하고 아끼는 선조들의 지혜 때문일 것이다.
> 돌이켜 보건대 옛날 5대조 학정공(鶴汀公, 이름은 동명, 사임당의 현

「꽈리와 잠자리」, 신사임당 | 44.2×25.7cm, 강릉시오죽헌 · 시립박물관 소장

손이며 율곡의 아우인 옥산 우의 증손)이 뒷날 일을 걱정하여 몇 가지 집안에 간직해 두어야 할 것 이외에는 강릉 오대산 궁벽한 절간에 실어다 두어 오래 전할 계획을 세웠던 것이라 선인들의 주도하고 상밀함을 깊이 감탄하고 우러르는 바이기는 하나 다시 의외의 걱정이 있었으니 그것은 만일 분별없는 사람들이 잔약(孱弱)한 중을 달래고 위협하고서 도둑질해 간다면 그렇게도 애써 가며 멀리 가져다 맡긴 본의를 잃어버렸을는지도 모를 그것이었다.

옛날 소동파가 (전대에서부터 전해 내려오는 부처 그림을 보관시킨) 사보살각(四菩薩閣)에 글을 적었으되 "만일 이 그림을 도둑해 가는 자는 아비 없는 놈이니라." 하여 그 말이 그렇게도 날카롭고 매서웠으며 그 절의 중도 역시 "눈을 빼기로 하고 군이 지키겠노라."고 맹세했으되 오히려 3대를 보관해 내려오기가 어려웠으니, 그 어렵고 어려운 일임을 추측해 알 수 있겠다.

알 수 없구나! 선조가 그 당시 그림 부탁하던 때 과연 소동파의 말과 같은 그런 글발이 있었던가. 이제 그림첩을 만듦에 당하여 대강 그 전말을 적어 우러러 경모하는 뜻을 붙이는 바다.**176**

학정공 동명은 여러 발문의 내용에도 종종 등장하듯이 평생을 두고 선조의 유품을 찾아내느라 온갖 정성을 다했다. 여러 세대를 거치는 동안 전란이나 피치 못할 사정으로 조상의 유품을 지키기란 쉽지 않았을 텐데, 증조할아버지와 고조할머니의 유품이 없어질 것을 걱정하여 오대산 궁벽한 절간에 보관해서라도 그 유품에 담긴 뜻을 전하고자 애쓴 동명의 노고에 지금을 사는 후손은 그저 감사할 따름이다.

다음 「수박과 석죽화」의 그림에는 국립중앙박물관장이었던 최순우(崔淳雨, 1916~1984)의 발문이 붙어 있다. 이 발문에는 후세에 색을 더하고, 붓 칠을 더해 사임당 그림의 진면목이 훼손됨을 걱정하고, 또 유래가 분명치 않은 그림이 사임당 그림으로 변신하는 경우에 대한 걱정이 잘 드러나 있다.

세상에 전하는 신사임당의 초충도는 그 수가 적지 않다. 그러나 그중에는 유래가 분명하지 못한 것들이 섞여 있거나 후세에 너무 가채보필(加彩補筆)되어 그분의 그림이 지니는 참맛을 알아볼 수 없이 망쳐 놓은 것이 적지 않다. 논산 이장희 씨 댁에 세전되어 온 초충첩에서 이 수과도(水瓜圖) 한 폭을 택한 것은 그 전래가 비교적 분명하고 작품의 보존이 잘 되어서 후세의 뒷 붓질이 없을 뿐 아니라 사임당 그림의 진면목은 바로 이러한 그림이구나 싶은 심증이 가기 때문이다. 과거에 신사임당을 경모하는 나머지 그분의 그림을 너무 신격화한 폐단이 없지 않아서 일류 직업 화가들의 그림과 견주어 생각하는 경향이 적지 않다. 따라서 엉뚱한 것이 신사임당의 작품으로 변신하는 경우가 있었음으로 오히려 사임당의 예술에 흠을 입혀 준 결과가 되어 왔었다. 말하자면 사임당은 여성으로서는 드물게 보는 재능을 시서화에 발휘한 사인(士人) 출신의 지식 여성이었으며 또 뛰어난 현모양처였음으로 그의 그림, 특히 초충도에 나타난 표현은 벌레

한 마리 꽃 한 송이에 이르기까지 양식(良識)을 지닌 여성만이 느낄
수 있는 섬세하고도 세련된 애정이 서려 있으며 더구나 그 색감에 있
어서는 한국 여성들만이 지닐성싶은 특유한 순정미가 짙게 깃들여
져 독자적인 풍토 감각의 일면을 이루어 왔다고 할 수 있다. 수박을
주제로 한 그분의 이 초충도 한 폭은 바로 그러한 본보기 그림의 하
나라고 생각된다.[177]

최순우 관장의 발문에는 사임당 작품에 대한 깊은 애정이 걱정
과 함께 잘 드러나 있다. 사임당의 작품이 모두 전칭작으로 전하
고 있기에 너무도 당연한 걱정과 우려라 생각된다. 그렇기에 더더
욱 우리의 임무가 막중함을 느낀다. 보다 폭넓은 연구를 통해 사
임당만이 그려 낼 수 있었던 섬세함과 조그마한 미물에까지 깊은
애정을 담은 그 정성 하나하나를 찾아 연구하고 후세에 전해야 하
기 때문이다. 부모님을 생각하는 자식의 눈으로, 지아비를 보필하
는 아내의 눈으로, 자식을 걱정하는 어머니의 눈으로, 그리고 한
여인의 눈으로 그려졌을 그림들과 그 안에 담긴 모든 이야기에 귀
를 기울여야 할 때이다.

신사임당의 예술적 능력은 넷째 아들인 옥산 이우와 맏딸인 매
창에게 그대로 전해져, 조선 초기 이후 초충도의 발전에도 많은
영향을 끼쳤다.

「수박과 석죽화」, 신사임당 | 44.2×25.7cm, 강릉시오죽헌·시립박물관 소장

◉ 따뜻한 마음 위에 고운 색을 입혔네

　고려 후기 성리학의 수용은 한국사에 있어서 매우 중요한 사건이다. 이 사실은 성리학이 그 당시의 유교 사상에 커다란 변화를 가져왔을 뿐 아니라, 다음 왕조인 조선의 성립에도 정치, 사회, 문화 등 다양한 측면에서 영향을 미쳐 조선을 뒷받침하는 중심 이념이 되었다는 것으로도 알 수 있다. 조선 시대에는 초기부터 유교를 숭상하고 불교를 억압하는 숭유억불(崇儒抑佛) 정책이 철저하게 시행되었던 관계로 회화를 비롯한 모든 미술 분야에 유교 즉 성리학의 영향이 강하게 미치게 되었다.

　사임당이 활동하던 조선 초기 말에서 중기 초에 이르는 그 시기에는 유교 사상이 사회를 더욱 크게 지배하고 있었다. 유교는 중국 사회에서 개화한 사상으로 유교가 하나의 체계적인 가르침으로 된 것은 두말할 것도 없이 공자(孔子, BC 551~479)에 의해서이다.

　공자의 중심 사상은 인(仁)으로 인간에 대한 깊은 이해와 주체적 각성을 통하여 인간으로서 생명의 존엄성을 천명하고, 행할 바의 도리를 밝힌다는 것이다. 인은 완성된 인격의 명칭이면서 바람직한 인륜 도덕으로 공자 사상의 핵심을 이루고 있으며 공자의 교육 원리이다. 인의 사전적 의미는 '어질 인, 착할 인, 동정할 인' 등의 풀이로 해석되는데, 우리말로 '어질다'와 '착하다'는 모두 지성(知性)이 탁월함을 뜻하기보다는 인정이 많고 가슴이 따뜻하다는 뜻이 강하다. 인정이 많고 가슴이 따뜻해야 비로소 사람다운 사람으로 인정될 수 있다는 생각이 바탕에 깔려 있음을 알 수 있다.

또한 인은 자기 마음을 남과 같이 하는 것과 같은 어진 사람의 마음이다. 내가 하고 싶은 것은 다른 사람도 하고 싶어 하며 내가 하기 싫은 것은 다른 사람도 하기 싫어하는 것이 인간의 일반적인 감정이다. 공자는 이것을 충서(忠恕)로 말하고 있다. 그래서 인은 다른 사람의 마음을 헤아려 보는 '배려의 마음'이라고 할 수 있다. 이것은 공자의 도(道)[88]가 충서로 일관되어 있음을 보여 준다.[178]충(忠)은 자기의 마음을 끝까지 열심히 다하는 것,[179]즉 자기 자신에 대해 최선을 다하는 것이다. 서(恕)는 자기의 마음을 미루어 남을 생각하는 것[180]으로 타인에 대한 배려 정신이다. 즉 내가 상대방의 입장이 되어 생각해 보는 일이다.

'인'에 대하여 제자들로부터 질문을 받았을 때 공자는 여러 가지 다른 말로 대답을 하였다. 그 가운데서 '인'의 뜻을 이해하는 데 가장 큰 도움을 주는 것은, 인은 곧 '사람을 사랑함'이라고 대답한 경우이다. 인이라는 한자가 본래 '사람 인(人)'과 '두 이(二)' 자를 결합한 것으로 인간의 관계를 나타내는 글자다. 그리고 인간의 관계에서 가장 소중한 것을 '사랑'이라고 보는 견지에 입각하여 인을 '사람을 사랑함(愛人)'[181]이라고 말한 공자의 뜻을 짐작할 수 있

---

[88] 공자(孔子)의 도(道)는 인(仁) · 지(知) · 용(勇) · 충(忠) · 서(恕) 등 여러 가지 덕목으로 발휘되는 '올바른 도리'이다. 즉 공자가 생각했던 도는 '인간으로서 마땅히 걸어야 할 도리', 즉 인간의 '당위법칙(當爲法則)'이다. 그중 충서(忠恕)를 핵심으로 본다.

다. 주희(朱熹)가『논어집주(論語集註)』에서 인을 "사랑의 원리(愛之理)요 마음의 덕(心之德)"[182]이라고 주해한 것도 같은 맥락에서 이해할 수 있을 것이다. 요약하면, '사람에 대한 사랑'이 인의 바탕이요, 인을 체득함으로써 사람이 사람답게 된다고 본 것이 공자와 그 제자들의 견해였다.

공자가 이처럼 모든 덕(德)의 으뜸으로 생각한 인은 그 바탕이 사람에 대한 사랑에 있었다. 그런데 인의 바탕으로서의 사랑은 어디까지나 인간적인 사랑이며, 불교의 사랑이나 기독교의 사랑과는 크게 다르고, 묵자(墨子, BC 470~390?)[89]의 겸애(兼愛)[90]와도 다르다. 종교를 근거로 한 사랑은 인간 밖의 절대자를 매개로 삼는 까닭에, 그것은 차별이 없는 보편적이고 절대적인 사랑이다. 그러나 유가들이 숭상하는 인의 바탕을 이루는 사랑은 사람과 사람의 관계에서 자연적으로 생기는 인정(人情)에 기초를 둔 까닭에, 인

---

[89] 묵자(墨子)는 중국 주(周)나라 묵자학파의 시조이다. 이름은 적(翟). 그의 사상은 71편(현재는 53편)으로 된『묵자(墨子)』에서 찾아볼 수 있다. 하늘의 뜻에 기초를 둔 겸애(兼愛)와 절용(節用)을 골자로 한다. 겸애를 주장하기 때문에 비공(非攻) 즉, 전쟁을 부정한다. 절용을 주장하기 때문에 절상(節喪)과 예악(禮樂)의 간소화를 역설하였다.

[90] 겸애설(兼愛說)은 묵자(墨家)의 근본적인 주장의 하나이다. 나와 타인을 구별하지 않고 평등하게 사랑하는 것을 뜻한다. 전국시대에 태어난 묵자는 전쟁이라는 것은 사람이 이기적이 되어 서로 사랑하지 않는 데서 일어나는 것이라 하여 겸애를 주장하였다. 겸애야말로 하늘의 뜻이라고 하였다. 이것은 유가(儒家)가 가까운 이에서 차차 타인에게까지 애정을 뻗어 나가는 것과 대립되며, 남의 어버이도 나의 어버이처럼 사랑하라 하였다. 맹자(孟子)로부터 군(君)과 부(父)를 무시한다고 비난받았을 뿐만 아니라 실제로도 하나의 관념론에 그치고 말았다.

간관계의 친함과 그렇지 않음에 따라서 차별성을 가지게 마련인 상대적인 사랑이다.

『논어(論語)』에 인의 사랑이 인간관계의 친소를 따라서 차등을 두는 사랑임을 함축하는 구절을 찾아볼 수 있다. "효제(孝弟)는 인을 이룩하는 근본이다."[183], "군자가 부모에게 독실하게 하면, 백성들에게 인의 기풍이 일어나고, 옛 친구를 버리지 않으면 각박해지지 않는다."[184], "자신의 사사로운 욕심을 극복하여 예(禮)로 돌아가면 인이니, 하루하루 극기복례(克己復禮)면 천하가 인으로 돌아갈 것이다."[185] 등이 그것이다.[186]

율곡 이이는 「극기복례설(克己復禮說)」을 지어 말하기를 '인이란 본심의 전덕(全德)으로서 모든 사람이 이 본심을 갖추고 있지만 사욕이 그것의 실현을 가로막음으로써, 몸과 마음을 검속하는 도구인 예에 따름으로써 마음의 덕이 온전해질 수 있다.'고 하였다.[187] 개인의 인격에 인을 심음으로써 사람들로 하여금 내재적인 즐거움에서 아름다움을 찾고 즐거이 인을 향하게 하여 도에 이르는 것이 진정한 인의 실천임을 알아야겠다.『유교와 현대의 대화』의 저자 황의동은 인을 다음과 같이 말하고 있다.

천지가 인간과 사물을 창조하고 만들어 내는 어진 마음이 곧 인(仁)이다. 인은 생명의 씨앗이요 본질이다. 인은 사랑하는 마음이다. 인은 사랑의 원리이다. 사랑은 생명을 낳고 자라게 한다. 이 약동하는 생명, 생명의 본질인 사랑을 표출하는 데 바로 유교 미의식의 특성이

있다. 유교는 인을 바탕에 깔고 있는 생생(生生)의 미학으로 늘 살아 있음을 표현하고자 하였다.[188]

유교 미의식을 논할 때 빠지지 않고 등장하는 말 중에 공자가 말한 '회사후소(繪事後素)'라는 말이 있다. 이는 '그림을 그리는 일은 흰 바탕을 만든 뒤에 한다.'는 뜻으로, 유교에서는 이 일을 이상적인 것으로 본다. 다음 『논어』의 「팔일(八佾)」에 수록된 자하와의 대화 부분에 이 같은 말이 나온다.

> "'볼우물 지은 웃음 어여쁘고, 아름다운 눈동자 선명하구나, 하얀 바탕에 고운 색 입혔네.'라 했으니, 이것은 무엇을 말하는 것입니까?" 선생님께서 말씀하셨다. "그림은 먼저 바탕을 희게 한 다음 그리는 것이다." [189]

그림을 그리는 일에서 주목할 것은 바로 소(素)이다. 송대의 주희는 『논어집주』에서 공자의 '회사후소'를 다음과 같이 보충 설명하고 있다.

> 회사(繪事)는 그림 그리는 일이다. 후소(後素)는 흰 비단을 마련하는 것보다 뒤에 하는 것이다. 『주례』 「고공기(考工記)」에 '그림 그리는 일은 흰 비단을 마련한 뒤에 한다.' 하였으니, 먼저 흰 비단으로 바탕을 삼은 뒤에 오색의 채색을 칠하는 것이니, 마치 사람이 아름다

운 자질이 있은 뒤에야 문식(文飾)을 가(加)할 수 있음과 같은 것이
다.[190]

주희는 '후소(後素)'를 아예 '후어소(後於素)'라고 하여 '흰 바탕
보다 다음에 한다.'는 뜻으로 확정해 버렸다. 여기에다가 '흰 바탕
의 도화지(粉紙)'는 사람에게 있어서 깨끗한 바탕이라는 의미로
'미질(美質)'이라고 하고 그림 그리는 일은 '문식(文飾)'에 비유하
여서 마치 인격을 수양하는 것이 흰 도화지에 화려한 색채 작업을
하는 것과 마찬가지라는 뜻으로 풀었다.[191]

다시 말하면 "소(素)는 분칠을 하는 자리이니 그림의 바탕이며,
현(絢)은 채식이니 그림의 꾸밈이다. 사람이 이러한 아름다운 보
조개와 선명한 눈동자의 아름다운 바탕을 가지고 있고 또 화려한
채색의 꾸밈을 더하는 것이니, 마치 흰 바탕이 있고 채색을 더하
는 것과 같음"을 말씀한 것이다.[192]

이처럼 『주례』「고공기」의 예를 들어 주희가 지적하고 있듯이
사람도 아름다운 자질이 있은 뒤에 꾸밈을 더해야 하는 것이다.
이러한 이유로 그림 그리는 일에서 가장 중요시되는 것은 내적인
인격의 완성이라고 할 수 있을 것이다. 공자의 이 '회사후소'는 외
면의 미적 형식보다 내면적 인격의 충실을 중요하게 인식한 유가
미학의 전형을 보여 준다.

이러한 의미로 신사임당의 초충도를 살펴보면 주요소재는 집
에서 재배하는 양귀비나 맨드라미, 꽈리 등을 비롯한 풀과 꽃이고

벌, 나비가 기본이나 들쥐 등 조그마한 동물에 매미, 잠자리, 땅바닥을 기는 개미며 쇠똥구리와 메뚜기 등 각종 곤충들이다. 이들이 함께 어우러져 따뜻하고 푸근하며, 나아가 동화(童畵)와 통하는 정겨움이 어우러진 평화로운 공간을 담은 정경이 주류를 이룬다. 이는 사람을 비롯해 자연 나아가 미물에 이르기까지 남다른 애정을 지닌 자만이 비로소 얻을 수 있는 감정이다. 여성 특유의 섬세함과 부드러움을 바탕으로 주변에 있는 다양한 벌레며 곤충, 그리고 야생화에 대해 각별하고 따뜻한 시선을 가져야 빚어질 수 있는 일이다.[193] 신사임당의 이러한 마음가짐이 바로 '인(仁)의 마음'이다. 신사임당의 '인의 마음'이 자연스럽게 한 폭의 종이와 비단 자락에 「초충도」라는 그림을 통해 표현된 것이다. 미물에게까지 인을 실현하였으니 사람에 기울인 '인의 마음'은 짐작하고도 남음이 있다.

　공자는 또한 인을 강조하면서 "사람이면서 인하지 않으면 예는 해서 무엇하며, 사람이면서 인하지 않으면 악(樂)은 해서 무엇하겠는가?"[194]라고 말하였다. 즉 인간다운 인격을 지니지 않는다면 사람의 예술이 무슨 의미가 있느냐는 것이다. 인은 예악(禮樂)의 근본이니, 예악은 인으로 말미암아 생겨나는 것이다. 그러므로 만일 불인(不仁)하다면 예악의 뿌리를 잃어버리는 셈이 된다.[195] 이처럼 인은 완성된 인격의 명칭이다. 사임당 또한 완성된 인격의 인으로, 또 그 마음으로 초(草)와 충(蟲)에 생명을 불어넣은 것이다.

사임당은 이러한 초충도 그림들을 통하여 우리 민족의 소박하고 정감 어린 정서와 풀 한 포기, 벌레 한 마리에 이르기까지 세심하게 사랑의 눈으로 바라본 선한 마음을 드러내고 있다. 조선 전기의 대표적인 초충도 화가로 꼽히는 이는 신사임당과 함께 이암(李巖, 1499~?)[91]을 들 수 있다.

『조선미술사』의 저자 유종열은 이암에 견주어 사임당을 다음과 같이 평가하고 있다.

신사임당의 작품들은 16세기 회화 예술의 사실주의적 발전 추이를 잘 보여 주고 있다. 회화 대상으로서의 자연을 이해하고 그것을 사실주의적으로 그려 내는 데서 신사임당은 이암보다 한 걸음 더 전진한 경지에 이르고 있다. 신사임당의 작품에 창조된 회화 형상들은 이암의 작품의 형상들보다 대상에 대한 객관적 묘사에서 깊고, 거기에 담겨진 생활 감정과 정성에서 보다 넓은 현실적인 폭을 가지고 있다. 이것은 비록 이들 두 사람이 뜨거운 사랑의 감정을 가지고 현실을 긍정하며 실생활에서 아름다운 것을 찾아내려는 지향성에서는 공통점을 가지면서도 필법과 화풍에서는 서로 다른 차이를 낳게 한 요인으로 되었다.[196]

---

91 이암(李巖)은 조선 초기에 활동한 왕족 출신의 화가이다. 특히 강아지 그림으로 유명하다. 일본에도 널리 알려졌는데, 그의 독특한 묵법(墨法)은 일본 화가 소다츠(宗達)와 고린(光琳) 등의 화가들에게 영향을 미쳤다고 한다.

저자 유종열의 말처럼 사임당은 자연을 이해하였다. 그것을 화폭에 뜨거운 '인의 마음'으로 담아 놓았다. 항상 홀로 친정에 계신 어머님을 그리워하며 그 마음을 달래기 위해 자수와 서예, 그리고 그림에 그 마음을 담아냈을 것이다. 성리학 사상이 팽배해 있던 사회 현실에서 여성이기에 감내해야 했던 자신의 처지를 뛰어넘어 여성 군자의 모습을 갖추었고, 궁극에는 '인의 마음'을 실천하였다. 아름다움과 추함을 떠나 하찮은 미물과 잡초들에게까지 그 마음을 표현하였다.

사임당의 예술 작품은 보는 이로 하여금 마음을 편안하게 한다. 세월에 먹빛은 바랬건만 금방이라도 화폭 밖으로 뛰어나올 듯한 도마뱀과 개구리도 징그럽기보다는 정겹다. 자연을 소재로 그 모든 것들을 '인의 마음'으로 다가가 표현하고 있기 때문일 것이다. 사임당은 자연을 수단으로 대하지 않았다. 인간은 자연 안에서 살아야 하는 한 작은 생명임을 알고 있었다. 그렇기에 자연 앞에서 절대로 교만하지 않았고, 화폭에 옮겨 올 때도 항상 겸손했다. 그 바탕에는 유교적인 미(美)의 극치인 '인의 실천'이 있었기 때문에 가능한 일이었을 것이다. 사임당의 모든 그림 한 점 한 점이 자연을 사랑하는 여인의 눈으로, 부모님의 건강을 염려하는 딸의 정성으로, 부군의 입신양명을 기원하는 어진 아내로, 자식들의 안녕과 입신양명을 염려하는 어진 어머니의 모습으로 승화되어 그 간절한 정성으로 그려졌음을 볼 수 있다.

수틀 속의 조물주
자수 공예가 사임당 ●

　모든 옛 기록을 통하여 볼 때 사임당은 시·서·화뿐만 아니라 자수에도 뛰어났다고 전해진다. 자수는 조선 시대 부녀자가 갖추어야 할 필수 덕목 중 하나였기 때문에 사임당의 손에서 수없이 많은 자수 작품이 만들어졌을 것이고, 그래서 사임당의 자수품이 많이 전해질 것으로 생각하기 쉽다. 하지만 지금 우리에게 사임당의 전칭 자수품으로 전해지는 것은 동아대학교박물관에 소장된 8폭의 자수 병풍인 「초충도수병(草蟲圖繡屛)」이 유일하다. 이 병풍은 수본(繡本), 수사(繡絲), 침법(針法) 등 한국의 전통적인 자수 기법으로 만들어져 아름답고 섬세하며 정성을 다한 사실적인 초충도수병의 대표적인 작품으로 평가받고 있다.

　이 자수 병풍은 해방 뒤에 충청남도 지방에서 찾아낸 것이라 한다. 그 유래에 대하여 옥산의 후손인 이장희 댁에서 전하는 말을 참고하면, "옥산의 후손 중 덕해공의 자손 태영공이 충청도 진잠에서 살다가 목천으로 옮겨 갔는데 그 집에 자수 병풍이 있었다." 라고 전해진다.

　각 폭이 사임당의 여러 초충도 작품보다 큰 길이 65cm, 너비

40cm의 크기로 되어 있고, 검은색 공단에 수를 놓았다. 500여 년의 세월을 고스란히 간직하여 현재는 그 빛깔이 많이 퇴색되었으나 여전히 은은한 색채를 유지하고 있다. 이 병풍의 자수 기법은 고려 시대부터 전해진 꼰 실을 사용하여 수를 놓는 자련수(刺連繡)[92]로서 올이 굵어 약간 거칠어 보이는 전형적인 우리나라의 자수이다.

주변에서 흔히 볼 수 있는 1)오이와 개구리, 2)맨드라미와 도라지꽃 3)원추리와 들국화, 4) 꽈리, 5)석죽과 민들레, 6)수박, 7)가지와 벌, 8)들국화를 소재로 하여 구성되어 있다. 이 「초충도수병」 여덟 폭의 소재나 구도는 앞서 살펴본 국립중앙박물관의 「초충도 8폭」과 강릉시 오죽헌 시립박물관의 「풀벌레 8폭」과 별반 다르지 않다.

자수 병풍의 1폭 「오이와 개구리」는 같은 소재의 국립중앙박물관 병풍의 제3폭 「오이와 개구리」와 비교될 만하다. 국립중앙박물관의 「오이와 개구리」는 여덟 폭 가운데 식물 묘사가 가장 자연스러운데, 오이 넝쿨이 두 포기의 조(粟)를 휘감은 모습을 간결하게 포착하였다. 이에 비하여 자수 폭에서는 오이 넝쿨이 좀 더 큰 비중을 차지하는데, 오이꽃이 열매의 끝에 아직 달려 있고 줄기에도

---

[92] 자련수는 색의 자연스러운 변화를 표현하고자 할 때 이용하는 기법으로 바늘땀을 불규칙적으로 길고 짧게 뜨면서 면을 메워 표현하는 기법이다. 비교적 넓은 면적의 꽃잎이나 나뭇잎, 구름 등을 수놓을 때 적합하다.

군데군데 피어 있다. 그리고 들국화가 자수 폭의 윗부분을 자연스럽게 채우고 있다. 오이를 바라보는 개구리의 모습과 들국화를 향해 날아오는 잠자리의 모습에서 자수임에도 불구하고 생동감을 느낄 수 있는 작품이라 평가되고 있다.

이 자수 병풍 가운데 7폭 「가지와 벌」은 소재와 구도 면에서 국립중앙박물관 병풍의 2폭 「가지와 방아깨비」와 매우 흡사하게 표현되어 있다. 국립중앙박물관의 「가지와 방아깨비」는 다소 경직되어 있다고 평가되는데, 자수 병풍은 가지 줄기에 꽃이 달려 있다든지 가느다란 바랭이풀이 부드럽고 자연스럽게 공간을 채우고 있는 등 채색화에서의 경직성과 달리 전체적으로 한층 자연스럽고 천진스러운 인상을 준다고 평가된다. 또한 이 「가지와 벌」 자수는 오만 원권 지폐의 도안에도 나타나 있는데, 오만 원권 앞면의 사임당 얼굴 옆 포도 그림 바탕에 연한 음영으로 표현되어 있다. 비교적 거친 자수이기 때문에 채색화에서처럼 잎의 앞과 뒷면을 입체적으로 보여 주지는 않지만 단순한 가운데 오히려 그 자연미가 더 드러나 있다.

자수 작품이기에 채색화보다 더 정교하게 표현할 수 없고, 더 화려하게 채색할 수 없지만, 가느다란 덩굴손이나 기타 작은 풀도 비교적 섬세하고 정교하게 그 색을 찾아 옷을 입혔다. 이런 점에서 이 「초충도수병」은 사임당의 자수와 그림에 대한 명성을 동시에 뒷받침해 준다. 또한 사임당 전칭의 여러 채색초충도와 밀접한 관계를 보인다는 점에서 중요한 작품이라고 생각한다. 아름다운 색실과 섬세하고 숙련된 솜씨가 일품인 이 자수 그림은 우리나라에서 가장 오래된 작품의 하나로 복식 공예의 귀중한 연구 자료가 되고 있다. 이 자수 병풍에는 허백련(許百鍊, 1891~1977)[93]의 발문이 붙어 있는데, 그 내용은 다음과 같다.

> 율곡 선생 어머니 사임당 신부인은 여자 중의 군자이시다. 나는 평생에 부인을 숭모할 뿐만 아니라, 마치 자손이 조상을 대함 같이하는 것이다. 이제 이 자수 병풍을 보니, 그 수놓는 법이 어떠하다는 것은 감히 논평하지 못하나 그 그림 법에 있어서만은 고상하고 청아한 품이 보통 도안 따위와는 견주어 말할 수 없다.[197]

조물주가 빚어낸 자연의 아름다움과 자연의 색을 인간이 어찌 흉내 낼 수 있겠냐마는 그림 안에서도, 수틀 안에서도 그 아름다움은 오롯이 사임당의 몫이었다. 텅 빈 공간에 가지며 오이며 수박의 살이 오르고 맨드라미, 원추리, 들국화가 꽃을 피울 때 사임당은 무(無)에서 유(有)를 창조하는 행복을 느끼지 않았을까. 그렇게 수틀 안에서는 사임당이 작은 조물주가 되었다.

---

93 허백련(許百鍊)의 본관은 양천(陽川)이고, 호는 의재(毅齋)이다. 한시와 고전화론에 통달하고 서법도 독특한 경지를 보인 시·서·화 겸전의 전형적 남종화가로서 호남 서화계의 상징적 거봉으로 추앙되고 있다.

「오이와 개구리」, 신사임당 | 65×40cm, 동아대학교 석당박물관 소장

「맨드라미와 도라지꽃」, 신사임당 | 65×40cm, 동아대학교 석당박물관 소장

「원추리와 들국화」, 신사임당 | 65×40cm, 동아대학교 석당박물관 소장

「꽈리」, 신사임당 | 65×40cm, 동아대학교 석당박물관 소장

「석죽과 민들레」, 신사임당 | 65×40cm, 동아대학교 석당박물관 소장

「수박」, 신사임당 | 65×40cm, 동아대학교 석당박물관 소장

「가지와 벌」, 신사임당 | 65×40cm, 동아대학교 석당박물관 소장

「들국화」, 신사임당 | 65×40cm, 동아대학교 석당박물관 소장

사임당이 살았던 16세기 조선 사회는 연산군이 일으킨 사화의 영향이 곳곳에 스며들어 사회적 혼란이 극심했던 시기였다. 그러한 어지러운 시대적 상황 속에서도 사임당은 남편의 입신양명을 도우며, 7남매를 낳아 기르고 가르치며, 자신의 재능까지도 마음껏 펼쳐 보였던 누구보다도 당당하고 뛰어난 여인이었다. 사임당은 당대에 이미 산수화와 포도화 등을 그리며 그 예술적 재능을 인정받았다.

　특히 당시 유명한 문장가였던 소세양은 사임당의 산수화 그림 족자에 붙인 시에 신사임당의 덕은 물론이고 붓 솜씨의 신묘함을 칭송하고 있다. 소세양의 칭송은 율곡의 제자들이 남긴 인사치레의 글이나 발문이 아니고 그 자신의 예술적 소양에 견주어 평가한 것으로 그 가치는 더욱 높다고 할 수 있겠다.

　이렇게 당대에 이미 '화가 신씨'로 이름을 날리고 높은 평가를 받았던 사임당은 17세기에 들어서면서부터는 다른 평가를 받게 된다. 깊은 모성과 사대부가 아녀자로서의 부덕을 잘 실천한 유교적인 여성으로 유명세를 타기 시작한 것이다. 그 중심에는 사임당의 난초 그림에 발문을 붙인 당시 서인의 영수였던 송시열이 있었다. 송시열은 환국으로 집권 세력이 뒤바뀌던 정치적 상황 속에서 서인의 결속력을 높이고 집권 유지를 위해 서인의 정신적 근간이었던 율곡 이이를 신격화하기 위해 그 어머니인 신사임당을 이용하기 시작했다. 사임당의 그림에 발문을 붙여 그녀를 송나라 후부인에 견주었고, 훌륭한 태교와 교육을 통해 율곡을 기른 어머니로 만들어 버렸다. 또한 신사임당의 산수화 그림에 소세양이 붙였던 시에 대한 신랄한 비판으로 이후 산수화에 대한 발문은 찾아볼 수도 없게 만들었다.

그 후 율곡의 제자들의 발문도 초충도에 한정되어 나타나기 시작했다. 이때부터 서인, 특히 노론계 유학자들에 의해서 화가로서의 사임당의 모습은 가능한 은폐되거나 왜곡되기 시작했고, 전통 유교사회가 강조했던 부덕을 잘 실천하여 율곡을 성인으로 만든 '율곡의 어머니'만이 살아남게 되었다. 이때 형성된 사임당에 대한 전통적이고 수동적인 이미지가 300여 년의 긴 시간 동안 조선 사대부가 남성들에 의해서 정치적으로 이용되면서 지속된 것이다.

근대화가 진행되었던 과도기에 신사임당은 장지연의 『여자독본』에서 미약하기는 하나 문명 국민을 기르는 교육자가 되어야 할 구한말 여성들이 본받아야 할 어머니로 잠깐 등장하게 된다. 그러나 이것도 잠시 일제강점기 때에는 일본이 식민지 조선에 지원병과 징병제를 실시하면서 황국신민의 병사로 보낸 아들을 길러 내는 충(忠)을 간직한 강인한 어머니상과 결합되어 국민연극경연대회에 사임당의 이름이 거론되었다. 극본 안에서 사임당은 국가에 충성하는 남편과 아들을 인내와 침묵으로 기다리고, 기르는 여성이 되어 또 한 번 정치적 목적에 의해 이용당했다.

또다시 사임당이 전통적인 현모양처의 대명사로 거론되며 주목받기 시작한 것은 1960년대 박정희 정권이 들어서면서부터이다. 박정희 정권은 일본에서 전래된 현모양처 이데올로기인 부덕의 상징으로 사임당을 추앙하면서 빠르게 공업화를 추진하던 과정에서 국가 발전을 위한 부녀자들의 희생을 요구하였다. 또한 영부인이었던 육영수에 투영되어 '한국적 부덕의 사표(師表)'로 1970년대를 살아간 것이다. 여성 스스로의 주체적인 삶이 아닌 남성의 타자로서의 삶을 선택한 현모양처가 되어 버렸다.

2007년 신사임당이 새 화폐의 초상 인물로 선정되었을 때 뜨거운 논란의 중심에 있게 된 가장 큰 이유도 박정희 정권 시대에 만들어진 현모양처 이미지 때문이다. 민주화의 실현으로 여성들의 사회참여가 점차 증가하고 이에 따라 여성들의 사회적 지위가 향상되고 있음에도 불구하고 사임당의 남성 타자로서의 삶은 아직도 현재진행형이다. 아마도 사임당에 대한 논쟁은 우리가 살아가는 이 사회에 가부장적 이데올로기가 굳건히 살아 있는 한 시대를 거듭하더라도 계속될 거라 생각된다.

하지만 이제는 사임당 그 자체로 그녀를 재조명해야 할 때다. 그녀는 율곡의 어머니이기 이전에 그 스스로 빛났던 훌륭한 예술가였다. 여성의 능력이 잡기로 평가받던 시대였음에도 불구하고 그녀는 어머니를 향한 절절한 효심을 담은 시와 여러 서체를 두루 섭렵했던 글씨는 물론이고, 당대 유명한 화가의 그림을 사숙하여 이미 신묘한 경지에 올랐다 평가되는 다수의 그림 작품을 남겼다. 이제 사임당을 바라보는 시선을 현모양처가 아닌 예술가로 돌려서 그녀의 작품 세계가 품고 있는 이상까지 살필 수 있어야 한다고 생각한다. 작품 안에는 작가의 재능만 담기지 않는다. 작가 자신의 몸과 마음, 그리고 인격까지 모두 담겨 있다. 그래서 예술가의 작품은 그 사람과 같은 것이다.

특히 사임당은 그 어떤 예술가보다 자연을 이해하였고, 자연 안에서 인간과 미물이 함께 공존해야 함을 알았던 사람이다. 그러한 깨달음을 종이에, 비단에 뜨거운 인(仁)의 마음으로 새겨 넣은 것이다.

성리학 사상이 팽배해 있던 사회적 현실 속에서 여성이기에 감내해야 했던 자신의 처지에서 깨달은 바를 미추(美醜)를 떠나 하찮은 미물과 잡초들에게까지 투영하여 표현한 그 뜨거운 인(仁)의 마음을 올바르게 보고 판단해야 한다. 하나의 미물에 지나지 않는 풀과 벌레의 움직임이 예술이 될 수 있는 것도 사임당의 따뜻한 마음이 있었기에 가능했던 것이다. 조선 시대 예술가로서 사대부가의 여인으로서 남성 중심 사회의 폐쇄성을 당당히 극복하면서도 그 스스로의 재능으로 찬란히 빛났던 사임당의 진면목을 알아보는 계기가 마련되었으면 하는 바람이다.

사임당이 떠난 지 500여 년이 흘렀지만, 그동안 수많은 역사적 기복과 사회 변천을 거듭해 오는 과정 속에서도 21세기 오늘의 시점에서 볼 때에도 사임당이란 인물의 가치는 변함이 없다. 이러한 관점에서 우리가 추구하는 미래 사회, 21세기 한국인의 이상적인 여성상도 여전히 사임당에게서 찾을 수 있는 것이다.

사임당 연보

◉ 1504년(갑자, 연산 10년) 1세

10월 29일(음력)에 강원도 북평촌의 어머니 이씨의 친정에서 태어나다. 아버지 평산 신씨 명화 공(당시 29세), 어머니 용인 이씨(당시 26세) 사이에서 난 아들 없는 다섯 딸 중의 둘째 딸이다.

◉ 1510년(경오, 중종 5년) 7세

아버지 신명화 공의 집은 한성(漢城)이나 어머니 이씨의 친정은 강릉 북평촌으로 어머니가 외조부 생원(生員) 이사온(李思溫)과 외조모 최씨 사이에서 난 무남독녀라 어머니는 항상 친정 부모를 모시고 강릉에서 살았기 때문에 사임당도 어려서 늘 어머니의 친정인 북평촌에서 살며 외조부의 교훈과 어머니의 훈도(薰陶) 아래서 자랐다.

안견의 화풍을 본받아 산수, 포도, 풀벌레 등 여러 가지 그림을 공부하기 시작하다.

◉ 1513년(계유, 중종 8년) 10세

어려서부터 유교의 경전에 통하고 글씨와 문장에도 능할 뿐만
아니라 자수에도 뛰어난 솜씨를 보이다.

◉ 1516년(병자, 중종 11년) 13세

부친 신명화 공(당시 41세)이 한성에서 진사(進士) 시험에 오
르다.

◉ 1519년(기묘, 중종 14년) 16세

기묘사화(己卯士禍)가 일어나 조광조를 비롯한 많은 학자들이
화를 당했을 때 부친 신명화공은 그들의 동지였으나 다행히 화
를 당하지는 않았다.

◉ 1521년(신사, 중종 16년) 18세

강릉 북평에서 외조모 최씨가 별세하다.

부친 신명화 공(당시 46세)이 한성으로부터 강릉으로 내려가는
도중에 병을 얻어 집에 도착했을 때는 거의 절망적이었는데 어
머니 이씨가 조상의 무덤 앞에 가서 손가락을 끊어 지성껏 기
도했더니 이튿날 아침 사임당의 꿈에 신(神)이 하늘로부터 대
추알만한 약을 가지고 내려와서 신명화 공에게 먹이는 일이 있
자 부친의 병환이 나았다. (뒤에 이 사실을 들어 율곡이 『이씨 감
천기』에 쓰다.)

◉ 1522년(임오, 중종 17년) 19세

덕수(德水) 이씨 원수(元秀) 공(당시22세)에게 출가하다.

출가하고도 그대로 친정에 머물러 있던 중 11월 7일에 친정아
버지(당시 47세)가 서울 본가에서 마침내 별세하다.

◉ 1524년(갑신, 중종 19년) 21세

한성에서 시어머니 홍(洪)씨 부인에게 신혼례를 드리다.

9월에 한성에서 첫째 아들 선(璿)을 낳다.

다시 이로부터 십여 년간 파주, 강릉, 봉평으로 옮겨 다니다.

◉ 1528년(무자, 중종 23년) 25세

강릉 친정어머니 이씨의 열녀정각(旌閣)이 서다.

◉ 1529년(기축, 중종 24년) 26세

맏딸 매창(梅窓, 뒷날 조대남에게 출가함)을 낳다.

◉ 연대 미상, 1531년으로 추정(신묘, 중종 26년) 28세

둘째 아들 번(璠)을 낳다.

◉ 연대 미상, 1533년으로 추정(계사, 중종 28년) 30세

둘째 딸(뒷날 윤섭에게 출가함)을 낳다.

◉ 1536년(병신, 중종 31년) 33세

셋째 아들 이(珥) 출산. 이른 봄 어느 날 밤에 동해에 이르니 선녀가 바다 속으로부터 살결이 백옥 같은 옥동자 하나를 안고 나와 부인의 품에 안겨 주는 꿈을 꾸고 아기를 잉태하다. 다시 그해 12월 26일 새벽에도 검은 용이 바다로부터 날아와 부인의 침실에 이르러 문머리에 서려 있는 꿈을 꾸고 아기를 낳으니 그가 바로 율곡 선생이다. 율곡이 태어난 방을 몽룡실이라고 한다. (전설로는 봉평에서 배어 강릉 친정에서 낳았다고 한다.)

◉ 연대 미상, 1538년으로 추정(무술, 중종 33년) 35세

셋째 딸(뒷날 홍천우에게 출가함)을 낳다.

◉ 1540년(경자, 중종 35년) 37세

병석에 누워 몹시 고통받다. (병환으로 온 집안이 걱정에 잠겼는데 다섯 살 난 율곡이 어디로 가고 보이지 않아 모두 나와서 찾아보니 어린 율곡이 사당 앞에 가서 엎드려 어머니 병환을 낫게 해 달라고 기도하고 있으므로 달래어 안고 돌아온 일이 있다.)

◉ 1541년(신축, 중종 36년) 38세

강릉 친정에서 어머니 곁을 떠나 한성으로 올라가며 대관령에서 시 「유대관령망친정(踰大關嶺望親庭)」을 읊다. 서울 수진방(壽進坊)에서 시집의 모든 살림살이를 주관하다.

◉ 1542년(임인, 중종 37년) 39세

넷째 아들 우(瑀)를 낳다.

◉ 연대 미상, 1544년으로 추정(갑진, 중종39년) 41세

서울에서 살며 늘 홀로 계신 어머니를 그려 시를 읊으며 눈물을 짓다.

◉ 1545년(을사, 인종 원년) 42세

을사사화(乙巳士禍)가 일어나다. 이런 일이 있을 때마다 부인은 돌아가신 친정 부친 생각과 함께 남아 계신 어머니를 더욱 그리워하다.

◉ 1550년(경술, 명종 5년) 47세

여름에 부군 이원수 공이 수운판관(水運判官)에 임명되다.

◉ 1551년(신해, 명종 6년) 48세

집을 삼청동(三淸洞)으로 옮기다.

여름에 부군이 세곡을 실어 올리는 일로 평안도 지방으로 아들 선과 이와 함께 가다.

5월 17일(음력) 새벽, 병으로 누운 지 이삼일 만에 홀연히 별세하다. 바로 그날 부군과 두 아들이 배를 타고 서강(西江)에 도착하여 부인의 별세 소식을 듣다. (이때 부군은 51세, 맏아들 선

은 28세, 맏딸 매창은 23세, 율곡은 16세, 넷째 아들 우는 10세였
다. 둘째 아들 번과 둘째 딸, 셋째 딸은 연도 미상으로 정확한 나이
를 모름.)

파주 두문리(斗文里) 자운산(紫雲産)에 장사 지내다.

후에 정경부인(貞敬夫人)으로 증직되다.

---

* 연보는 다음의 책 두 권에 실린 연보를 정리하여 작성하였다.

『보유 수정 사임당의 생애와 예술』, 이은상, 성문각, 1994.

『보유 수정 사임당과 율곡』, 이은상, 성문각, 1994.

참고 문헌

1. 원서(原書)

『栗谷全書』, 成均館大學校出版部, 1992.

(社)栗谷學會, 『栗谷學研究叢書(資料編)』(全10卷), 원영출판사, 2007.

_____, 『栗谷學研究叢書(論文編)』(全10卷), 원영출판사, 2007.

2. 단행본(許百鍊)

이은상, 『보유 수정 사임당의 생애와 예술』, 성문각, 1994.

이은상, 『보유 수정 사임당과 율곡』, 성문각, 1994.

(社)栗谷學會, 『시대를 앞서간 여인 신사임당』, 원영출판사, 2004.

_____, 『신사임당 탄신 500주년 기념논문집』, 원영출판사, 2004.

강릉시, 『신사임당 가족의 詩書畵』, 관동대학교 영동문화연구소, 2006.

강릉시·강원도민일보, 『진화하는 신사임당』, 강원도민일보사, 2009.

孔子 著, 동양고전연구회 譯, 『論語』, (주)지식산업사, 2006.

孟子 著, 박경환 譯, 『孟子』, (주)홍익출판사, 2005.

김동구 주해, 『明心寶鑑』, 명문당, 2008.

이덕무 저, 김종권 역, 『士小節』, 명문당, 1987.

오세창 編著, 『國譯 槿域書畵徵』下, (주)시공사, 1998.

성백효 譯, 懸吐完譯 『論語集註』, 전통문화연구회, 1998.

_____, 懸吐完譯 『孟子集註』, 전통문화연구회, 2008.

_____, 懸吐完譯 『大學.中庸集註』, 전통문화연구회, 2007.

_____, 懸吐完譯 『詩經集傳』上.下, 전통문화연구회, 2010.

昭惠王后 韓氏, 陸完貞 譯註, 『內訓』, 열화당, 1985.

曾子, 朴昞大 譯解, 『孝經』, 일신서적출판사, 1994.

曾子, 박용만 역,『孝經』, 이회문화사, 2003.

栗谷 李珥, 김태완 譯,『聖學輯要』, (주)청어람미디어, 2011.

이능화, 김상억 譯,『朝鮮女俗考』, 대양서적, 1975.

李澤厚 著, 權瑚 譯,『華夏美學』, 동문선, 1990.

徐復觀,『中國藝術精神』, 學生書局, 1966.

徐復觀, 권덕주 외 譯,『중국예술정신』, 동문선, 2000.

宋民, 郭魯鳳 譯,『중국서예미학』, 동문선, 1998.

야나기무네요시 著, 심우성 譯,『조선을 생각한다』, 도서출판 학고재, 1996.

劉熙載, 윤호진 · 허권수 譯,『藝槪』, 소명출판, 2010.

陳 來 著, 안재호 譯,『송명성리학』, 예문서원, 1997.

고재욱 外,『현대사회와 동양사상』, 강원대학교출판부, 2003.

금장태,『유학사상과 유교문화』, 한국학술정보, 2001.

김경자,『21가지 테마로 보는 우리미술』, 다른 세상, 2001.

김광욱,『서예학개론』, 계명대학교출판부, 2007.

김영호 外,『논어의 종합적 고찰』, 도서출판 심산문화, 2003.

김용숙,『한국여속사』, 서울 민음사, 1989.

김원룡 · 안휘준,『한국미술사』, 서울대학교출판부, 1993.

김종대,『33가지 동물로 본 우리문화의 상징세계』, 다른세상, 2001.

김충현,『藝에 살다』, 범우사, 2000.

김태길,『유교적 전통과 현대 한국』, 철학과 현실사. 2001.

문은배,『색채의 활용』, 도서출판 국제, 2002.

閔祥德, 郭魯鳳 譯,『서예백문백답』, 미진사, 1991.

귀스타프 르봉, 이상돈 역,『군중심리』, 간디서원, 2005.

박무영,『조선의 여성들, 부자유한 시대에 너무나 비범했던』, 돌베개, 2004.

박완용,『한국 채색화 기법』, 도서출판 재원, 2002.

박병천,『書法論硏究』, 일지사, 1985.

서 권,『유가와 한자 그리고 서법』, 한국학술정보(주), 2008.

선주선,『서예통론』, 원광대학교출판국, 1999.

서연호,『한국근대희곡사』, 고려대학교출판부, 1994.

성균관대학교유학과교재편찬위원회,『유학사상』, 성균관대학교출판부, 1996.

손유식,『교육철학 및 교육사』, 도서출판 경남, 2006.

손인수,『韓國敎育思想史 Ⅲ』, 문음사, 1991.

손인수,『韓國敎育의 뿌리』, 배영사, 1995.

안휘준,『한국 회화사』, 일지사, 1990.

_____,『한국 회화사 연구』, 시공사, 2000.

_____,『한국 회화의 전통』, 문예출판사, 1993.

오주석,『한국의 美』, 솔출판사, 2003.

유성선,『신사임당의 효행과 예술이야기』, (주)자음과 모음, 2008.

_____,『율곡 철학의 이해』, 강원대출판부, 2008.

유홍준,『조선시대 화론 연구』, 학고재, 1998.

이동민,『한국 근·현대 서예사』, 수필과 비평사, 2011.

이미원 역,『국민연극 3』, 도서출판 연극과 인간, 2003.

이성미,『우리 옛 여인들의 멋과 지혜』, (주)대원사, 2002.

이은식,『여인, 시대를 품다』, 도서출판 타오름. 2010.

李重煥, 이익성 譯,『擇里志』, (주)을유문화사, 1995.

李澤厚.劉剛紀 注編,『中國美學史』, 中國社會科學出版社, 1984.

임태승,『인물로 읽는 중국서예의 역사』, 미술문화, 2006.

장지연 저, 문혜윤 역,『여자독본』, 도서출판 경진, 2012.

조르쥬 나타프, 김정란 역,『상징, 기호, 표지』, 열화당, 1992.

조민환,『중국철학과 예술정신』, 예문서원, 1998.

조요한,『韓國美의 照明』, 열화당, 1999.

조용진,『신사임당』, 나무숲, 2011.

최봉영,『조선시대 유교문화』, (주)사계절출판사, 1997.

하용득,『한국의 전통색과 색채심리』, 명지출판사, 1989.

허 균,『뜻으로 풀어본 우리의 옛 그림』, 대한교과서, 1997.

_____,『전통미술의 소재와 상징』, 교보문고, 1999.

허 유,『마음으로 거니는 동양화 산책』, 다빈치, 2000.

황원갑,『한국사 여걸 열전』, 도서출판 바움, 2008.

황의동,『유교와 현대의 대화』예문서원, 2002.

3. 논문(論文)

김남홍,「신사임당의 교육관과 예술관 연구」, 강원대학교 교육대학원 석사논문, 2007.

김수진,「전통의 창안과 여성의 국민화」,『사회와 역사』, 2008.

김수진,「신사임당 담론과 현모양처 이미지의 근대적 창출」,『진화하는 신사임당』, 2009.

남주현,「조선시대 초충도 연구」, 홍익대학교대학원 석사논문, 2003.

유성선·유정은,「신사임당 가계의 효행관 고찰」,『청소년과 효문화』, 수덕문화사, 2015.

유정은,「신사임당 예술철학 연구」, 강원대학교 일반대학원 박사논문, 2013.

이성미,「조선시대 여류화가 연구」,『미술자료51』, 1993.

전경원,「천운을 타고난 신사임당의 유혹」,『진화하는 신사임당』, 2009.

천화숙,「조선시대 여성들의 삶과 신사임당」,『역사와 실학 31집』, 2006.

이윤호,「신사임당의 서화 연구」, 원광대학교 동양학대학원 석사논문, 2003.

출처

● 머리말

1. 세계일보, 2007년 11월 6일(화), 2면 종합

2. 문화일보, 2007년 11월 5일(월), 14면 경제

● 1장

3. 이은식, 『여인, 시대를 품다』, 도서출판 타오름, 2010, p.125

4. 『論語』「陽貨」, "唯女子與小人, 爲難養也."

5. 『세종실록』, 세종 19년(1437년) 11월 12일(무술) 1번째 기사 『詩經』을 강독하다가 부녀자와 환자의 내정 간섭을 논하다. 戊戌/御經筵. 講『詩經』「召旻」哲夫成城哲婦傾城章. 上曰:"中國婦女識文字, 故或參政事;宦者專權而誤國者, 亦有之. 吳東方則婦女不曉文字, 故婦人參政, 固無可疑, 若宦者之亂政則可畏也. 且婦人雖不參政, 蠱惑君心, 則人君聽其言而誤國, 亦可慮也."

6. 『內訓』「內訓序」, "……周文之化, 益廣於太姒之明, 楚莊之覇, 多在於樊姬之力. 事君事夫, 孰勝於此. 余, 讀書而至於姐己之咲, 褒姒之寵, 驪姬之泣, 飛燕之讒, 未嘗不廢書寒心. 由此觀之, 治亂興亡, 雖關夫主之明闇, 亦繫婦人之臧否, 不可不敎. …… 是以 小學. 烈女. 女敎. 明鑑 至切且明, 而卷秩頗多, 未易可曉, 玆取四書之中, 可要之言, 著爲七章, 以釐汝等. 嗚呼, 一身之敎, 盡在於斯, 一失其道, 雖悔可追. 汝等, 銘神刻骨, 日期於聖. 明鑑, 昭昭, 可不戒歟."

7. 李滉, 『閨中要覽』4

8. 『士小節』「婦儀」, "婦人, 當略讀書史. 論語. 毛詩. 小學書. 女四書, 通其義, 識百家姓, 先世譜系, 歷代國號, 聖賢名字而已. 不可浪作詩詞, 傳播外間."

9. 『士小節』「婦儀」, "遠嫌疑, 守謹拙, 勸而儉, 貞而和, 簡言辭, 怡顏色, 在家爲孝女, 嫁人爲順婦淑妻, 生子爲賢母."

10. 李重煥, 李翼成 譯, 『擇里志』, (주)을유문화사, 1995, p.52

11. 李重煥, 李翼成 譯, 『擇里志』, (주)을유문화사, 1995, p.121

12. 이은상, 『사임당의 생애와 예술』, 성문각, 1994, pp.79~80

13. 이은상, 『사임당의 생애와 예술』, 성문각, 1994, p.259

14. 이은상, 『사임당의 생애와 예술』, 성문각, 1994, p.262

15. 栗谷學會, 『시대를 앞서간 여인 신사임당』, 원영출판사, 2004, pp.250~251

16. 『栗谷全書』「外祖考進士申公行狀」, "進士申公, 諱命和, 字季欽. 天質淳愨, 志操有定, 自少讀書時, 便以善惡爲己勸戒. 及長, 篤于學行, 非禮不動. 燕山朝丁父憂, 時罹喪法酷, 進士竟不廢禮, 衰絰, -廬墓, 啜粥毁瘁, 親糞以奠, 盡哀三年, 以此時論多之."

17. 『栗谷全書』「李氏感天記」, "訥於言而敏於行, 愼於事而果於善."

18. 『栗谷全書』「李氏感天記」, "進士之來也, 輒欲同歸漢城, 李氏涕泣曰, 女有三從之道, 不可違命也. 雖然, 妾之父母, 今已俱老, 妾是獨女, 一朝無妾, 則父母奚託? 況蕙堂久病, 不絶湯藥, 何忍棄別乎? 妾之長慟血泣, 只爲此也. 今欲一言以稟於君, 君往京師, 妾在鄕村, 各侍老親, 於意何如? 進士亦感涕, 遂從其言."

19. 『栗谷全書』「李氏感天記」, "仍拔小刀, 斷左手中指二節, 仰天撫膺曰, 我之誠敬不至, 以至此極耶? 身體髮膚, 受之父母, 不敢毁傷. 雖然, 吳之所天, 良人也, 所天若崩, 則如何獨生? 願以妾身代夫之命, 皇天皇天, 鑑我微誠."

20. 栗谷學會, 『시대를 앞서간 여인 신사임당』, 원영출판사, 2004, p.21

21. 『栗谷全書』「李氏感天記」, "李氏, 珤之外王母也. 其於父子之間, 夫婦之際, 動以仁禮爲務, 眞所謂善處婦道, 而宜作閨門懿範者也. 伉儷之情, 非不篤厚, 而乃以侍親之故, 異居十六餘載, 進士之病也, 終運至誠, 以感天意, 儻非秀人之行, 超古之節, 烏能爲乎? 若使得列於士君子, 而俾處君父之間, 則其所以具忠孝而正國家者, 從可知也."

22. 『栗谷全書』「祭外祖母李氏文」, "我在孩提, 鞠于外家, 撫抱顧復, 恩重山河. 託以後事, 視以寧馨, 祖孫其名, 母子其情.…… 訃音迕路, 伍內焚摧. 我生不辰, 風樹抱哀, 惟一祖母, 悟寐在懷, 今又棄我, 昊天何酷?…… 此生已矣, 沈慟終天. 敬設薄具, 以薦几筵. 塢呼哀哉!"

23. 『栗谷全書』「先妣行狀」.

24. 『詩經』「大明」, "摯仲氏任, 自彼殷商, 來嫁于周, 曰嬪于京. 乃及王季, 維德之行. 大任

有身, 生此文王. …… 思齊大任, 文王之母, 思媚周姜, 京室之婦. 大姒嗣徽音, 則百斯
男. …… 雝雝在宮, 肅肅在廟. 不顯亦臨, 無射亦保." (성백효 역주, 『詩經集傳 下』, 전
통문화연구회, 2009, p.199, p.217, p.219 참조)

25. 尹宗儀, 「師任堂 筆蹟 刻板 跋」, "至於此本, 心畫之間, 幽閒貞靜, 尤仰其師太任之德
矣."

26. 尹鍾燮, 『溫裕齋集』 「八月 初吉 題 師任堂 筆帖」, "先生胎教本乎心, 堂號歸然學摯任,
嶽降溟州留大道, 天垂蘗國嗣徽音."

27. 嗚震泳, 「師任堂 申夫人 畫梅帖 跋」, "今因朴友泰璿甫而得見, 果不覺疎影橫斜, 暗香
浮動, 是眞不假, 眞絶品也. 蓋夫人天才隣於生知, 凡世所稱文事藝業等名品, 無不不
學而能之, 然未嘗表見於人, 而生平動止云爲, 無往而非端一誠莊, 其云師任堂, 果是
自道眞也. 宜其生我栗谷先生, 而內教之, 以闡明萬世道學之淵源, 塢呼何其盛
也.……"

28. 『栗谷全書』 「先妣行狀」, "平日墨蹟異常, 自七歲時, 倣安堅所畫, 遂作山水圖, 又畫葡
萄, 皆世無能擬者, 所模屛簇, 盛傳于世."

29. 『栗谷全書』 「先妣行狀」, "今有東陽申氏, 自幼工畫, 其葡萄山水絶妙, 所評者謂亞於
安堅. 吁! 可以婦人筆而忽之, 又豈可以非婦人之所宜責之哉."

30. 栗谷學會, 『栗谷學研究叢書 資料編 3』, 원영출판사, 2007, p.436

31. 『栗谷全書』 「先妣行狀」, "新婚未久, 進士卒, 喪畢, 以新婦之禮, 見姑洪氏于漢城, 身
不妄動, 言不妄發. …… 家君性倜儻, 不事治産. 家頗不給, 慈堂能以節用, 供上養下,
凡事無所自擅, 必告于姑. 於洪氏前, 未嘗叱姬妾, 言必以溫, 色必以和."

32. 宋時烈, 「師任堂 山水圖 跋」, "盖嘗聞夫人自江陵于歸之日, 參贊公欲示夫人才藝於
賓客, 亟徵新畫 夫人初甚難之, 及使人趣之然後, 使侍婢取鍮盤來, 略畫一小物奉之,
盖其意, 以爲若畫於紙面或縑質, 則必爲人, 取去故如是耳…."

33. 『孝經』 「諫爭章」, "昔者, 天子, 有爭臣七人, 雖無道, 不失其天下, 諸侯, 有爭臣伍人,
雖無道, 不失其國, 大夫, 有爭臣三人, 雖無道, 不失其家. 士, 有爭友, 則身不離於令名,
父, 有爭子, 則身不陷於不義."

34. 『栗谷全書』 「先妣行狀」, "家君性儻, 不事治産, 家頗不給, 慈堂能以節用, 供上養下,
凡事無所自擅, 必告于姑. …… 家君幸有所失, 則必規諫 …"

35. 이은상,『사임당의 생애와 예술』, 성문각, 1994, p.173

36. 『栗谷全書』「先妣行狀」, "庚戌夏, 家君拜水運判官, 辛亥春, 遷于三淸洞寓舍. 其夏家君, 以漕運事向關西, 子璠珥陪行. 是時慈堂送簡于水店也, 必涕泣而書, 人皆罔知其意. 伍月漕運旣畢, 家君乘船向京, 未到而慈堂疾病, 纔二日, 便語諸息曰, 吾不能起矣. 至夜半, 安寢如常, 諸息慮其差病, 及十七日甲辰曉, 奄然而卒, 享年四十八. 其日家君至西江, 行裝中鍮器皆赤, 人皆怪之, 俄而聞喪."

● 2장 ─────────────────────────────────────

37. 『栗谷全書』「先妣行狀」, "幼時通經傳, 能屬文, 善弄翰, 又工於針線, 乃至刺繡, 無不得其精妙. 加以天資溫雅, 志操貞潔, 擧度閒靜, 處事安詳, 寡言愼行, 又自謙遜."

38. 『栗谷全書』「行狀」, "申氏, 己卯名賢命和女, 資稟絶異, 習禮明詩, 於古女範, 博極無餘."

39. 『栗谷全書』「神道碑銘」, "進士申命和, 奇愛一女, 穎悟邁倫, 通古今書, 善屬文, 工繪事."

40. 宋時烈,「師任堂 畵蘭 跋」, "其見於指下者, 猶能渾然天成, 若不犯人力也. 如此, 況得伍行之精秀, 會元氣之融和, 以成眞造化哉. 宜其生栗谷先生也."

41. 宋時烈,「師任堂 山水圖 跋」, "盖惟申夫人賢德, 鍾生大賢, 克媲侯夫人之有兩程也."

42. 『內訓』「夫婦章」, "程太中夫人侯氏, 事舅姑, 以孝謹, 稱與太中, 相待如賓客. 太中, 賴其內助, 禮敬, 尤至而夫人, 謙順自牧, 雖小事, 未嘗專, 必稟而後, 行夫人者. 二程先生之母也."

43. 장지연, 문혜윤 역,『여자독본』, 도서출판 경진, 2012, pp.23~24

44. 장지연, 문혜윤 역,『여자독본』, 도서출판 경진, 2012, p.28

45. 이능화, 金尙憶 譯,『조선여속고』, 대양서적, 1982, pp.280~283

46. 서연호,『한국근대희곡사』, 고려대학교출판부, 1994, p.167

47. 이미원 역,『국민연극 3』, 도서출판 연극과 인간, 2003. p.19

48. 강릉시 강원도민일보,『진화하는 신사임당』, 강원도민일보사, 2009. pp.63~64

49. 차장섭,『자연과 역사가 빚은 땅 강릉』, 역사공간, 2013, p.15

50. 율곡의 잉태 이야기에 대한 자료는 평창문화관광홈페이지(http://yes-pc.net) 참조.

3장

51. 『孝經』「聖治章」, "天地之性, 人爲貴, 人之行, 莫大於孝."

52. 『孝經』「開宗明義章」, "身體髮膚, 受之父母, 不敢毁傷, 孝之始也. 立身行道, 揚名於後世, 以顯父母, 孝之終也. 夫孝, 始於事親, 中於事君, 終於立身."

53. 『內訓』「孝親章」, "孝子之事親, 居則致其敬, 養則致其樂, 病則致其憂, 喪則致其哀, 祭則致其嚴, 伍者, 備矣然後, 能事親."

54. 『栗谷全書』「栗谷行狀」, "伍歲申夫人感疾危劇, 一家奔追, 先生潛禱于外王父祠堂."

55. 『栗谷全書』「謚狀」, "九歲覽張公藝九世同居, 慨然慕之曰, 九世同居, 勢或有礙, 至於兄弟, 不可離析, 遂手畵兄弟奉父母同居之圖."

56. 『栗谷全書』「謚狀」, "十二歲贊成公疾劇, 先生刺臂出血, 泣禱于先祠, 請以身代疾乃瘳."

57. 『栗谷全書』「謚狀」, "十六歲申夫人棄世. 廬墓三年, 不脫衰絰喪制一遵家禮, 躬執祀事, 雖洗滌烹飪 不任僮僕. 前後喪皆然, 自傷早失所恃, 一夜號泣."

58. 『聖學輯要』「孝敬」, "孝爲百行之首, 故正家之道, 以孝敬爲先."

59. 「學校模範」, "學者旣修身心, 則居家須盡倫理, 兄友弟恭, 而視若一體."

60. 「擊蒙要訣」「居家章」, "兄弟, 同受父母遺體, 與我如一身, 視之, 當無彼我之間. 飮食衣服有無, 皆當共之. 設使兄飢而弟飽, 弟寒而兄溫, 則是一身之中, 肢體或病或健也, 身心, 豈得偏安乎. 今人, 兄弟不相愛者, 皆緣不愛父母故也. 若有愛父母之心, 則豈可不愛父母之子乎."

61. 「自警文」, "一家之人不化, 只是誠意未盡."

62. 「附同居戒辭」, "兄弟初從父母, 一體而分, 是無異於一體也, 宜相親愛, 少無彼此物我之心也. …… 凡一家之人, 務相雍睦. 其心和平, 則家內吉善之事必集, 若相偏側乖戾, 則凶沴之氣生矣, 豈不懼哉. 吾輩苟能相聚, 父則愛子, 子則孝親, 夫則拜妻, 妻則敬夫, 兄愛其弟, 弟順其兄, 妻慈其妾, 妾恭其妻, 少者以誠事長者, 長者以誠愛少者, 雖有不逮之事, 亦須從容敎戒, 無相慍怒."

63. 『栗谷全書』「畸菴雜錄」, "栗谷立朝後, 凡有家國重事, 詢問於其姊. 及癸未北釁, 栗谷長本兵, 患軍餉之不瞻 ……".

64. 『明心寶鑑』「立敎」, "一生之計, 在於幼, 一年之計, 在於春, 一日之計, 在於寅. 幼而不學, 老無所知, 春若不耕, 秋無所望, 寅若不起, 日無所辦."

65. 「自警文」, "先須大其志, 以聖人爲準則. 一毫不及聖人, 則吾事未了."

66. 『聖學輯要』「立志」, "臣接學莫先於立志 未有志不立 而能成功者 故修已條目 以立志 爲先"

67. 『擊蒙要訣』「立志章」, "初學, 先須立志, 必以聖人自期, 不可有一毫自小退託之念. …… 凡人, 自謂立志, 而不卽用功, 遲回等待者, 名爲立志, 而實無向學之誠故也."

68. 「學校模範」, "一曰立志, 謂學者先須立志, 以道自任. 道乎高遠, 人自不行. 萬善備我, 不待他求. 莫更遲疑等待, 莫更畏難趑趄. 以爲天地立心, 爲生民立極, 爲往繼絶學, 爲萬世開太平, 爲標的. 退託自畫之念, 姑息自恕之習, 不可毫髮萌於胷次. 至於毀譽榮 辱, 利害禍福, 一切不動其心, 奮發策勵, 必要作聖人而後已."

69. 『論語』「陽貨」, "性相近也, 習相遠也."

70. 李曙, 「家傳 書畫帖 跋」, "梅窓女中君子也. 早承慈訓, 動循女範, 且其才識過人, 智慮 淵深, 世傳先生每有疑事, 就以質之, 五知膚變, 多從其言云, 固其天質之美, 而薰炙之 力亦不可誣也. 間者偶閱先故文籍, 忽見遺蹟於數百年之後, 詩韻淸新, 畫法精工, 眞所 謂有是母有是女也. 令人有愛鳥之心, 油然自發 畫附於玉山小畫之右, 詩次於師任堂詩 句之下, 畫凡六帖, 詩僅數首, 可以一臠知全鼎, 何必多乎哉."

71. 『栗谷全書』「諸家記述雜錄」, 「畸菴雜錄」, "栗谷立朝後, 凡有家國重事, 詢問於其姊, 及癸未北釁, 栗谷長本兵, 患軍餉之不瞻, 其姊曰, 今日急務, 必思人心樂從者而行之, 乃可濟也. 庶孼之有才廢錮者, 已過百年, 皆懷憤鬱, 今若許其納穀通仕路, 則軍食可立 辦矣. 栗谷歎服, 卽, 啓請行之."

72. 이은상, 『사임당의 생애와 예술』, 성문각, 1994, p.286

73. 이성미, 「栗谷 일가의 繪畫 : 師任堂, 梅窓, 玉山」, 『신사임당 가족의 詩書畫』, 관동대 학교 영동문화연구소, 2006, pp.251~255 참조

74. 이성미, 「栗谷 일가의 繪畫 : 師任堂, 梅窓, 玉山」, 『신사임당 가족의 詩書畫』, 관동대 학교 영동문화연구소, 2006, p.257 참조

75. 손인수, 『한국교육의 뿌리』, 배영사, 1995, p.299

76. 『龜峯集』「墓碣文」(宋時烈撰. 이은상, 『사임당의 생애와 예술』, 성문각, 1994, p.307

77. 『玉山詩稿』「玉山傳」(李端夏), "公按古作琴譜, 古調之行於世者, 皆公所定云." 율곡 학회, 『시대를 앞서간 여인 신사임당』, 원영출판사, 2004, p.311

78. 李瑀, 『玉山詩稿』 「論書法」, "余喜觀古人書, 鳥跡雲蹤, 汗漫莫涯."

79. 이완우, 「師任堂과 玉山의 글씨」, 『신사임당 가족의 詩書畵』, 관동대학교 영동문화
연구소, 2006, pp.191~192, p.200 참조

80. 栗谷學會, 『시대를 앞서간 여인 신사임당』, 원영출판사, 2004, p.311

81. 『宋子大全』 「玉山詩稿序」, "又筆法精健, 如龍蛇飛動, 得之者不翅如隋珠和璧也."

82. 栗谷學會, 『시대를 앞서간 여인 신사임당』, 원영출판사, 2004, p.311

83. 栗谷學會, 『시대를 앞서간 여인 신사임당』, 원영출판사, 2004, p.313

84. 劉熙載, 『藝槪』 「詩槪」, "詩 一種是歌." (劉熙載, 윤호진, 허권수 譯, 『藝槪』, 소명출
판, 2010, pp.242~243)

85. 李曙, 「家傳 書畵帖 跋」, "…… 又益而爲旁技, 琴韻絶世, 畵格奪造化, 嘗以水墨, 畵出
草虫, 投之於道, 則群鷄共啄, 此乃世所稱三絶也."

86. 이성미, 「栗谷 일가의 繪畵 : 師任堂, 梅窓, 玉山」, 『신사임당 가족의 詩書畵』, 관동대
학교 영동문화연구소, 2006, p.261

87. 이성미, 「栗谷 일가의 繪畵 : 師任堂, 梅窓, 玉山」, 『신사임당 가족의 詩書畵』, 관동대
학교 영동문화연구소, 2006, p.260

88. 이은상, 『사임당의 생애와 예술』, 성문각, 1994, pp.355-356
「玉山梅蘭詩跋文」, "今次玉山所寫蘭梅二帖, 又爲湖海亭中之藏, 一大奇事也. 余觀其
瘦枝秀葉, 幽淡芬馥, 有自得之天趣直與銀濤沙月兩不遜, 其淸絶, 古所謂詩中有畵, 畵
中有詩者非虛語也, 余又觀湖海亭主人辛君, 白而長身, 盖菰蘆中僑眠人, 宜其有此雙
絶, 享其淸福也."

89. 이성미, 「栗谷 일가의 繪畵 : 師任堂, 梅窓, 玉山」, 『신사임당 가족의 詩書畵』, 2006,
관동대학교 영동문화연구소, p.259

90. 남주현, 「조선시대 초충도 연구」, 홍익대학교대학원 석사논문, 2003, p.23

91. 이성미, 「율곡 일가의 회화 : 사임당, 매창, 옥산」, 『신사임당 가족의 詩書畵』, 관동대
학교 영동문화연구소, 2006, p.262

92. 『栗谷全書』 「壬寅」, "君子德積於內, 故其心坦蕩蕩, 小人荏蓄乎內, 故其心長戚戚. 余
觀復昌之爲人, 陰懷戚戚, 陽欲蕩蕩. 使斯人得志, 異日之患, 庸有極乎? 時復昌在比隣
而有時譽, 後果起士禍."

93. 『聖學輯要』,「序」, "此書, 雖主於人君之學, 而實通乎上下, 學者之博覽, 而泛濫無歸者, 宜收功於此, 以得反約之術. 失學, 而孤陋寡見者, 宜致力於此, 以定向學之方, 學有早晚, 皆獲其益."

94. 『栗谷全書』,「擊蒙要訣 序」, "只是爲父當慈, 爲子當孝, 爲臣當忠, 爲夫婦當別, 爲兄弟當友, 爲少者當敬長, 爲朋友當有信."

95. 『栗谷全書』,「學校模範 序」, "天生蒸民, 有物有則. 秉彝懿德, 人孰不稟, 只緣師道廢絶, 教化不明, 無以振起作成. 故士習偸薄, 良心梏亡, 只尙浮名, 不務實行, 以致上之朝廷乏士, 天職多曠, 下之風俗日敗, 倫紀斁喪. 念及于此, 誠可寒心. 今將一洗舊染, 丕變士風, 旣盡擇士敎誨之道, 而略倣聖賢謨訓, 撰成學校模範, 使多士, 以爲飭窮制事之規. 凡十六條, 爲弟子者, 固當遵行, 而爲師者, 尤宜先, 以此, 正厥身, 以盡表率之道."

96. 韓國哲學思想硏究會, 『韓國哲學』, 藝文書院, 2000, pp.164~165 재인용

97. 율곡학회, 『시대를 앞서간 여인 신사임당』, 원영출판사, 2004, pp.265~274 참조, (이은상, 『사임당의 생애와 예술』, 성문각, 1994, pp.274~277참조)

⊙ 4장 ─────────────────────────────────

98. 박병천, 『書法論硏究』, 일지사, 1985, p.20

99. 이은식, 『여인, 시대를 품다』, 도서출판 타오름, 2010, pp.168~169

100. 『詩大序』, "詩者, 志之所之也, 在心爲志, 發言爲詩. …… 故正得失, 動天地, 感鬼神, 莫近於詩." (李澤厚/權瑚, 『華夏美學』, 同文選, 1990, pp.46~47 재인용)

101. 『論語』「泰伯」, "興於詩, 立於禮, 成於樂."

102. 『論語』「泰伯」, "詩, 可以興, 可以觀, 可以群, 可以怨, 邇之事父, 遠之事君, 多識於鳥獸草木之名."

103. 『孟子』「萬章」上, "說詩者, 不以文害辭, 不以辭害志, 以意逆志, 是爲得之."

104. 『栗谷全書』「先妣行狀」, "慈堂平日, 常戀臨瀛, 中夜人靜時, 必涕泣, 或達曙不眠. 一日有戚長沈公侍姬來彈琴, 慈堂聞琴下淚曰, 琴聲感有懷之人, 擧座愀然, 而莫曉其意. 又嘗有思親詩, 其句曰, 夜夜祈向月, 願得見生前, 蓋其孝心出於天也."

105. 『栗谷全書』「先妣行狀」, "性又純孝, 父母有疾, 顔色必戚, 疾已復初."

106. 申應朝,「師任堂 梅花圖 八幅 跋」, "而思親之作, 乃泉水竹竿之餘響, 皆其人倫之至,

而又皆發乎情, 止乎禮義. 盖其道齊師氏, 德配女儀, 無愧於詩書圖史之戒, 珩璜琚瑀
之節, 而以禮服籩豆之餘, 采縈織采施之暇, 御柔翰而師物, 雖載之彤管, 垂之後世,
洵可以照映千古矣." 辛酉 孟冬 東陽 申應朝謹記.

107. 栗谷學會, 『시대를 앞서간 여인 신사임당』, 원영출판사, 2004, p.69

108. 이은식, 『여인, 시대를 품다』, 도서출판 타오름, 2010, p.103

109. 『栗谷全書』, 『精言妙選』 「精言妙選序」, "人聲之精者爲言, 詩之於言, 又其精者也.
詩本性情, 非矯僞面成, 聲音高下, 出於自然."

110. 王羲之, 「筆勢論」, "夫欲學書之法, 先乾研墨, 凝神靜慮, 五想字形大小. 偃仰. 平
直. 振動 則筋脈相連, 意在筆前, 然後作字." (김광욱, 『서예학개론』, 계명대학교출
판부, 2007, p.43)

111. 虞世南, 『筆髓論』, "心神不正, 書則欹斜, 志氣不和, 字則顚仆." (임태승, 『중국서예
의 역사』, 미술문화, 2006, pp.75~78 참조)

112. 柳公權, 『書小史』, "用筆在心, 心正則筆正, 乃可爲法." (서권, 『유가와 한자 그리고
서법』, 한국학술정보(주), 2008, p.143)

113. 劉熙載, 『藝槪』 「書槪」, "以書爲心畫, 故書也者, 心學也." (劉熙載, 윤호진. 허권수
譯, 『藝槪』, 소명출판, 2010, p.516)

114. 劉熙載, 윤호진. 허권수 譯, 『藝槪』, 소명출판, 2010, p.516

115. 서권, 『유가와 한자 그리고 서법』, 한국학술정보(주), 2008, p.138 재인용

116. 『朱子文集』 卷85, 「書字銘」, "一在其中, 點點劃劃. 放意則荒, 取姸則惑."

117. 黃庭堅, 『論書』 「書繒卷後」, "學書須要胸中有道義, 又廣之以聖哲之學, 書乃可貴."

118. 선주선, 『서예통론』, 원광대학교출판국, 1999, p.246

119. 김충현, 『藝에 살다』, 범우사, 2000, p.178

120. 김병순, 『동양삼국 서법 예술사』, 운림당, 1997, p.509

121. 이완우, 「師任堂과 玉山의 글씨」, 『신사임당 가족의 詩書畵』, 관동대학교 영동문화
연구소, 2006, pp.157~159

122. 李亨逵, 「師任堂 親筆 跋」, "右六幅, 栗谷先生母夫人師任堂申氏手墨也. 先生外策,
卽臨瀛故, 副因手蹟, 多留在臨瀛. 此本乃吾鄕中大姓崔氏所藏, 而崔之高王母爲夫人之
從孫女者所得, 而傳於子孫, 今數百年矣. 間爲隣郡人所誘, 失之未推. 余莅玆土, 訪烏
竹軒, 是夫人夢龍之所, 尋松潭院, 院是先生俎豆之處, 仍以得玩先生及夫人遺墨甚

詳, 三淵詩所謂, 是母眞能生是子者令人益敬服. 崔之孫, 適爲, 備言其家所藏夫人手墨之見失於隣郡人, 而未推之爲可惜. 余於是, 公移隣郡函令推來, 蠹魚之所傷, 烟煤之所汚, 殆未辨字畫, 乃命工, 作小屛, 付之崔君, 俾壽其傳焉. 噫先生自出, 人孰不敬, 余之留此屛於臨瀛者, 良有以也. 從之覽此者, 必不以珍玩而取之也." 甲吾仲夏浣 後學 完山 李亨逵敬跋

123. 尹宗儀,「師任堂 筆蹟 刻板 跋」, "…… 至於此本, 心畫之間, 幽閒貞靜, 尤仰其師太任之德矣. 噫淵翁詩是母眞能生是子者, 實欽嘆語, 而人孰無母哉. 愧莫如先生以顯之孝耳. 苟以先生之心爲心, 而油然感發推吳杯圈之愛, 而以寓羹牆之慕者, 宜知所以敬之哉. 然則今此繡, 之板其可以永寶矣."

124. 尹鐘燮,『溫裕齋集』「題栗谷先生母夫人申氏師任堂筆帖, 府伯尹宗儀入梓」, 오세창 편저,『근역서화징』, p.86 申氏 條.

125. 서권,『유가와 한자 그리고 서법』, 한국학술정보(주), 2008, pp.97~98

126. 劉熙載,『中國美學彙編』「書槪條」, "書者, 如也. 如其學, 如其才, 如其志. 總之曰, 如其人而已."

127. 이윤호,「申師任堂의 書畵 硏究」, 원광대학교 동양학대학원 석사논문, 2003, pp.21~22

128.『論語』「爲政」, "詩三百, 一言以蔽之, 曰, '思無邪'"

129. 項穆,『書法雅言』「心相」, "柳公權曰, 心正則筆正. 余今曰, 人正則筆正, 心爲人之帥, 心正則人正矣. 筆爲書之充, 筆正則事正矣. 人由心正, 書由筆正, 卽詩云思無邪, 禮云母不敬, 書法大旨, 一語括之矣."

130. 閔祥德, 곽노봉 譯,『서예백문백답』, 미진사, 1991, p.96

131. 栗谷學會,『시대를 앞서간 여인 신사임당』, 원영출판사, 2004, p.90

132. 宋時烈,「師任堂 畵蘭 跋」, "此故, 贈贊成李公夫人申氏之所作也. 其見於指下者, 猶能渾然天成, 若不犯人力也. 如此, 況伍行之精秀, 會元氣之融和, 以成眞造化哉. 宜其生栗谷先生也."

133. 趙龜命,「題 宜鎭 所藏 申夫人 畵帖」, "筆意幽妍而超朗, 幽妍者所以爲夫人, …… 設色尤不可辨, 是豈鑿鑿於畵法哉. 亦其天才高爾 ……."

134. 洪良浩,「題 師任堂 申氏 畵帖」, "以畵著於世者, 不可摟指, 皆男子, 而夫人則絶無,

多善容而入神則罕有, 以夫人而善畵而神妙者, 惟我國之師任堂申氏是也. 故師任之畵, 珍於世, 不翅若拱壁焉."

135. 申錫愚,「師任堂 梅花圖 八幅 跋」,"夫人天資純孝, 志操端潔, 寡言愼行, 少通經史, 能屬文, 針線刺繡俱臻精妙. 至於後素工亦造神品. 余幼時見夫人畵於吳宗直菴公後孫之家. 敬慕愛玩, 畵中之景, 森森然在目中, 今又寓目於此, 其幸多矣. 夫人生長儒素, 歸于德門, 誕毓名世大賢, 正源旁派, 浩澣流通, 迄于今尊慕不已."

136. 이성미,「栗谷 일가의 繪畵 : 師任堂, 梅窓, 玉山」,『신사임당 가족의 詩書畵』, 관동대학교 영동문화연구소, 2006, p.222 참조

137. 이성미,「조선시대여류화가연구」,『미술자료 제51호』, 국립중앙박물관, 1993, p.121

138. 兪彦吉,「葡萄 跋文」,"余讀栗谷先生, 先夫人行錄, 夫人自七歳, 己倣安堅山水圖, 所畵葡萄, 人無擬之者, 蓋天得也. 夫人至孝, 讀嶺上望雲詩, 可令孝子隕淚, 與侯夫人鳴鴈詩, 同出性情之正, 可不敬哉. 今其寫畵帖, 臨瀛之人 □□ 藏之者, 蓋夫人自冲齡幾至中身, 在於親側, 意其運筆之時, 花果草虫之屬, 生活飛動, 有足爲破愁顏之一端, 此其出於夫人之孝心可知己, 不然閨門之手跡, 人何得以玩之, 而又以獨在於臨瀛之人也. 此幅又當典侯夫人綫貼, 同爲寶藏也." 戊吾 仲春 上旬 杞溪 兪彦吉 拜書

139. 權尙夏,「題 竹瓜魚畵帖」,"此師任堂眞蹟也, 筆勢生活, 摸狀酷似, 苹葉若帶露, 草虫如飛動, 瓜與西瓜, 看來不覺流涎, 眞天絶寶也. …… 噫栗谷先生, 是百代師宗, 余嘗仰之如泰山北斗, 今觀其大夫人手跡, 其所敬慕當如何哉."

140. 이성미,「조선시대 여류화가 연구」,『미술자료 제51호』, 국립중앙박물관, 1993, pp.109~110

141. 閔祥德, 곽노봉 譯,『서예백문백답』, 미진사, 1991, p.115

142. 이성미,「栗谷 일가의 繪畵 : 師任堂, 梅窓, 玉山」,『신사임당 가족의 詩書畵』, 관동대학교 영동문화연구소, 2006, p.217

143. 안휘준,『한국회화사』, 일지사, 1990, p.148

144. 이완우,「師任堂과 玉山의 글씨」,『신사임당 가족의 詩書畵』, 관동대학교 영동문화연구소, 2006, pp.172~173

145. 李景奭,「申夫人 山水圖 跋」,"粵稽吳人之鍾秀而生者, 亡論士與女士, 識透一理, 則

意會萬殊, 胸中洞然, 造化在其手, 毫墨灑灑, 隨境臻妙, 初非勞神費思, 盖自然而然矣. 謹閱申夫人山水圖, 雲沙杳靄, 烟茫, 遙岑疊嶂, 曲渚長洲, 崿嶂疏沓, 紆餘繞繚, 奇不露鋒, 澹有餘趣. 凡蘭若茅店, 斷崖橋, 若有若無, 若隱若見之狀, 細分毫末, 俱有筆外意, 其幽閒塞淵之德, 亦自著於有意無意之間, 此豈可學而能哉. 殆天得也."

146. 宋時烈, 「師任堂 山水圖 跋」, "盖惟申夫人賢德, 鍾生大賢, 克媲侯夫人之有兩程也,"

147. 宋時烈, 「師任堂 山水圖 跋」, "前者投示要跋簇子敬受之矣. 第其間合有稟訂者, 而便阻遷就可嘆. …… 今玆之簇, 一似畫工於其事者之規模, 似非一時偶然之戲筆也, 則恐與當日, 黽勉於嚴命之下者有異矣. 松下冠服不甚分明, 而蘇公之詩, 直以爲僧, 則尤非夫人之所宜也. 又男女之別, 極爲截然, 雖一家親, 亦不通乞假, 至不與共井, 今下著夫人印章, 而蘇公手自題詩於其上, 甚未安, 而其詩所謂芳心, 所謂奇蹤云者, 似非歌詠幽閒之德之意, 至其所謂未易者, 則男女之間, 嚴敬之意, 尤不當如是也. 未知蘇公之爲人如何, 而其無禮不恭, 果如此否乎. 又未知蘇公緣何以得見此畫, 而敢題其上耶. 假如侯夫人筆札而在, 明道先生兄弟, 必不肯違親意傳示於人, 使詩人題詠於原本之中, 此甚可疑者阿. 如曰不然, 而此畫出於夫人之手, 而蘇公之題詩, 果有曲折然也, 如上所陳者, 皆非鄙心之所敢安也, 幸詳細見教, 解此滯固之見, 然後乃應前命. 心中所疑, 不敢隱於左右, 有此縷縷, 還增悚仄."

148. 李彦愈, 「師任堂 畫梅 西湖志 跋」, "先祖姚師任堂, 幼戲翰墨, 丹青尤絶, 而以其非姆訓也, 及長絶不爲之, 故世罕傳焉. …… 遺墨, 則府南, 士人金斯文聲悅家, 有墨梅十六帖, 首二帖楷書西湖志三字, 又各註多夏. …… 相與在室之時, 求而藏之, 今已累世, 頗爲蠹魚之蝕, 而拗枝冷藥尙有氣. 噫詩曰, 維桑與梓, 必恭敬止, 夫先世手種之樹, 猶且恭敬, 則矧乎先世手畫之花, 寧不愛惜哉."

149. 宋近洙, 「師任堂 畫梅 西湖志 跋」, "獲見師任堂手寫梅花八帖十六本, 其指下奇格, 幾乎奪造化之工是所渾然天成, 不犯也歟, 顧此絶世之寶, 獨爲金氏富有亦可異也. 昔鳴道子畫佛, 猶爲蘇氏家長物, 況其水雪孤標, 奚啻一頭陀相, 而又況其出於上谷郡君之倫者耶."

150. 이은상, 『사임당의 생애와 예술』, 성문각, 1994, p.177 참조

151. 李寬求, 「梅花 八幅 李寬求 跋文」, "…… 而楊山鄕廬燬燼於庚寅之亂, 滿目荒涼, 非復舊日典型, 至於此畫, 獨葆墨香, 若明之所護, 而又未知幾經滄桑矣. 以不肖無狀,難於寶藏, 俾余勿替, …… 此畫名於世, 讀畫者可作鎭家, 萬金不願易也."

152. 이성미, 「栗谷 일가의 繪畫 : 師任堂, 梅窓, 玉山」, 『신사임당 가족의 詩書畫』, 관동대학교 영동문화연구소, 2006, p.229

153. 嗚震泳, 「師任堂 申夫人 畫梅帖 跋」, "震泳嘗聞師任堂申夫人, 七歲時, 得安堅所畫梅本, 心愛而私臨之, 遂成絶世名品云. 今因朴友泰璿甫而得見, 果不覺疎影橫斜, 暗香浮動, 是眞是假, 眞絶品也. 盖夫人天才隣於生知, 凡世所稱文事藝業等名品, 無不不學而能之, 然未嘗表見於人, 而生平動止云爲, 無往而非端一誠莊, 其云師任堂, 果是道眞也. 宜其生我栗谷先生, 而內敎之, 以闡明萬世道學之淵源, 嗚呼何其盛也. 因念此帖宜在栗翁孫宗家, 而何緣爲他所珍藏. 雖然近世世間名品, 無不爲落溷花, 而獨此潔淨於守舊士人家, 爲端人靜士所共欽玩, 豈非有幸不幸者存歟."

154. 조용진, 『신사임당』, 나무숲, 2011, p.31

155. 김원룡·안휘준, 『한국미술사』, 서울대학교출판부, 1993, p.274

156. 김경자, 『21가지 테마로 보는 우리미술』, 다른 세상, 2001, pp.180~181

157. 허균의 『전통미술의 소재와 상징』과 김종대의 『33가지 동물로 본 우리문화의 상징세계』 내용 참조

158. 귀스타프 르봉, 이상돈 譯, 『군중심리』, 간디서원, 2005, p.23

159. 김정란 譯, 『상징, 기호, 표지』, 열화당, 1992, p.9

160. 문은배, 『색채의 활용』, 도서출판 국제, 2002, p.5

161. 박완용, 『한국 채색화 기법』, 도서출판 재원, 2002, p.27

162. 하용득, 『한국의 전통색과 색채심리』, 명지출판사, 1989, p.190

163. 파버.비렌, 김화중 譯, 『색채심리』, 동국출판사, 2004, p.321

164. 하용득, 『한국의 전통색과 색채심리』, 명지출판사, 1989, p.208

165. 하용득, 『한국의 전통색과 색채심리』, 명지출판사, 1989, p.19

166. 안휘준, 『한국회화의 전통』, 문예출판사, 1993, pp.85~87 참조

167. 栗谷學會, 『시대를 앞서간 여인 신사임당』, 원영출판사, 2004, pp.108~109

168. 申暻, 「師任堂 草蟲圖 跋」, "師任堂申夫人, 我先祖文僖公之後孫, 而栗谷李先生之先妣也. 先生撰夫人行狀, 敍述其德行與才藝甚詳. 德行則可就狀中考認, 而復觀先生之爲先生, 則又可推測而徵其醴芝源根矣. 才藝則狀中稱其通經傳, 善弄翰, 工於刺"

繡, 畵山水若草虫俱極精妙, 屛簇盛傳於世云. 今此草虫圖八帖, 乃夫人手筆, 而爲李公陽元家所寶藏者, 李公爲先生同時向慕之人, 則其得此而寶藏也, 事實亦應然爾. …… 今是帖與鄭本雖紙幅有大小之異, 而其筆法名物, 則同一規摹, 而更無差別, 遂信其出於夫人之手無疑矣. 若其品格之高, 先生所謂俱極精妙四字盡之, ……"

169. 嗚世昌,「師任堂 草虫圖 跋」,"李君此熙, 示此畵帖, 余讀之, 覺其神采, 尙琅琅映眸. 且紙質饒蒼黯之色, 洵累百年遺跡. 其筆韻極精緻, 而欠雄健是閨幃中停繡染毫之作歟. 老拙素不好妄評. 然, 斷之曰, 眞蹟, 而喜眼福焉."

170. 이은상,『사임당의 생애와 예술』, 성문각, 1994, pp.330~332

171. 鄭澔,「松潭書院 所藏 畵屛 跋文」,"古昔聖賢之論人, 以德全才備謂君子. 此爲士子言而婦人不與焉. 澔謂婦人只可稱德而不稱其才, 然婦人以德旣全備, 才無不通, 則獨不可以君子稱之乎. 澔以崇禎甲申後七十二年乙未, 歷訪松潭書院, 書院卽栗谷先生安靈之所也. 院儒出示畵屛八帖, 則先生母夫人師任堂申氏遺墨也. 澔非知畵者, 而蓋其機發之活動菓蓏之匀淨, 駭駭乎逼眞, 倘所謂可奪天巧者非耶. 恭惟夫人, 懿德徽行不可勝書, 而其出天才又如此, 謂之女中君子者亦不可乎. 誕育大賢, 流芳百世, 侔德於侯氏夫人也宜哉."

172. 金鎭圭,「題 師任堂草虫圖後」,"而虫 蝶花蓏之類, 非但狀貌之酷肖, 秀慧之氣, 颯爽如生, 有非俗史舐毫吮墨之所能及吁其奇矣. 抑余嘗觀古傳記, 所謂婦工, 止織紝組紃, 若乃繪事不與焉, 而夫人之技如此者, 豈煩於姆教哉, 諒由其性惡才敏, 而旁及之耳, 古人謂畵與詩相通, 詩亦非婦人之事, …… 而至若喓喓趯趯之詠, 又是此畵所貌者也, 則何可以外於織紝組紃而少之哉."

173. 申靖夏,「師任堂 草虫圖歌」,"一幅瓜蔓緣斷塍 下有蝦蟆來攀登/ 二幅甛瓜欲滿圃聞香蒼蠅方出土/ 三幅西瓜逗寒雨 莎鷄索索初振羽四幅霜萱葉變靑 葉底促織吟不停/ 伍幅六幅筆益工 渥丹爛燄鷄冠紅/ 七幅紅蔘更草草 花重葉弱垂嬝嬝

　復有山蜂與野蝶 穿花掠葉來相繞/ 春風暗入筆下吹 點綴眞奪天工巧/

　畵者石潭李先生母夫人/ 得者萊山鄭宗之/ 我敬先生及夫人/ 摩挲不覺興嘆噫/

　想得從容落筆時 用意不在丹靑爲/ 當年葛覃卷耳咏 彷彿寫出無聲詩

　至今流傳二百載 墨色欲落神不移/ 我謂鄭公善藏此 莫作尋常繪事視

　衛夫人與管夫人 古來書畵名其身/ 嗟爾本自無所挾 縱有絶藝難幷立"

辛卯 仲夏 上澣 東陽 申靖夏 謹稿

174. 宋相琦,「師任堂 畵帖 跋」, "余有一宗人, 嘗言, 家有栗谷先生母夫人所寫草虫一幅, 當夏曝庭中, 有鷄來啄之, 紙遂穿破. …… 今觀鄭宗之此帖, 花芘諸品, 種種精妙, 而虫蝶之屬, 尤入神, 意態生動, 不似毫墨間物, 始知宗人家所藏亦如此, 而余所聞爲不虛也. 雖然古之善畵者亦何限, 惟其人有可傳之實, 然後其畵愈貴, 不然則是畵目畵人自人耳, 曷足爲輕重哉. …… 則吳知此帖之傳於後, 將與彤管所載, 并耀於無窮也."

175. 鄭澔,「師任堂 畵帖 跋」, "而今觀此帖, 其天才之卓異, 妙藝之冠絶, 未曾聞於侯氏者, 乃復如此, 豈所謂德無不備, 餘事多能者非耶."

176. 李曙,「家傳書畵帖跋」, "…… 噫師任堂遺什散逸不傳, 只有絶句若干篇, 若畵本, 或紙, 或帛, 或丹靑, 或水墨者, 其數夥然, 而曾經兵火, 尙能支存者, 其非後孫之幸乎. 記昔伍代祖考鶴汀公爲慮後日事, 如干家藏之外, 輪置于伍臺山僻寺, 以爲久傳之計, 深仰先德之周詳, 而抑有不虞之慮, 若有無賴子, 誘脅殘僧, 竊負而去, 則恐失辛勤遠托之意. 昔坡公記四菩薩閣, 以爲若偸此畵, 是無父之人也, 其言若是峻烈, 寺僧亦以矐眼固守爲誓, 而尙以蓄及三世爲難, 則其難之又難, 推以可知也. 未知當日托畵時, 果有此等文字否也, 今當作帖, 略叙顚末, 以寓仰止之意云."

177. 이은상,『사임당의 생애와 예술』, 성문각, 1994, pp.412~413

178.『論語』「里仁」, "吳道一以貫之. …… 忠恕而已矣."

179.『論語』「里仁」, "盡己之謂忠."

180.『論語』「里仁」, "推己之謂恕."

181.『論語』「顔淵」, "子曰 愛人."

182. 朱熹,『論語集注』「學而」, "仁者, 愛之理, 心之德也." (성백효 譯,『論語集註』, 전통문화연구회, 1998, p.31)

183.『論語』「學而」, "孝弟也者, 其爲仁之本與!"

184.『論語』「泰伯」, "君子篤於親, 則民興於仁. 故舊不遺, 則民不偸."

185.『論語』「顔淵」, "顔淵問仁, 子曰, 克己復禮爲仁, 一日克己復禮, 天下歸仁焉."

186. 김태길,『유교적 전통과 현대 한국』, 철학과 현실사, 2001, pp.45~46

187. 공자, 동양고전연구회 역,『論語』, (주)지식산업사, 2006, p.241

188. 황의동, 『유교와 현대의 대화』, 예문서원, 2002, p.59

189. 『論語』「八佾」, "'巧笑倩兮, 美目盼兮, 素以爲絢兮.' 何謂也?" 子曰 : "繪事後素."

190. 朱熹, 『論語集注』「八佾」, "繪事, 繪畫之事也. 後素, 後於素也. 考工記曰, 繪畫之事後素功, 謂先以粉地爲質而後施伍采, 猶人有美質然後可加文飾." (성백효 譯, 『論語集註』, 전통문화연구회, 1998, p.85)

191. 문승용, 「'繪事後素' 考」, 『세계문학비교연구』, 세계문학비교연구학회, 2006, p.26

192. 朱熹, 『論語集注』「八佾」, "素, 粉地, 畫之質也. 絢, 采色, 畫之飾也. 言人有此倩盼之美質, 而又加以華采之飾, 如有素地而加采色也." (성백효 譯, 『論語集註』, 전통문화연구회, 1998, p.85)

193. 이원복, 「신사임당의 예술세계[繪畫]」, 『신사임당 탄신 500주년 기념 논문집』, 원영출판사, 2004, p.77

194. 『論語』「八佾」, "人而不仁, 如禮何. 人而不仁, 如樂何."

195. 공자, 동양고전연구회 譯, 『論語』, (주)지식산업사, p.55

196. 야나기 무네요시(유종열), 심우성 譯, 『조선을 생각한다』, 도서출판 학고재, 1996, pp.255~256

197. 許百練, 「刺繡屏風 跋」, "栗谷先生母堂 師任堂申夫人. 女中君子也, 余 生平追慕, 不惟, 先戚已而也, 便如韻仍. 今觀此繡屏, 其繡法之如何, 敢不論定, 其於畫法, 則品高雅趣, 與尋常圖案, 不可以比倫."

사임당 평전

1판 1쇄 발행 2016년 07월 28일
1판 2쇄 발행 2016년 08월 16일

지은이 유정은 **펴낸이** 박찬영
편집 이현정, 김은영 **교정·교열** 박민주
본문 디자인 한은경, 이재호 **마케팅** 이진규, 장민영
발행처 리베르 **주소** 서울시 성동구 왕십리로 58 서울숲지식산업센터 포휴 1102호
등록번호 제2003-43호 **전화** 02-790-0587, 0588 **팩스** 02-790-0589
홈페이지 www.리베르.com **블로그** blog.naver.com/liber_book
e-mail skyblue7410@hanmail.net
ISBN 978-89-6582-217-2(03990)
리베르(Liber 전원의 신)는 자유와 지성을 상징합니다.